자치법규 입법평가론

홍완식 저

이 저역서는 2020년도 건국대학교 KU학술연구비 지원에 의한 저역서임

머리말

입법 분야에 많은 관심을 가지고 연구를 해오고 있는데, 입법연구의 주된 대상은 법령이었다. 법령에 관한 연구를 해오면서, 외국에서는 '법률의 홍수' 또는 '입법 인플레이션'이라고 부르는, 우리 입법에서의 '과잉입법'과 '부실입법'의 경향성을 경고하면서 법률에 대한 입법평가제도 또는 입법영향분석제도의 도입을 주장해왔다. 지방선거의 재개와 지방자치의 부활 이후에는 우리나라에서도 자치법규에 관한 관심이 고조되기 시작하였고, 저자도 조례를 중심으로 하는 자치법규의 문제점과 개선방안에 관한 여러 연구와 세미나에 참여하는 기회가 있었다. 그리고 자연스럽게 자치법규에 대한 입법평가제도의 도입이 필요하며, 조례를 중심으로 하는 자치법규에 대한 입법평가의 경험은 법률에 대한 입법평가(입법영향분석)제도 도입의 거부감을 줄이고 입법평가제도 자체에 대한 경험과 신뢰를 높일 수 있다는 생각을 가지게 되었다. 울산광역시의회 입법평가위원회 위원장과 강원특별자치도의회 입법평가위원회 부위원장을 맡으며 입법평가에 대한 학문적 연구와 입법평가 실무에 관한 경험을 또한 하게 되었고, 이는 입법평가제도의 현실적합성을 높이는 문제를 고민하게 되는 기회가 되었다.

'자치법규 입법평가론'이라는 제목을 정하고 나름대로 거창하게 목차를 구상하고 글을 쓰기 시작했지만, 다른 일에 우선순위가 밀리고 시간만 속절없이 지내다 보니, 처음의 구상을 현실화하는 것 보다는 작정한 책을 마무리해야 겠다는 생각이 앞서게 되었다. 마침 광역 지방자치단체와 기초 지방자치단체에서는 입법평가제도 도입을 환영하는 분위기이고, 국회가 하지 못하는 입법평가제도의 도입을 선구적으로 받아들이고 있다. 그래서 본격적인 자치법규 입법평가에 관한 연구를 위해서는 현재까지 만들어진 입법평가조례를 모아서 정리해 보자는 생각을 하게 되었다. 그리하여 광역 지방자치단체와 기초 지방자치단체의 입법평가조례를 구분하여 모아 보았다. 그리고 자치법규의 발전과 자치법규에 대한 입법평가제도 도입을 주장하는 논문과 책들의 내용을 정리하여 앞부분에 편제를 하였다. 즉, 자치법규의 입법평가 논의를 위해서는 자치법규의 입법과정에 대한 설명이 필요하니 이에 관한 약간의 서술과 자치법규 입법평가론에 관한 글들을 모아서 이 책의 총론

격으로 편제를 하였고, 광역과 기초 지방자치단체의 입법평가조례 등을 모아서 각론 격으로 편제하였다. 그리고 자치법규 입법평가의 향후 발전방향과 과제에 관한 몇가지 생각들을 모아 결론 격으로 편제를 하였다. 이 책의 출판을 계기로 하여 자치법규 입법평가에 대한 관심이 더욱 고조되고, 이를 통한 자치입법의 발전이 국회입법의 발전을 촉진하는 기회가 되었으면 하는 마음이다.

2023년 8월

서귀포 파랑재 波浪齋 에서

홍완식

차 례

제 4 장 기초 지방자치단체의 입법평가 조례

CHAPTER 01

자치법규와 자치법규의 입법과정

1. 자치법규의 종류

자치법규란 지방자치단체가 제정하는 자치에 관한 규정을 의미한다. 헌법 제117조 제1항은 "지방자치단체는 주민의 복리에 관한 사무를 처리하고 재산을 관리하며, 법령의 범위 안에서 자치에 관한 규정을 제정할 수 있다"고 하여 지방자치단체가 '자치에 관한 규정'을 제정할 권한을 부여하고 있다. 그리고 「행정기본법」 제2조(정의)에는 "자치법규 : 지방자치단체의 조례 및 규칙"이라고 규정하여 자치법규의 가장 중요한 형식과 종류에 관해서 규정하고 있다. 또한 「지방자치법」 제13조(지방자치단체의 사무범위)에는 지방자치단체의 사무에 "조례·규칙의 제정·개정·폐지 및 그 운영·관리"가 있음을 규정하고 있다. 즉, 지방자치단체의 법규형식에는 조례와 규칙 등이 있으며, 지방자치단체는 조례와 규칙 등의 자치법규를 제정·개정·폐지할 수 있는 권한이 있는 것이다.

조례는 지방의회가 입법권한을 가지는 자치법규이다. 「지방자치법」 제28조는 "지방자치단체는 법령의 범위에서 그 사무에 관하여 조례를 제정할 수 있다. 다만, 주민의 권리제한 또는 의무부과에 대한 사항이나 벌칙을 정할 때에는 법률의 위임이 있어야 한다."라고 규정하고 있다. 규칙이란 지방자치단체의 장이 입법권한을 가지는 자치법규이다. 「지방자치법」 제29조는 "지방자치 단체의 장은 법령이나 조례의 범위에서 그 권한에 속하는 사무에 관하여 규칙을 제정할 수 있다."라고 규정하고 있다. 지방자치 단체가 제정·개정·폐지하는 훈령과 예규는 조례와 규칙의 하위규정이다. 훈령은 상급 관청이 하급관청의 권한행사에 관한 사항을 지시하기 위하여 발하는 명령이고, 예규는 상급관청이 하급관청에 대하여 지휘권 내지 감독권을 행사하기 위하여 발하는 명령이다.

2. 자치법규 현황

① 자치법규 종류별 자치법규 현황

	시도 (광역지자체)	시군구 (기초지자체)	총계
조례	12,887	96,253	109,140
규칙	2,523	24,946	27,469
훈령	1,660	13,635	15,295
예규	490	3,391	3,881

※ 출전 : 자치법규정보시스템 (www.elis.go.kr) 2023. 8. 19. 방문

② 지방자치단체별 자치법규 현황

	조례	규칙	훈령	예규
서울특별시	10,104	2,949	956	298
부산광역시	6,120	1,436	1,031	414
대구광역시	3,701	956	604	326
인천광역시	4,288	1,152	543	218
광주광역시	3,091	683	516	236
대전광역시	2,639	574	444	60
울산광역시	2,403	582	368	69
세종특별자치시	669	117	79	17
경기도	16,559	4,197	1,865	571
강원도	8,202	2,214	1,294	247
충청북도	5,544	1,295	757	157
충청남도	8,201	1,886	1,114	274
전라북도	7,232	1,725	1,132	207
전라남도	11,041	2,546	1,462	261
경상북도	9,058	2,534	1,624	243
경상남도	8,594	2,128	1,114	206
제주특별자치도	991	190	85	42

※ 출전 : 자치법규정보시스템 (www.elis.go.kr) 2023. 8. 19. 방문

3. 자치법규 입법과정

(1) 자치법규 입법과정의 법적 근거

자치법규의 입법절차에 관해서는 「지방자치법」, 「행정기본법」, 「행정절차법」 등에 중요사항이 규정되어 있고, 이 외에는 각 지방자치단체의 「자치법규 입법에 관한 조례」나 「법제사무처리 규칙」 등에 세부사항이 규정되어 있다. 따라서 자치법규 입법절차는 「지방자치법」, 「행정기본법」, 「행정절차법」 등의 법률이 정하는 방식과 절차 이외에는 지방자치단체의 조례에서 다소 달리 정할 수 있으므로, 지방자치단체 별로 자치 법규를 입법하는 절차가 다소 다를 수 있다. 여기에서는 일반적이고 공통적인 입법절차를 살펴보기로 한다.

(2) 조례의 입법절차

1) 일반론

조례의 입법절차는 발의－심의－의결－이송－공포－시행의 순서로 진행된다. 즉, 조례의 입법절차는 ① 조례안의 입안 및 발의 ② 조례안의 지방의회 심의 및 의결 ③ 조례의 공포 및 시행이라고 하는 3단계를 거친다.

[표] 조례안의 입법절차

조례안의 입안 및 발의 → 조례안의 지방의회 심의 및 의결 → 조례의 공포 및 시행

2) 조례의 발의

① 지방자치단체의 장이 발의하는 조례안

소관부서가 관계기관과의 협의 및 규제심사, 공청회, 입법예고 등을 거쳐 조례안이 확정되면 지방자치단체의 장은 조례안을 지방의회 의장에게 제출한다.

② 지방의회의 의원이 발의하는 조례안의원은 주민들의 의견을 청취하여 조례안을 작성하고 조례에 정해진 수 이상의 의원의 찬성을 얻어 조례안을 지방의회 의장에게 제출한다. 소관 상임위원회도 조례안의 발의주체이다.

③ 주민이 발안하는 조례안

18세 이상의 주민은 조례안(제정안·개정안·폐지안)을 작성하여 지방자치단체의 인구에 비례하여 조례에 정해진 수 의상의 주민 찬성을 얻어 지방의회 의장에게 조례의 제정·개정·폐지를 청구할 수 있다. 의장은 청구를 수리한 날부터 30일 이내에 지방의회의 의장 명으로 주민조례 청구안을 발의하여야 한다.

3) 위원회에서의 심의·의결 절차

지방의회 의장에게 제출된 전술한 3가지 유형의 조례안들은 지방의회에서 심의 및 의결되어야 한다. 접수된 조례안은 소관 상임위원회 혹은 특별위원회에 회부되고, 위원장은 간사들과 협의하여 의사일정을 정한 후에 위원회에 조례안을 상정한다. 제안자의 취지설명, 전문위원의 검토보고, 질의·토론을 거쳐서 원안이나 수정안 또는 대안(代案)의 형식으로 조례안이 의결되면, 조례안은 본회의에 회부된다.

4) 본회의에서의 심의·의결 절차

본회의에 회부된 조례안은 운영위원회와 협의하여 의사일정을 정한 후에, 제안자는 본회의에서 조례안의 제안이유와 주요내용을 설명한다. 이후 조례안에 대한 질의·토론을 거쳐 조례안이 의결되면, 조례안은 의결된 날로부터 5일 이내에 지방자치단체의장에게 이송된다.

5) 조례안에 대한 재의 및 대법원 제소 또는 조례의 공포

지방의회에서 의결된 조례안 중에서 수정의결된 조례안이나 의원발의 조례안은 조례·규칙심의회에 상정되며, 심의회에서는 해당 안건을 공포할 것인지 재의요구를 할 것 인지를 심의한다.

지방자치단체의 장은 조례안을 이송받은 날부터 20일 이내에 조례안을 공포하거나 재의요구를 하여야 한다. 주무부장관이나 시·도지사가 재의요구를 지시한 경우에도 이와 같다. 재의요구된 조례안이 지방의회에서 재의결되어 단체장에게 이송되면 단체장은 지체없이 이를 공포하여야 한다.

만일 주무부장관이나 시·도지사가 재의요구를 지시한 경우에 단체장이 재의요구를 하지 않는다면, 주무부장관이나 시·도지사는 대법원에 조례안을 직접 제소할 수 있다.

재의요구된 조례안이 지방의회에서 재의결된 경우에도 주무부장관이나 시·도지사는 대법원에 조례안을 직접 제소할 수 있다. 공포된 조례는 부칙에서 정한 시일부터 효력이 발생된다.

(3) 규칙의 입법절차

법령에 의하여 규칙으로 정할 수 있거나 조례의 위임 또는 시행에 관하여 필요한 사항 등을 정하는 규칙안은 지방자치단체의 장이 발의하고 공포하는 것으로서 지방의회의 의결이 필요하지 않다. 즉, 지방의회의 심의·의결을 필요로 하지 않는 규칙안의 입법절차는 ① 규칙안의 입안 및 발의 ② 규칙의 공포 및 시행이라고 하는 2단계만을 거친다.

[표] 규칙안의 입법절차

규칙안의 입안 및 발의 → 규칙의 공포 및 시행

다만, 규칙안 공포 15일 전에 시·도지사는 행정안전부 장관에게 시장·군수·구청장은 시·도지사에게 규칙안을 보고하고, 행정안전부장관은 관계 중앙행정기관의 장에게 규칙안을 통보하도록 하고 있다. 규칙안에 대해서 주무부장관은 시정명령을 할 수 있고 이에 따른 시정이 이루어지지 않은 경우 주무부장관은 규칙안을 직접 취소하거나 정지할 수 있다. 지방자치단체의 장은 규칙을 공포하며, 공포된 규칙은 부칙에서 정한 시일부터 효력이 발생된다.

4. 자치입법의 발전방향

우리나라는 분권 내지 지방자치의 역사적 경험이 부족하고, 규범적으로도 중앙의 입법권이 지방의 입법권을 압도하고 있으며, 이러한 중앙집권이 헌법을 비롯하여 각종 법령에 제도화되어 있다. 지역의 문제는 해당 지역이 제일 잘 알고 있고 따라서 해당 지역이 제일 잘 처리할 수 있으므로, 자치입법권의 실질적 확대 노력이 필요하다는 의견이 자치입법의 기본적인 발전방향이요 과제로 언급되고 있다. 즉, 국가적 통일성이 필요한 사안에 대한 규율은 국회에서 법률로 규정하는 것이 적절하겠지만, 주민들의 일상에 관한 사안이나 지역적 특성과 여건을 반영하여야 하는 사안들에 대해서는 조례와 규칙 등 자치법규로 규정하는 것이 바람직하다.

현재와 같은 협소한 자치입법권과 위임조례 위주의 왜곡된 자치입법 현상을 근본적으로 타개하기 위해서는 – 다수의 학설과 판례의 입장이 바뀌고 있지 않은 상황에서 – 해석론만으로는 현실적인 한계가 있어 보이고, 결국 헌법의 개정을 비롯하여 지방자치법의 개정 등 입법적 개선방안을 모색하는 것이 불가피한 것으로 보인다.

– 문상덕, 국가와 지방자치단체 간 입법권 배분 : 자치입법권의 해석론과 입법론 –, 자치입법론, 경인문화사, 2020, 104쪽.

그러나 지방자치단체의 자치입법권은 법률유보원칙이나 법률우위원칙이 지나치게 엄격히 반영된 법령과 법령의 해석에 의하여 엄격한 제한을 받아왔으며, 이러한 자치입법권에 대한 엄격한 제약은 지방분권이나 지방자치의 확대를 위해 추진된 참신한 내용의 조례들을 좌절시키는 결과를 초래하였고, 이는 지방자치를 활성화시키고자 하는 입법정책적 차원에서는 대단히 바람직하지 못한 것으로 평가되고 있다. 자치입법권에 대한 지나친 제약이 존속하는 한, 진정한 의미의 지방자치는 실현되기 어렵다.[1)]

국가 차원에서 법령에는 기본적인 사항, 예컨대 허가제 내지 엄격한 사전심사제 등 규제의 기본원칙, 규제가 필요한 요건, 가능한 규제수단 등에 대하여 개괄적으로만 규정하고, 구체적인 규제수단의 선택, 규제방식, 정도 등 세부적인 것은 각 지역의 지방자치단체가 조례로 각각의 여건에 맞게 보다 구체적으로 규율·시행할 수 있도록 허용하여야 한다. 그리고 이와 같은 지역에서의 시행 경험을 바탕으로 전국적으로 확대 시행 및 법제화하는 방안이 바람직하다고 생각된다.

– 김희곤, 대형마트 영업규제 관련 대법원 판결의 의의와 자치입법의 과제, 토지공법연구, 제73집 제1호, 2016, 362쪽.

헌법 제52조에 따르면, 법률안을 제출할 수 있는 기관은 국회의원과 정부이다. 지방자치단체는 지방사무에 관한 가장 기본적인 법률인 「지방자치법」을 비롯하여 「지방재정법」 「지방자치분권 및 지방행정체제개편에 관한 특별법」 「지방대학 및 지역균형인재 육성에 관한 법률」 「혁신도시 조성 및 발전에 관한 특별법」 등 지방자치 혹은 지방분권 관련 법률에 대하여도 법률안을 제출할 수 있는 권한 조차 없다. 참고로 법률안에 대한 의견제출과 법률안 제출권은 구속력에 차이가 있다. 따라서 지방자치에 관한 법률안의 제출권은 물론이고 지방자치에 관한 정책결정에 참여 혹은 협력이 가능하도록 헌법 및 법률을 개정할 필요가 있다.

1) 홍준형, 지방자치법, 대명출판사, 개정판, 2021, 268쪽.

> 오늘날 국민의 다양한 요구를 충족시키기 위해서는 중앙정부와 지방자치단체의 협력이 필수적이며, 이를 위한 중앙정부와 지방자치단체의 관계는 수직적 · 종속적 상하관계가 아니라 수평적 · 협력적 관계여야 하므로, 지방자치단체와 관련된 중요한 정책의 결정과정에 중앙정부와 지방자치단체가 상호 협력할 수 있도록 법적 근거를 마련하는 것이 중요하다.
>
> \- 최철호, 국가와 지방지치단체의 협의에 관한 법률 연구,
> 토지공법연구, 제73집 제1호, 2016, 406쪽.

그리고 조례와 규칙 등 자치입법의 발전을 위해서는 조례에 대한 입법평가제도는 물론이고 규칙을 포함한 전반적인 자치입법에 대한 입법평가제도를 도입하여, 자치입법의 내용과 구성의 완성도와 체계성을 높이고, 실효성있는 자치법규가 될 수 있도록 주민들의 의견은 물론이고 전문가와 이해관계자의 의견을 적극적으로 반영할 필요가 있다.

CHAPTER

02

자치법규 입법평가의 일반론

1. 자치법규 입법평가의 필요성과 중요성

입법평가는 통상 법률 내지는 법령에 적용하는 것을 전제로 논의하고 있는데, 지방의 자치법규인 조례를 대상으로 하여 입법평가를 실시하는 것을 '조례 입법평가'라 할 수 있다. 그러나 자치법규에는 지방의회가 입법권을 지니는 조례도 있지만 지방자치단체의 장이 입법권을 지니는 규칙도 있다. 따라서 '조례 입법평가' 라고 하기 보다는 '자치법규 입법평가'라고 하여 보다 포괄적이고 실질적인 자치법규에 대한 입법평가제도를 도입하여 운영하는 것이 바람직하다고 본다. 특히 지방의회가 입법권을 지니는 조례는 많은 관심의 대상이지만, 지방자치단체장이 입법권을 지니는 규칙은 관심밖의 영역에 머물 수 있기 때문에, 규칙의 상위법령이나 조례 위반 등 체계성이나 규칙의 내용, 실효성 등에 관해서 입법평가를 해 보는 것은 필요하다고 본다. 이처럼 '자치법규 입법평가'는 조례와 규칙 등의 자치법규가 미치는 여러 분야의 영향을 분석하는 것, 즉 재정적 측면, 환경적 측면, 양성평등의 측면, 규제적 측면, 행정집행적 측면 등 다양한 측면에서 자치법규가 미치는 영향을 평가하는 것으로 정의할 수 있다.

입법이 어떠한 효과를 발생할 것인지 혹은 입법시에 의도한 효과가 발생하였는지를 검토하고 이를 후속입법에 반영하는 과학적이고 신중한 입법이 필요함. 특히 사전적 입법영향분석은 어떠한 법률안이 제대로 만들어지고 있는지, 집행가능성이나 현실적합성은 따져보았는지, 어떠한 재정적 효과를 초래할지, 수범자들에게 과도한 부담이나 규제를 내용으로 하는 것은 아닌지 등을 법률 시행전에 검토하면, 좋은 법률이 만들어질 수 있음. 그리고 사후적 입법영향분석은 만들어진 법률이 입법할 때 의도한 입법효과가 발생하였는지를 검토하여 법률을 개정할 것인가 폐지(특히 일몰법의 폐지)할 것인가를 결정함에 있어서

피드백을 제공할 수 있음.

- 홍완식, 과잉·졸속입법 사례분석 및 시사점, KERI정책제언, 한국경제연구원, 2022, 23-24쪽.

이러한 '자치법규 입법평가'는 자치법규에 대한 검증차원에서 필요하고 자치법규의 완성도와 체계성을 높여 자치입법의 품질을 높이는데 중요한 역할을 할 수 있을 것이다. 이미 조례입법평가 제도의 도입을 통하여 자치입법의 질을 제고하는 방안이 고려되어야 할 것이라는 주장[1]은 그동안 꾸준히 제기되어 왔다.

우리에 앞서 여러 서구선진국에서 입법평가를 이미 도입하였다. 이러한 서구선진국에서 입법평가를 도입하게 된 공통적인 이유 중 하나는 이차 세계대전 이후로 다양한 분야에 걸쳐 희망찬 포부로 수많은 법률이 만들어졌고, 대부분의 서구선진국의 집행부와 입법부에서 입법의 과잉으로 인한 문제에 직면하게 되었기 때문이다. 즉, 서구선진국을 비롯한 여러 나라에서 규범의 홍수, 입법의 수준의 저하라는 입법적 위기상황 등을 극복하기 위하여 입법평가 제도를 도입하여야 할 필요가 생겼다는 것이다.

- 임영덕, 지방자치단체 입법평가조례에 대한 소고,
GRI연구논총, 제18권 제3호, 경기연구원, 2016, 247쪽.

자치입법의 활성화를 위해서는 입법내용에 대한 평가가 가장 먼저 선행되어야 하고, 이후 입법과정에서 얼마나 적법절차에 따라 잘 운영되었는가를 평가하며, 마지막으로 입법기관의 입법활동에 대한 평가가 진행되어야 한다. 이와 같이 세가지 측면에서 입법평가가 잘 수행된다면 입법의 양적·질적 수준을 한 단계 더 높일 수 있을 것이다.

- 배병호/고인석/김기태/최혜선/홍완식, 자치입법의 체계적합성과 실효성 제고 및
효율성 달성을 위한 개선방안 연구, 한국입법학회, 2015, 102-103쪽.

정부가 제출하는 법률안에 대해서는 규제영향분석과 입법영향분석을 하도록 되어 있지만, 국회의원이 발의하는 법률안에 대해서는 규제영향분석이나 입법영향분석을 하지 않고 있다. 그리고 법률안의 심의·의결과정에는 그 필요성이 강조되고 있음에도 불구하고 입법평가나 입법영향분석제도가 도입되어 있지 않다. 따라서 자치법규에 대한 입법평가의 성공은 향후 법률(안)에 대한 입법평가 혹은 입법영향분석을 제도화하는데 중요한 경험이 될 것이다.

---

1) 임현, 지방자치단체의 기관에 관한 법제의 변화, 한국지방자치법학회 학술대회 자료집, 2020, 159쪽.

2. 입법평가의 개념과 용어

"입법평가제도"는 국민 혹은 주민의 모든 생활영역에서 과잉입법이 만들어질 수 있다는 우려에서 비롯된 제도이다. 즉, 법률이나 조례 등 규범의 실효성이나 수용도 저하 등이 우려하면서, 불필요한 규정이 만들어지는 것은 방지하고 필요한 규정은 입법의 질을 높이려는 제도라고 할 수 있다. 독일 및 스위스에서 실제 사용되는 입법평가(Evaluation von Gesetzen) 내지 입법영향분석(Gesetzesfolgenabschätzung)의 용례 및 의미를 살펴보면, 어떠한 구체적 사안에 대하여 입법의 동기가 발견되면 입법과 관련한 다양한 실태조사 및 전문가와 해당 이해관계자의 의견을 반영하여 입법을 하는 것이다.(사전 입법평가, 사전 입법영향분석) 그리고, 법률이나 조례 등이 시행되면 해당 규정의 입법목적 및 취지가 잘 실현되었는지 등을 평가하여 개선이 필요한 경우에는 개정을 하거나 폐지를 하려는 것이다(사후 입법평가, 사후 입법영향분석). 그리고, 법률이나 조례 등이 시행되면 해당 규정의 입법목적 및 취지가 잘 실현되었는지 등을 평가하여 개선이 필요한 경우에는 개정을 하거나 폐지를 하려는 것이다.[2]

자치법규에 대한 "입법영향분석"이란 자치법규의 실효성·적합성 등에 대하여 사전 또는 사후에 분석자료에 의하여 자치법규의 영향을 분석하는 것을 말한다. 자치법규에 대한 "입법평가"란 조례와 규칙이 제정·개정되는 경우에 따르는 영향을 사전에 혹은 사후에 분석하고 평가하는 것이다. 입법영향분석과 입법평가는 공히 '좋은 법 (GutesGesetz)' 혹은 '좋은 규제(Better Regulation)'을 만들기 위한 제도로서, 국민 혹은 주민들의 의견을 확인하여 민주주의를 실현하고 변화하는 사회환경에 맞는 입법을 하기 위한 것이다.[3] 나아가 입법평가는 법률안이나 조례안 등이 법률이나 조례로 시행된 이후 국민에게 미치는 효과를 분석·평가하여 그 결과를 입법에 반영하는 것을 의미하는 것으로, 자치법규에 대한 입법평가는 조례안 혹은 시행된 조례를 평가하여 보다 나은 대안을 제시하는 제도를 의미한다.[4] 다시 말해서, 입법평가는 규범을 만든목적을 가능한 효율적으로 달성하고 수범자들에게 잘 받아들여질 뿐만 아니라 더 좋은 규범이 만들어질 수 있도록 촉진하는 것이고[5], 자치법규에 대한 입법평가는 조례와 규칙 등이 더 잘 만들어질 수 있도록 도움을 주기 위한 제도이다.

---

2) 홍완식, 의원입법에 대한 합리적인 통제방안, 저스티스, 제106호, 2008, 114쪽.

3) 최유, 자치입법에 대한 입법평가와 개선과제, 입법학연구 제13집 제1호, 2016, 181쪽.

4) 홍완식, 의원입법에 대한 합리적인 통제방안, 저스티스, 제106호, 2008, 114쪽.

5) Wolfgang Kahl, 이재일(역), 입법평가와 지속가능성 심사, 입법, 법문사, 2017, 437쪽.

> 조례 입법과정에서 발생할 수 있는 사회현실을 반영하지 못한 입법내용의 부실 조례, 정책시행에 있어서 지방자치단체장과 지방의회간의 갈등조례, 과다한 규제로 경제활동을 저해하는 조례, 포퓰리즘 정책으로 인한 재정건전성 침해조례, 과다한 행정의 자율성 침해로 인한 비효율적 행정조례, 경제적 효율성이 없는 조례, 상위법 제 개정 사항의 반영 없는 상위법령위반조례, 법률의 위임 없이 주민에 대한 과다한 권리제한 및 의무부과 조례 등은 조례 입법의 실효성 및 효율성을 보장하지 못하고, 지방자치의 저해요소로 작용할 것이다. 조례 입법의 입법목적 및 효율성의 제고, 주민의 권익신장과 지방자치단체의 경쟁력 제고를 위해서는 조례 입법영향평가제도를 적용하고, 이를 위한 합리적인 조례 입법영향평가기준의 정립이 필요하다.
>
> – 송귀종, 『조례 입법영향평가제도의 도입과 평가기준의 정립에 관한 소고』, 지방자치법연구 제21권 제3호, 2021, 227쪽.

입법평가제도는 법령이 양적으로 증가하고 있는 '규범홍수'의 상황에서 입법활동에 계획성을 구비하여 법규의 무절제한 증식을 억제하고 입법과정에서 나타나는 경솔함을 제거하는 한편 정기적으로 기존의 법령을 검토、평가를 함으로써 과학적인 입법의 발전을 도모하는 입법학의 새로운 영역으로 떠오르고 있다고 평가된 바 있다.[6] 조례와 규칙을 중심으로 하는 자치법규도 너무 숫자가 많아지고 있어서, 법률과 마찬가지로 양적인 증가 현상을 보이고 있다. 특히 광역과 기초 지방자치단체를 불문하고 조례안 발의가 늘어나고 있는데, 늘어나는 조례안을 지방의회에서 심의하기 위해서는 많은 시간과 인력이 필요함은 물론이고, 잘못하면 '과잉조례' 혹은 '과잉규제'가 양산될 수도 있다. 따라서 늘어나는 조례안을 심의하기 위한 지방의회의 제도적 여건을 개선할 필요가 있다.

> 규범의 홍수 등에 대한 현상을 예방하고 통제할 필요에서 입법을 사전 또는 사후적으로 평가함으로써 과학적인 입법을 도모하는 제도로 발전된 것이 입법평가제도라고 할 수 있다. 이러한 입법평가제도의 의의는 입법이 의도하는 결과를 발생시켰는가의 여부, 입법으로 인하여 발생한 비용이 그 효과와의 관계에 있어서 적절하고 효율적인지, 입법으로 인하여 발생할 부차적인 영향 등을 조사하고 평가하는데 있다.
>
> – 정호영, 『입법평가를 위한 법경제학적 접근방식에 관한 연구』, 중앙대학교 박사학위 청구논문, 2003, 46쪽.

> 조례입법평가의 도입은 과거 단순히 제·개정으로 그치던 자치입법이 이제는 사후평가를 통해 개정·폐지까지 확장되었음을 의미하는 것이다. 조례입법평가를 통해 자치법규의 입법을 보다 성숙시킨다는 점에서 긍정적인 제도이다.

6) 박영도, 입법평가제도에 관한 연구, 법제, 2002, 3, 19쪽.

- 박노수, 지방의회 자치입법 역량강화를 위한 법적 검토, 서울특별시 의회 입법평가제도에 대한 분석을 중심으로, 지방자치법연구, 제18권 제3호, 2018, 118쪽.

자치법규에 대한 입법평가는 자치법규의 타당성, 민주적 정당성, 절차적 정당성, 체계적합성, 규제의 적정성, 효율성 등을 확보하게 함으로써 자치입법의 질적 향상을 담보할 것으로 평가되고 있다.[7]

법령이나 자치법를 평가·분석하는 제도를 지칭하는 용어는 다양하게 사용되고 있는데, 그 중에서도 '입법평가'와 '입법영향분석'가 제일 많이 사용되고 있다.

이 보고서에는 '입법영향분석', '입법영향평가', '입법효과분석', '영향분석', '영향연구', '영향평가' 등의 다양한 용어가 사용되고 있는데, 국회입법조사처는 '입법영향분석'이라는 용어를 사용한다. 그 이유는 입법에 대한 논의에 '평가'라는 용어가 사용될 경우 입법의 품질을 가늠하거나 입법에 대한 점수를 부여한다는 의미로 오해될 소지가 있기 때문이다. 이러한 맥락에서 '입법영향분석'은 "법률안이나 현행 법률이 국가와 사회, 개인에게 미치는 중요한 영향을 과학적이고 체계적으로 분석하는 것"을 의미하며, 입법권자가 좀 더 나은 법률을 제정하거나 개정하는데 참고가 될 수 있는 자료로서 그 의의를 갖는다.

- 『주요국 사전 입법영향분석제도』, 국회입법조사처, 2020, 일러두기.

3. 입법평가의 주체

입법평가의 주체는 어느 기관 또는 누가 입법평가를 책임지고 시행하는가에 관한 것이다. 일빈적으로 입법평가의 주체로는 ① 지방의회 ② 지방자치단체장 ③ 상임위원회 전문위원 ④ 입법평가위원회 등이 가능하다.

조례에 대한 입법평가 결과에 구속적 효력을 부여한다면 조례제정권을 가지고 있는 지방의회의 전속적 관할이 될 것이다. 그러나 조례에 대한 입법평가 결과에 자문적 효력만을 인정한다면 오히려 조례를 집행하는 집행부서가 자체적으로 조례의 시행상황을 평가하고 자기시정의 기회를 가짐으로써 조례의 실질적 시행을 도모한다는 측면에서 지방자치단체의 장 또는 그 소속하의 일정한 기관이 입법평가의 주체가 되는 것도 인정될 수 있을 것이다.

- 최환용, 조례에 대한 입법평가제도 도입가능성, 지방자치법연구, 제9권 제2호, 2009. 352쪽.

7) 고인석, 자치입법평가제도의 체계와 기준에 관한 연구, 입법평가연구, 제15호, 2019. 6, 37쪽.

우선 입법평가의 주체는 크게 지방자치단체의 장인 경우와 지방의회인 경우로 구분될 수 있다. 그러나 지방자치단체의 장이나 지방의회가 입법평가의 주체인 경우에도 단체장이나 의회가 스스로 입법평가를 수행하기는 어렵다. 따라서 입법평가의 주체가 지방자치단체의 장인 경우와 지방의회인 경우에도 별도의 입법평가위원회를 구성하여 운영하는 경우가 대부분인 것으로 파악되고 있다. 대부분의 입법평가조례에서도 입법평가위원회의 구성과 업무 등에 관한 규정을 두고 있다. 예를 들어, 경기도는 도의회에서 입법영향분석을 실시하여 분석의 결과를 전문위원회 검토보고서에 첨부하고, 사전 입법영향분석은 조례안의 소관 상임위원회 전문위원이 실시하고, 사후 입법영향분석은 경기도의회 입법정책위원회에서 실시한다. 또한 제주특별자치도는 도의회에서 입법평가를 시행하도록 하고 도의회 소속으로 입법평가위원회를 구성하도록 하고 있다. 이처럼 대부분의 지방자치단체에서는 원칙적으로 의회가 주체가 되어 입법평가를 실시하고 있다.

입법평가의 주체를 단체장으로 하는 경우에는 조례 시행에 따른 정책의 효과 분석 측면에서 자료나 정보의 수집 및 분석 등이 보다 용이하다는 장점이 있다. 그러나 지방의회에서 입법평가를 하는 경우에도 평가에 필요한 자료는 집행부로부터 충분히 제공받을 수 있고, 의회는 조례를 심의·의결하는 입법권한이 있기 때문에 입법평가의 결과를 조례입법에 반영할 수 있다는 장점이 있는 것이다.[8)]

어느 기관이 자치법규 입법평가의 주체라고 하더라도 실무적으로는 입법평가를 수행할 전문가의 육성이 필요하고, 자치단체 공무원이 입법평가를 시행하거나 입법평가 업무를 파악할 수 있도록 하는 실무교육이 필요함은 물론이다.

> 현재 실시되고 있는 규제영향분석제도나 법안비용추계제도의 운용실적이 저조한데 그 이유 중 하나로 규제영향분석이나 법안비용추계를 할 전문가의 부족현상을 들 수 있다. 앞으로 입법평가가 제도화되더라도 이와 같은 현상이 나타날 수 있다고 생각한다. 따라서 입법평가를 성공적으로 정착시키기 위해서는 다양한 사회과학방법을 개발하고, 그것을 활용하여 입법과 관련한 사항을 과학적으로 분석해 줄 전문가들을 양성하는 것이 필요하다.
>
> – 한상우/전기성/최영훈/최은숙, 제주특별자치도 조례에 대한 입법평가제도 도입방안, 제주발전연구원, 2012, 77쪽.

8) 김수연, 조례 입법평가의 현황과 과제, 국가법연구, 제12권 1호, 2016, 10–11쪽.

입법평가의 주체가 어느 기관인가에 따라서 입법평가의 구체적인 절차는 다를 수 있다. 그러나 통상적으로 실무부서(지방자치단체 집행부 또는 의회 입법지원조직)에서 심사기준표를 기준으로 하여 입법평가서를 작성하고 작성된 입법평가서를 입법평가위원회 등 별도의 독립된 위원회에서 심의하여 의견을 제시하는 방식으로 운영되고 있다. 그리고 입법평가위원회의 심의를 거친 입법평가서는 의회에 보고되며 의회에서 입법평가 결과를 반영할지 여부를 판단하는 것이 일반적이다. 입법평가가 입법자의 입법이 더 좋은 방향으로 나아갈 수 있도록 지원하고자 하는 제도라는 점에서 입법자의 입법권을 침해하지 않도록 하기 위하여, 입법평가의 결과는 의회를 구속하지 않는다. 입법평가결과의 구속력이 없고 입법권은 의회에 속한 것이기 때문에 궁극적으로 입법평가의 실질적 주체는 의원이 될 수 밖에 없다. 따라서 자치입법의 발전은 물론이고 자치법규 입법평가가 발전하기 위해서는 지방의회의원들의 의지는 물론이고 역량이 매우 중요하다고 본다.

> 조례를 제정하는 지방의회의원의 역량도 중요하다고 본다. 최근 지방자치법이 개정되면서 지방의회의 권한과 역할을 강화하면서 지방의원의 부족한 전문성을 보완하기 위해 정책지원관제도를 도입하였다. 대부분의 광역시・도가 사후적인 조례 입법평가제도를 활용하고 있지만, 그보다 우선적으로 입안단계에서 조례입법평가 기준에 부합할 수 있도록 조례안이 심사가 되어야 할 것이다.
>
> - 김무열/강지현, 부산광역시 4차 산업혁명 관련 조례에 비추어본 조례 입법평가제도의 나아갈 방향, 공공정책연구, 제39권 제2호, 2022, 222쪽.

4. 입법평가의 유형

입법평가는 입법과정의 시간적 진행관계에 따라 3단계로 구분된다. 입법동기의 발견으로부터 입법의 불가피성을 확인하고 법률안·조례안의 준비단계로 접어들기까지에 이르는 사전적 평가의 단계가 있다. 이어서 법률안·조례안의 초안 마련부터 법률안·조례안이 법률·조례로 완성되기까지에 이르는 병행적 평가단계, 법률·조례가 공포되고 시행된 이후에 해당 법률·조례에 대한 평가를 하는 사후적 평가단계로 이루어진다.[9] 그러나 보통 입법평가는 2단계로 구분된다. 병행적 평가단계는 어차피 법률·조례가 공포되기 이전이므로 사전전 평가단계로 포함하여 사전평가와 사후평가의 2단계로 구분하는 것이다.

9) 최윤철/홍완식, "입법평가제도의 도입방안에 관한 연구", 「법제처 용역보고서」, 2005. 11. 30. 36면-50면.

입법영향분석의 단계는 법률안의 공포를 전후로 하여 구분될 수 있는데 2단계 혹은 3단계로 구분될 수 있다. 즉, 법률안 공포 이전 단계인 사전분석과, 법률안 공포 이후 단계인 사후분석의 2단계로 나누는 방법과 법률안이 만들어지기 이전의 단계인 사전분석, 법률안의 입안 및 심의의 단계인 병행분석, 법률안 공포 이후 단계인 사후분석의 3단계로 나누는 방법이 있다. 간편한 분석을 위해서는 무엇보다도 유형과 절차 및 지침 등을 간소화할 필요가 있기 때문에, 유형도 사전영향분석과 사후영향분석으로 구분하기로 한다.

-홍완식, 제20대 국회의 과제로서 입법영향분석제도 도입, 공법연구, 제45권 제1호, 2016, 39쪽.

현재 자치법규에 대한 입법평가제도를 도입한 광역 지방자치단체 중에서는 경기도를 제외하고는 모두 사후입법평가제도만을 도입하였다. 몇 군데 지방자치단체는 조례의 제목에서 사후입법평가조례를 표시하고 있고, 대부분의 지방자치단체는 입법평가 조례의 목적 조항이나 정의 조항에서 사후 입법평가를 내용으로 한다는 점을 규정하고 있다.

사전입법평가가 필요하거나 중요하다고 할지라도, 어느 의원이 발의한 조례안에 대한 평가를 하는 것은 평가를 받는 입장이나 평가를 하는 입장에서 불편해 할 수 있다. 그리고 조례 시행 이후의 효과를 예측하여 평가를 하는 것에는 한계가 있을 수 밖에 없으며 평가경험도 없어서 평가의 경험이나 정확성에서 오류가 있을 수도 있다. 따라서 일단 사후평가를 통하여 평가경험과 노하우를 축적한 이후에 사전평가를 하는 것도 하나의 제도적 선택지라고 할 수 있다. 법률과 조례 등의 사전평가는 법률안과 조례안 등을 검증하고 그 효과를 예측하는데 중요하다고 본다. 즉, 조례안에 대한 사전평가가 필요없다고 하는 것이 아니라, 사후평가를 먼저 해보고 자치입법에 대한 경험과 기준 등이 축적된 이후에 사후평가를 해보자는 것이다.

5. 입법평가의 대상

대부분 광역과 기초 지방자치단체 입법평가 조례에 따르면, 입법평가의 대상은 대부분 지방의회가 입법권을 가지고 있는 조례이다. 강단체장-약의회라고 하는 우리 지방자치의 전통과 현실에 따르자면, 지방자치단제장이 입법권을 가지고 있는 규칙을 입법평가의 대상으로 하기는 현실적으로 쉽지 않을 것으로 생각될 수도 있다. 그러나 중앙정부의 법률과 시행령 시행규칙 등 행정입법과의 관계를 지방정부의 조례와 규칙 간의 관계에 대입하여 생각해 볼 필요가 있다. 법률에 위반되는 시행령이나 시행규칙이 입법된다면 규범체계가 와해될 수 있다. 즉, 법률의 입법취지와 효력이 행정입법에 의하여 무력화될 수 있듯이, 조례에 위반되는 규칙이 입법된다면 조례의 입법취지와 효력도 또한 무력화될 수 있다. 따라서 지방의회의 조례에 더하여 지방자치단체장의 규칙도 입법평가의 대상으로 할 필요가 있다. 그래야만 조례에 위반되는 규칙을 통제할 수 있고, 의회를 무시하고 규칙을 만들어내는 지방자치단체장을 통제할 수 있을 것이다.

종종 기관대립형에서 기관통합형으로 지방정부의 기관구성을 다양화 하려는 시도가 있고, 이러한 기관구성 다양화가 2022년의 「지방자치법」의 개정(시행은 2023년)으로 가능하게 되었다. 그러나 조례에 위반되거나 모순되는 규칙이 만들어지고 이에 대한 아무런 통제장치도 제도화되지 않을 정도로 강단체장 혹은 제왕적 단체장이 존재하는 상황에서는 실질적으로 기관구성의 다양화를 구현하기가 쉽지 않을 것이다.

그리고 입법평가의 대상에 있어서는 대개의 경우 단순 기술적 조례와 위임조례를 평가대상에서 제외하고 있다. 단순 기술적 조례의 경우 위법성 여부 정도를 제외하고는 특별히 평가할 사항이 없을 것이지만, 위임조례의 경우에는 적법성 뿐 아니라 재정 소요 등에 대한 평가가 필요할 수 있다. 그럼에도 불구하고 이를 평가의 대상에서 제외한 것은 상위법령에서 위임한 위임조례의 경우 지방자치단체가 자율적으로 규정하기 어렵기 때문일 것이다. 위임조례라고 하더라도 의무적 필치조례가 아닌 자율적 임의조례도 있을 수 있으므로, 위임조례라고 하여 입법평가의 대상에서 모두 제외하는 것은 바람직하지 않고, 입법평가가 필요한 경우도 있을 것이다.[10)]

> 조례 입법평가는 의회에 제출·발의되는 조례인 중에서 정치·경제·환경·재정적인 영향이 매우 클 것으로 예상되는 조례를 분석의 대상으로 할 수 있다. 구체적으로는 조례제정안, 주민의 생업활동·일상생활에 큰 영향을 미치는 규제에 대한 신설·강화·폐지 조례안, 한시조례의 기간연장 조례안, 불가역적 결과가 예상되는 조례안, 집행비용이 매우 높을 것으로 예상되는 조례안, 그밖에 위원회의 요구가 있는 조례안 증을 조례 입법평가의 대상으로 할 수 있다.
>
> - 김대의, 조례 입법평가에 관한 연구, 건국대학교 박사학위 청구논문, 2019, 233쪽.

그리고 입법평가의 대상이라고 하더라도 시간적 한계를 설정된 경우가 많은데, 대개 제정 또는 전부개정 이후 2~4년이 지난 조례를 입법평가의 대상으로 하고 있다. 예를 들어 광주광역시와 부산광역시, 제주특별자치도 등은 시행일로부터 2년이 지난 조례를 대상으로 하고, 대전광역시와 충청남도, 전라남도 등은 시행일로부터 3년이 지난 조례를 대상으로 한다. 그리고 대부분의 자치단체에서는 입법평가가 이루어진 조례에 대해서는 이후 4년이 지나야 입법평가를 다시 할 수 있도록 규정하고 있다.

---

10) 김수연, 조례 입법평가의 현황과 과제, 국가법연구, 제12권 1호, 2016, 14쪽.

6. 입법평가의 기준

입법평가는 법률(안)에 대해서도 행하여 질 수 있고 조례(안)에 대해서도 행하여 질 수 있다. 따라서 우선은 공통적으로 적용될 수 있는 입법평가의 일반적인 기준이 있고, 조례(안)의 특성이 가지는 조례(안) 입법평가의 기준을 포함하여 자치법규 입법평가의 기준이 있을 수 있다. 그 어느 것이건 입법평가의 기준은 일률적으로 정해진 것이 아니기 때문에, 논자에 따라 그 기준이 다양할 수 밖에 없다. 예를 들어, 입법평가의 일반적 기준으로는 입법의 필요성, 내용적 정당성, 형식적 정당성, 이해 가능성, 경제성, 실행가능성 등을 들 수 있다.[11)]

자치법규에 대한 입법평가 실무에서도 가장 중요한 것은 입법평가의 기준이다. 즉, 조례와 규칙 등 자치법규를 입법적으로 평가하는데 있어서 구체적이고 실무적인 기준이 필요하다. 입법평가의 기준은 지방자치단체의 자치법규에 대한 입법평가를 제도의 목적에 적합하게 할 수 있도록 하고, 보다 좋은 자치법규를 만들고자 하는 입법평가제도의 취지를 살리고 목적을 달성하는데 중요한 역할을 하는 것이다.

> 현재 조례 입법평가를 도입하여 실제 조례를 대상으로 입법평가를 수행한 경험을 가지고 있는 지방자치단체의 조례 입법평가 실무담당자들의 경우 관련 업무에서 가장 중요한 기준으로 작동하고 있는 것이 심사기준표라고 말한다
>
> – 차현숙, 조례입법평가 지원 연구 Ⅲ – 조례 입법평가 기준표 정비를 중심으로, 한국법제연구원, 2017, 14쪽.

심사기준표를 정비하여 입법평가제도를 도입하여 하는 지방자치단체에 표준적인 심사기준표를 제시하고, 이후 입법평가의 실적과 경험을 반영하여 심사기준표를 지속적으로 정비해 나가는 것이 입법평가제도 도입과 확산 및 발전의 가장 중요한 요소라고 할 수 있다.[12)] 그러나 지방자치단체는 규모나 인력 등의 사정에 따라 입법평가제도를 도입하여 운영할 수 있는 여건은 편차가 매우 클 것으로 생각한다. 따라서 법제처나 행정자치부 등에서 입법평가 표준조례를 만들어 제공하면, 이러한 표준조례를 기본으로 해당 자치단체의 특성과 규모 등을 감안하여 자치단체별로 자기의 입법평가조례를 만드는 것도 좋은 방법이라고 본다.

---

11) 김수용, 입법평가 지침에 관한 연구, 한국법제연구원, 2009, 39쪽.

12) 차현숙, 조례입법평가 지원 연구 Ⅲ – 조례 입법평가 기준표 정비를 중심으로, 한국법제연구원, 14쪽.

중앙정부에서 어떤 정책이나 법률을 시행할 경우 표준조례안을 함께 제시해 주는 경우가 많다. "표준조례"란 조례안에 대한 모범적 전형의 제시방식으로서, 중앙행정기관 등이 지방자치단체에 이상적인 조례안을 미리 작성하여 지방자치단체에 제시하고, 지방자치단체는 그 표준조례안을 참고하여 조례를 제정하는 것을 의미한다.

– 박주선, 문화예술조례의 실효적 입법평가에 관한 연구 – 수원시 조례를 중심으로, 건국대학교 박사학위 청구논문, 2019, 233쪽.

7. 입법심사와 입법평가

입법심사는 법령안을 입안하거나 심사하는 입법과정과 관련되어 있는 다의적 개념이다. 국회나 지방의회가 법률안이나 조례안을 입안하는 경우에는 입법심사기준은 법령이 잘 입안되었는지를 심사하는 기준이 될 것이다. 그리고 중앙정부나 지방정부의 각 부처가 법령안이나 조례안을 입안하는 경우에는 법령을 입안하는 기준이 될 것이다. 입법심사기준이란 '입법을 정의에 맞게 합리적으로 만들며 법으로서 정당화할 수 있게 하는 기준 내지 원칙' 또는 '이상적인 내용의 법률을 제정하기 위하여 입법자가 입법에 있어서 반드시 준수하여야 할 일정의 기준'으로 정의할 수 있다.[13] 예를 들어, 서울시에는 「서울특별시 자치법규의 입법에 관한 조례」가 있는데 제4조에 입법안을 작성할 때의 기본적 요건을 규정하고 있다.

① 자치법규 입법안을 작성할 때에는 입법안이 다음 각 호의 요건을 갖추도록 유의하여야 한다.
1. 입법의 필요성
가. 새로운 입법조치가 필요한 것으로서 그 내용이 명확히 구체화될 수 있는 것이어야 하며, 그 시행의 효과와 시행에 따른 문제점에 대한 면밀한 분석 · 검토를 기초로 할 것
나. 입법 내용이 그 적용 대상이 되는 일반 시민의 준수를 기대할 수 있는 강제적 규범으로서의 실효성을 가질 것
2. 입법 내용의 정당성 및 법적합성
가. 헌법의 이념을 구체화하고, 정의와 공평을 실현하는 내용으로서 개인의 지위 존중과 공공복리의 요청이 조화를 이루고, 권한행사의 절차와 방법이 공정하여 부당하게 시민의 자유와 권리를 제한하는 일이 없어야 하며, 국민생활에 급격한 변화를 주지 아니하도록 하는 등 사회질서의 안정성과 예측가능성을 보장할 것
나. 헌법과 상위법령에 모순되거나 저촉되지 아니하도록 하고, 하위법령과 관련하여 위임 근거를 명확히 할 것

---

13) 황해봉, 입법평가와 입법심사의 관계 고찰, 법학논총, 제29집, 숭실대학교, 2013, 435쪽.

3. 입법 내용의 통일성 및 조화성
가. 다른 자치법규와의 조화와 균형이 유지되도록 하고 자치법규 상호 간에 중복되거나 상충되는 내용이 없을 것
나. 입법 내용이 해당 자치법규의 소관 사항에 적합할 것
4. 표현의 명료성 및 평이성
가. 입법 내용의 의미가 확실하게 이해될 수 있고 입법 의도가 오해되지 아니하도록 정확히 표현할 것
나. 적용 대상이 되는 누구에게나 쉽게 이해될 수 있도록 알기 쉬운 용어를 사용하고, 전체 내용을 쉽게 파악할 수 있도록 조문을 배열할 것

② 입법안 작성 과정에서 고려하여야 할 구체적인 내용은 규칙으로 정한다.
- 서울특별시 자치법규의 입법에 관한 조례, 제4조(입법안 작성)

이에 비하여 입법평가는 작성된 조례안 혹은 규칙안을 입법평가 기준에 따라 심사(사전 입법평가)하거나, 시행된지 일정한 기간이 경과한 조례 혹은 규칙을 입법평가 기준에 따라 심사(사후 입법평가)하여 개정하거나 폐지하는 등의 보다 나은 입법적 대안을 모색하는 것이다. 입법심사와 입법평가는 목적과 기준은 물론이고 주체와 절차에 있어서 차이가 있다.

입법평가제도의 도입과 관련하여 우리에게 시사하는 바는 입법의 홍수가 일어나고 있는 이 시대에 입법의 필요성에 대하여 보다 정교하게 검토함으로써 입법의 신중성을 기하고 시대의 상황에 맞는 입법을 양상하기 위해 법령안을 입안할 때 뿐만 아니라 현행법령도 수시로 검토해서 국민을 위한 국민의 입법이 되도록 하는 것에 있다. 사실 지금까지 새로운 법령에 대해 입법의 필요성 차원에서 좀 더 치열하게 또는 분석적으로 하지 않고 제·개정하였음을 고백하지 않을 수 없다. 이러한 상황아래 입법평가라는 새로운 제도를 반드시 도입하거나 현 상황을 고려해 점진적 도입을 해야 한다는 주장이 나오는 것이다.

- 황해봉, "입법평가와 입법심사의 관계 고찰", 『법학논총』, 제21권 제4호, 2020, 146쪽.

8. 규제개혁과 입법평가

정부가 제출하는 법안은 규제영향분석을 거쳐야 하지만 국회의원이 발의하는 법안에 대해서는 규제영향분석을 거치지 않아도 되기 때문에, 의원발의 법안에 대한 규제영향분석 또는 입법평가(입법영향분석) 제도를 도입하자는 의견이 우세하다. 규제영향분석제도나 입법평가제도는 '좋은 법률'을 만들기 위한 것으로, 법안의 입안단계에서부터 이해당사자들에게 미칠 수 있는 영향이나 바용·편익분석 등이 반영된다면 국민들의 실생활에 필요하고 적합한 더 좋은 법률이 만들어질 수 있다.[14] 이와 동일한 이유로 조례안에 대한 입법평가는 '더 좋은 조례'를 만들기 위한 것으로, 조례 입법평가제도는 조례

안의 입안단계에서부터 주민들에게 미칠 수 있는 영향이나 비용·편익을 분석하여 반영하자는 취지를 지니고 있다.

법률과 시행령, 시행규칙을 포함한 고시, 예규, 훈령 등 중앙정부의 규제도 많지만 조례와 규칙을 포함한 지방정부의 규제도 적지 않고, 지방자치단체의 불합리한 규제는 주민들의 생업이나 기업활동에 직간접적으로 부정적인 영향을 끼친다. 따라서 조례, 규칙 등 자치법규에 대한 규제개혁과 입법평가를 통하여 지방규제를 개선하여야 한다.

> 규제의 합리화와 지역의 현실에 적합한 규제로 전환시키기 위한 중앙정부와 지방자치단체의 규제의 질적 개혁이 지속적으로 논의되어야 한다. 하나의 규제라고 하여도 그 내용에 있어서 규제의 목적을 실현하는데 보다 효과적이고 실질적인 사항을 담고 있는지에 대한 질적인 판단과 그에 대한 개선이 이루어져야 할 것이다. 지방자치단체가 규제 행정의 실질적인 주체가 되고 지역에 따른 규제행정을 기대할 수 있을 때 획일적이고 중복적인 규제로 인한 많은 문제점을 해소하는 출발점이 될 것이다.
>
> -조진우, "자치입법권 보장을 위한 지방자치단체 규제개혁의 과제", 『지방자치법연구』, 통권 제76호, 2022, 22쪽.

행정안전부의 경우 지방규제개선위원회를 만들어서 규제개혁업무를 담당하고 있었다. 다음은 과거의 <주요 지방규제 개선 사례>이다. 전형적인 '손톱 밑 가시형 규제'에 해당하는 것으로 볼 수 있다고 하면서, 주요 지방규제 개선사례로 아래의 예를 들고 있다.

〈 주요 지방규제 개선사례 〉

지방규제와 문제점	개선방안
관광진흥법 규제로 도시민박 내국인 불허	법개정 통해 내국인 숙식 조건부 허용
산업단지 내 면적 변경시 심의규제 과도	소규모 변경시에는 심의절차 간소화
원단폐기물 종량제 봉투 배출로 기업 부담	합성섬유도 재활용품목에 포함해 수거
경기도 G마크 인증시 제출서류 과다	행정서류 간소화로 기업부담 경감
준보전산지 개발제한 몰라 땅 사놓고 올스톱	토지이용계획 확인서에 관련정보 의무화

※ 출전 : 김재광, "규제품질제고를 위한 규제 개선방안", 「공법연구」, 제42집 제3호, 2014, 208쪽.

행정안전부는 매분기마다 지방규제혁신 우수사례를 선정하여 발표함으로써 지방규제혁신정책을 펼치고 있다. 현재 행정안전부는 지방규제혁신위원회를 2023년 5월에 구

14) 전진영, 규제영향분석과 입법과정, 이슈와 논점, 1867호, 국회입법조사처, 2021. 8. 23, 4쪽.

성하여 운영하고 있으며, 행정안전부가 뽑은 지방규제와 관련한 규제개선 우수사례는 다음과 같다.

〈 그림자행태 규제개선 적극행정 우수사례 〉

① 기업(생업) 경영여건 개선 (경기 고양) 수요친화적 법령해석으로 개발제한구역 내 공장 증설 허용 (제주 본청) 무선으로 어구위치를 추적하는 전자해양부이 개발로 조업 애로 해소
② 주민 편익 증진 (경북 안동) 경로당 맞춤형 간편 회계서식 보급으로 지역공동체 기반 강화 (광주 서구) 휠체어 탑승자동차 지원대상 확대로 장애인 이동권 신장 (경남 본청) 무역항 선박속력 제한 완화로 선박사고 예방
③ 행정절차 간소화 (전북 정읍) 통합위임장 공동 활용하여 토지 관련 민원처리 절차 간소화 (경남 창원) 자동차 멸실인정 구비서류를 줄여 주민 불편 해소
④ 지방재정 확충 (부산 본청) 과세 및 면세사업 겸영 신축건물에 대한 부가세 매입세액 환급을 통한 재정 확충

※ 출전 : 행정안전부 보도자료, 2023. 5. 23, 4쪽.

CHAPTER

03 광역 지방자치단체의 입법평가 조례

우리나라 17개 광역지방자치단체 중에서 입법평가제도를 도입한 광역지방자치단체는 12개이다. 서울특별시와 인천광역시는 입법평가제도를 도입하지는 않고 있지만, 자치법규 입안점검표나 조례정비기준표 등을 통해서 일종의 사전 및 사후 입법평가를 하고 있다고 보아서 소개를 하였다.[1)] 뒤에서 설명하는 기초 지방자치단체의 경우에는 광역을 기준으로 가나다 순으로 편제하였지만, 광역 지방자치단체의 경우에는 제도 도입의 순서를 기준으로 편제를 하였다. 광역 지방자치단체 중에서 5개 시도는 아직도 입법평가조례들 제정하지 않고 있다.

1. 광주광역시

광주광역시는 입법평가조례를 전국에서 최초로 제정한 광역지방자치단체이다. 2013년 7월에 「광주광역시 조례 사후 입법평가 조례」를 제정하였고, 이후 2014년 1월 1일에 동 시행규칙을 제정하여 입법평가제도를 운영하고 있다. 사전평가는 제도화하지 않고 사후평가제도만을 규정하고 있다.

1) 그럼에도 불구하고 서울특별시도 입법평가조례를 제정하여 입법평가를 제대로 시행할 필요가 있다. 대한민국의 수도라는 지위에서도 그렇고 몇군데의 서울특별시 기초지방자치단체에서도 입법평가조례르 제정하여 시행하고 있는데 서울특별시가 입법평가제도를 도입하지 않은 것은 바람직하지 않다고 본다.

광주광역시 조례 사후 입법평가 조례
[시행 2013. 7. 1.] [광주광역시조례 제4251호, 2013. 7. 1., 제정]

제1조(목적) 이 조례는 광주광역시 조례의 입법 목적과 목표가 실현되고 있는지를 분석·평가하여 개선하도록 하는 사후 입법평가에 관한 기본적인 사항을 정하여 정책 실현 도구로써 조례의 실효성을 높여 시민의 삶의 질이 향상되도록 함을 목적으로 한다.

제2조(정의) 이 조례에서 "사후 입법평가"란 시행되고 있는 조례에 대하여 입법목적의 실현성, 실효성 등을 평가하고 그 개선에 필요한 적극적 조치를 취하는 일련의 과정을 말한다.

제3조(시장의 책무) 광주광역시장(이하 "시장"이라 한다)은 조례의 집행기관으로서 조례를 실효성 있게 운영하고 사후 입법평가로 조례의 질적 향상과 입법목적을 실현하도록 노력하여야 한다.

제4조(평가 대상) 사후 입법평가의 대상은 광주광역시 조례로 한다. 다만, 기관설치·조직운영·업무분장·문서관리 등 단순 기술적인 내용의 조례, 상위법령에서 위임한 조례, 시행일로부터 2년이 지나지 않은 조례는 평가대상에서 제외한다.

제5조(평가 기준 및 시기) ① 사후 입법평가는 다음 각 호의 사항을 기준으로 실시한다.
1. 입법 목적의 실현성
2. 비용과 편익 예측 등의 적정성
3. 기본계획 및 시행계획 수립 여부
4. 예산 편성 및 집행 여부
5. 상위법령 제정 및 개정 사항 반영 등 법적 정합성
6. 인권·성평등 침해 또는 차별 여부
7. 위원회 구성 및 운영 실태

② 사후 입법평가는 2년마다 실시한다.

제6조(입법평가서의 작성) 제4조에 따라 평가 대상이 되는 조례의 주관부서의 장은 해당 조례를 검토하여 사후 입법평가 기본자료를 작성하여 입법 총괄부서의 장에게 제출한다.

제7조(입법평가위원회 구성) ① 시장은 사후 입법평가를 효율적으로 추진하기 위하여 입법평가위원회(이하 "위원회"라고 한다)를 구성한다.
② 위원회는 위원장과 부위원장 각 1명을 포함한 15명 이내의 위원으로 구성하고 광주광역시 기획업무 부

서의 장을 당연직 위원으로 포함하여 광주광역시의회에서 추천하는 사람, 법률 전문가, 시민단체 대표 등에서 시장이 임명 또는 위촉한다.

③ 위원장과 부위원장은 위원 중에서 호선한다.

④ 위원회의 임기는 사후 입법평가 종합결과보고서 작성이 완료되면 만료한다.

⑤ 위원회에서 사무를 처리하기 위하여 간사를 두며, 간사는 담당사무관이 된다.

제8조(기능) 위원회는 다음 각 호의 사항을 심의·조정한다.

1. 사후 입법평가 결과의 반영 및 개선안 마련에 관한 사항
2. 사후 입법평가 결과통보서 작성 및 통보에 관한 사항
3. 그밖에 시장이 위원회의 심의·조정이 필요하다고 인정하는 사항

제9조(조사 및 의견청취 등) 위원회는 제8조에 따른 기능을 수행할 때 필요하다고 인정하면 관계 공무원 등에게 설명 또는 자료 등의 제출을 요구할 수 있다.

제10조(평가결과 반영) 주관부서의 장은 위원장으로부터 받은 사후 입법평가 결과통보서에 개선권고 사항이 있는 경우에는 이를 반영하여야 한다. 다만, 주관부서의 장은 평가 결과를 반영하기 어려운 경우에는 그 사유를 서면으로 위원장에게 통지하고, 반영 여부를 협의하여 결정하여야 한다.

제11조(수당 등) 위원회의 위원 등에 대해서는 예산의 범위에서 수당과 여비를 지급할 수 있다. 다만, 공무원인 위원이 그 소관 업무와 직접적으로 관련되어 위원회에 출석하는 경우에는 그러하지 아니하다.

제12조(종합결과보고서 제출) 시장은 위원회의 사후 입법평가 결과통보서와 소관 부서의 개선권고안 반영계획 등을 포함한 사후 입법평가 종합결과보고서를 해당 연도 6월 말까지 광주광역시의회에 제출하여야 한다.

제13조(규칙) 이 조례 시행에 필요한 사항은 규칙으로 정한다.

[별지 제1호 서식] 사후 입법평가 기본자료

<table>
<tr><td>※ 관리 번호</td><td colspan="2" rowspan="2">사후 입법평가 기본자료(실·과 작성용)</td></tr>
<tr><td></td></tr>
<tr><td>조례명</td><td colspan="2"></td></tr>
<tr><td colspan="2">관계법령</td><td>(위임 법령, 시행 관련 조례 명 등을 기재)</td></tr>
<tr><td colspan="2">평가기간</td><td>20 . . . 부터 20 . . . 까지(일 간)</td></tr>
<tr><td>평가 의견</td><td colspan="2">사후 입법평가기준표를 토대로 한 평가의견 서술</td></tr>
<tr><td>첨부자료</td><td colspan="2">1. 조례, 관계법령 발췌본
2. 사후 입법평가기준표
3. 예산 편성 및 집행 내역
4. 그 밖의 참고자료(계획서, 보고전, 위원회 구성 및 운영 현황 등 증빙자료)</td></tr>
</table>

<table>
<tr><td rowspan="2">작성자</td><td>부서명/팀명</td><td>직급</td><td>성명</td><td>전화번호</td></tr>
<tr><td></td><td></td><td></td><td></td></tr>
</table>

[별지 제2호서식] 사후 입법평가 기준표

구 분	세 부 항 목	문제점	개선안
입법 목적의 실현성	· 조례 제정·개정의 취지와 입법 목적대로 시행되고 있는가		
계획 수립	· 기본계획 및 시행계획이 수립되어 있는가		
비용과 편익의 적정성	· 비용에 따른 편익 발생은 적절한가?		
	· 예상하지 못했던 비용의 발생은 있는가		
예산 편성 및 집행	· 예산은 적정하게 편성되고 집행되었는가		
법적 정합성	· 상위 법령의 개폐 등에 따른 적절한 조치를 취하였는가		
	· 개별 규정 간에 모순되는 점은 있는가		
위원회 구성	· 위원회는 구성과 운영에서 적절한가		
	· 위원회의 성비는 적정한가		

[별지 제3호서식]

위원회 입법평가 결과통보서

□ 관리 번호 및 조례명:

□ 소관 부서 :

□ 통보(조치)일 : 20 . . .

□ 통보내역: 현행 유지 및 개선(제정, 개정, 폐지) 권고

검토 규정	평가 내용
제○조	
제○조	
제○조	
…	
종합평가 결과	현행 유지 및 개선 권고

[별지 제4호서식]

<table>
<tr><td>※관리번호</td><td colspan="2" rowspan="2">사후 입법평가 종합보고서(의회제출용)</td></tr>
<tr><td></td></tr>
<tr><td>조 례 명</td><td colspan="2"></td></tr>
<tr><td>관계법령</td><td colspan="2">(위임 법령, 시행 관련 조례 명 등을 기재)</td></tr>
<tr><td rowspan="2">소관 부서 및 담당자</td><td>부서명
(과 혹은 팀명)</td><td></td></tr>
<tr><td>담당자 직 · 성명
/ 전화번호</td><td></td></tr>
<tr><td>소관 부서 의견</td><td colspan="2">사후 입법평가기준표를 토대로 한 평가의견 서술</td></tr>
<tr><td rowspan="2">입법평가위원회의 심의결과</td><td>조례 종합평가 내용</td><td>개선권고 내용</td></tr>
<tr><td>위원회 심의 결과 주요 내용을 기술</td><td>- 미비한 계획 수립
- 위원회 정비
- 조례의 개정, 폐지, 새로운 조례의 제정 등의 개선안 등을 기술</td></tr>
<tr><td>소관 부서의 위원회 결과 반영 계획</td><td colspan="2"></td></tr>
<tr><td>첨부자료</td><td colspan="2">1. 사후 입법평가 기본자료
2. 사후 입법평가 기준표
3. 위원회 입법평가 결과통보서
4. 소관 부서의 위원회 심의결과 반영 계획서
5. 그 밖의 참고자료</td></tr>
</table>

광주광역시 조례 사후 입법평가 조례 시행규칙
[시행 2014. 1. 1.] [광주광역시규칙 제2935호, 2014. 1. 1., 제정]

제1조(목적) 이 규칙은 광주광역시 조례 사후 입법평가 조례의 시행에 필요한 사항을 정하여 체계적인 입법평가를 통해 조례의 실효성을 높이는 것을 목적으로 한다.

제2조(정의) 이 규칙에서 사용하는 용어의 정의는 다음과 같다.
1. "주관부서"란 평가 대상 조례를 관리하고 그에 따른 업무를 수행하는 부서를 말한다.
2. "총괄부서"란 법제 업무를 총괄하는 부서를 말한다.

제3조(평가대상 조례) 광주광역시 조례 사후 입법평가 조례(이하 "조례"라 한다) 제4조에서 '시행일로부터 2년이 지나지 않은 조례'란 평가실시 연도의 전전년도 1월 1일 이후 공포된 제·개정 조례를 말한다..

제4조(입법평가서 작성) 조례 제6조에 따라 주관부서에서 입법평가 기본자료를 작성할 때에는 별지 제1호 서식 및 별지 제2호 서식에 따르고 관련자료를 첨부한다.

제5조(위원회 구성) ① 조례 제7조에 따른 입법평가위원회는 다음 각 호의 위원 중에서 광주광역시장이 위촉한다.
1. 광주광역시 기획부서의 장 및 시 본청 4급 공무원
2. 광주광역시의회에서 추천한 사람
3. 법률 분야의 지식이 풍부한 전문가
4. 시민단체 대표 또는 시민단체에서 추천한 사람
5. 그 밖에 시장이 필요하다고 인정하는 사람

② 위원을 위촉할 때에는 어느 한 쪽 성(性)이 10분의 6을 넘지 않도록 노력한다.

제6조(회의 운영) ① 위원장은 필요시 위원회의 회의를 소집하고, 그 의장이 된다.
② 회의는 위원장을 포함한 재적의원 과반수의 출석으로 개최하고, 출석의원 과반수의 찬성으로 의결한다.
③ 위원장이 부득이한 사유로 직무를 수행할 수 없을 경우 부위원장이 위원장의 직무를 대행하고, 부위원장이 직무를 수행할 수 없는 경우에는 위원장이 지명하는 위원이 그 직무를 대행한다.
④ 이 규칙에 규정된 것 외에 위원회의 운영에 필요한 세부사항은 위원회의 의결을 거쳐 위원장이 정한다.

제7조(평가의뢰) 조례 제5조제1항제6호의 인권·성평등 침해 또는 차별 여부를 판단하기 위해 총괄부서는 해당 업무를 담당하고 있는 부서에 평가를 의뢰하고 그 결과를 결과통보서에 기재하여야 한다.

제8조(결과통보서 작성) 조례 제8조에 따라 총괄부서에서 주관부서에 평가 결과를 통보할 때에는 별지 제3호 서식에 따른다.

제9조(종합결과보고서) 조례 제12조에 따라 의회에 결과보고서를 제출할 때에는 별지 제4호 서식에 따른다.

2013년 7월 1일에 입법평가조례를 제정하고 제정 즉시 시행하고 있는 광주광역시는 입법평가 조례에 따라 2014년에 전국 최초로 입법평가를 시행하였다. 광주광역시는 사후 입법평가제도 만을 도입하였다. 광주광역시 입법평가위원회의 구성 및 임기에 관해 불명확하게 규정되어 있는 점과 평가와 이해관계가 있는 사람의 경우 위원으로 선정할 수 없도록 해야 한다는 점, 평가기준의 경우 세부적인 평가항목을 마련하여 평가수행을 용이하게 하여야 한다는 점 등이 지적된 바 있다.[2)]

2. 경기도

경기도는 입법평가조례안을 전국에서 최초로 발의는 하였지만, 광역지방자치단체로는 광주광역시에 이어 전국에서 두 번째로 2014년 1월 10일에 「경기도 자치법규 입법영향분석 조례」를 제정하였다. 경기도는 조례안에 대한 사전분석과 사후분석을 하고 있다. 사전입법영향분석은 소관 상임위원회 전문위원이 실시하여 그 결과를 전문위원 검토보고서에 첨부하도록 하고 있다. 그리고 사후입법영향분석은 「경기도 자치법규 입법영향분석 조례」에 따라 설치된 경기도의회 입법정책위원회에서 4년 마다 실시하도록 규정되어 있다.

2) 배건이, 조례입법평가 지원 연구 Ⅰ – 광주광역시 조례에 대한 입법평가, 한국법제연구원, 2015, 110쪽 이하.

경기도 자치법규 입법영향분석 조례
[시행 2020. 12. 31.] [경기도조례 제6828호, 2020. 12. 31., 일부개정]

제1조(목적) 이 조례는 경기도 자치법규의 시행효과와 목적달성 등을 분석함으로써 조례의 실효성을 확보하고 경기도의회 의원의 입법 활동을 지원하며 나아가 경기도민의 권익증진에 이바지함을 목적으로 한다. <개정 2020.12.31.>

제2조(정의) 이 조례에서 "입법영향분석"이란 제4조의 분석지표에 따라 자치법규의 실효성·적합성 등에 대하여 사전 또는 사후에 입법의 영향을 분석하는 것을 말한다.

제3조(적용범위 등) ① 이 조례에 의한 사전 입법영향분석은 제정 또는 전부개정하는 조례를 대상으로 한다. 다만, 상임위원회에서 제출한 조례안은 제외한다. [단서신설 2019.06.18.] <개정 2019.06.18.>
② 이 조례에 의한 사후 입법영향분석은 제정 또는 전부개정된 조례 중 시행 후 2년이 경과한 조례와 제6조에 따라 입법영향분석을 실시한 지 4년이 지난 조례를 대상으로 한다. <개정 2019.06.18.>
③ 제1항과 제2항의 사전·사후 입법영향분석 대상 조례 중 기관설치·조직운영·업무분장·문서관리 등 기술적 내용의 조례는 사전·사후 입법영향분석 대상에서 제외한다.

제4조(입법영향분석 기준) ① 사전 입법영향분석은 별표1을 기준으로 한다.
② 사후 입법영향분석은 별표2를 기준으로 한다.

제5조(사전 입법영향분석) ① 소관 상임위원회 전문위원은 별표1을 기준으로 해당 조례에 대한 사전 입법영향분석을 실시하고, 그 결과를 전문위원 검토보고서에 첨부하여야 한다. <개정 2019.06.18.>
② 상임위원장은 제1항에 따른 사전 입법영향분석의 결과를 해당 상임위원회 조례심의 전에 공표할 수 있다.

제6조(사후 입법영향분석) ① 사후 입법영향분석은 「경기도의회 입법정책위원회 설치 및 운영에 관한 조례」에 따른 경기도의회 입법정책위원회(이하"위원회"라 한다)에서 별표2를 기준으로 실시한다. <개정 2018.7.17.>
② 위원회는 입법영향분석을 위하여 조례를 발의한 의원 및 제출한 집행부의 의견을 들을 수 있다.
③ 위원회는 입법영향분석을 위하여 출석위원 과반수의 동의를 얻어 소위원회를 구성할 수 있으며, 소위원회의 설치·구성 및 운영에 필요한 사항은 위원회의 의결을 거쳐 결정한다.
④ 위원회는 입법영향분석의 효과적인 추진을 위해 외부 전문기관 등에 의한 입법영향분석 용역 여부를 결정할 수 있으며, 이 경우 경기도의회의장(이하"의장"이라 한다)은 예산의 범위에서 입법영향분석 용역을 실시할 수 있다.

제7조(입법영향분석기준 수정의 심의) 별표에서 정한 입법영향분석지표의 일부를 변경하거나 새로운 입법영향분석지표를 추가하는 경우 위원회는 이를 심의할 수 있다.

제8조(입법영향분석 결과의 공표 및 활용 등) ① 제5조제1항의 소관 상임위원회 전문위원은 조례를 발의한 의원 또는 제출한 집행부에 사전 입법영향분석 결과를 통보할 수 있다.
② 제6조제1항의 위원회는 사후 입법영향분석 후 해당 조례를 발의한 의원 또는 제출한 집행부에 그 결과를 통보할 수 있다.
③ 소관 상임위원회 및 위원회는 사전·사후 입법영향분석 결과를 경기도의회 홈페이지에 공표할 수 있다.
④ 위원회는 사전 입법영향분석 결과가 충실히 반영된 경우, 이를 모범 조례로 선정할 수 있다.
⑤ 위원회는 사후 입법영향분석 결과에 따라 개정 또는 폐지가 필요한 조례를 선정하여 각 소관 상임위원장에게 보고하여야 한다.
⑥ 의장은 제4항에 따라 선정된 모범조례에 공적이 있는 사람과 제5항에 따른 조례를 개정 또는 폐지에 공적이 있는 사람에게 「경기도의회 입법정책위원회 설치 및 운영에 관한 조례」 제9조에 따라 포상할 수 있다. <개정 2018.7.17., 2020.12.31.>

제9조(시행규칙) 이 조례의 시행에 필요한 사항은 의회규칙으로 정한다.

경기도에서는 입법평가조례가 제정되면서 별표에 입법영향분석지표도 함께 공포되었는데, 별표1의 입법영향분석지표는 2019년 6월 18일에 동 조례가 개정되면서 아래의 현행 지표와 같이 보완되었다.

[별표 1] <사전 입법영향분석지표> <개정 2019.06.18.>

입법영향 분석항목	세부항목	입법영향분석척도
1. 입법의 필요성	상위법령에서 위임된 사항이거나 자치사무에 해당하는가?	① 그렇다 ② 그렇지않다
	공익 및 정책실현에 필요한 조례인가?	① 그렇다 ② 그렇지않다
	조례로 규정해야 할 사항인가? (규칙으로 정하거나 국가에서 법령으로 정해야 할 사항은 아닌가?)	① 그렇다 ② 그렇지않다

2. 적법성 / 중복성	입안내용이 헌법 및 상위법령에 부합하는가?	① 그렇다 ② 그렇지않다
	중복되는 법령 및 다른 자치법규가 있는가?	① 그렇다 ② 그렇지않다
	중복되는 법령이나 자치법규가 있음에도 별도로 제정할 필요가 있는가?	① 그렇다 ② 그렇지않다 ③ 해당없음
3. 비용 / 의견수렴	비용이 많이 수반되어 재정건전성을 해칠 소지는 없는가?	① 그렇다 ② 그렇지않다
	비용추계는 이루어졌는가?	① 그렇다 ② 그렇지않다
	조례제정시 입법예고, 공청회 등 의견수렴을 거쳤는가?	① 그렇다 ② 그렇지않다
	조례시행에 따른 이해당사자의 의견 및 반대의견을 충분히 검토하였는가?	① 그렇다 ② 그렇지않다

[별표 2] <사후 입법영향분석지표> <개정 2019.06.18.>

입법영향 분석항목	세부항목	입법영향 분석지표	평가의견
1. 입법근거 및 법적합성	위임조례인가 자치사무에 대한 조례인가?	□ 위임조례 □ 자치사무 조례	
	위임 조례의 경우 조례에서 규정한 위임근거가 올바른가?	□ 그렇다 □ 그렇지 않다 □ 해당사항 없음	
	기관위임 사무에 해당하는 사항을 조례로 제정하였는가?(법률에서 조례로 위임한 경우 제외)	□ 그렇다 □ 그렇지 않다 □ 해당사항 없음	
	조례에서 주민의 권리제한, 의무부과, 벌칙 부과, 규제 사항에 대한 법률위임이 있는가?	□ 그렇다 □ 그렇지 않다 □ 해당사항 없음	
	관련 법령개정 등으로 상위법령 위배소지가 있는가?	□ 그렇다 □ 그렇지 않다 □ 해당사항 없음	
	조례의 시행과정에서 다른 조례와의 충돌이나 모순이 발생하고 있는가?	□ 그렇다 □ 그렇지 않다 □ 해당사항 없음	

입법영향 분석항목	세부항목	입법영향 분석지표	평가의견
2. 유효성 및 효율성	이 조례와 유사 또는 동일한 다른 조례가 제정 및 시행되고 있어 통합할 필요가 있는가?	□ 그렇다 □ 그렇지 않다 □ 해당사항 없음	
	조례에 따른 계획 수립·시행이 되고 있는가?	□ 그렇다 □ 그렇지 않다 □ 해당사항 없음	
	조례 시행에 필요한 예산 확보와 집행이 잘 이루어지고 있는가?	□ 그렇다 □ 그렇지 않다 □ 해당사항 없음	
	조례에서 부여한 책무와 여러 추진 사업을 집행기관이 잘 이행하고 있는가?	□ 그렇다 □ 그렇지 않다 □ 해당사항 없음	
3. 공평성	조례에서 장애인, 성별 등의 특정계층이나 특정지역을 차별하는 조항이 있는가?	□ 그렇다 □ 그렇지 않다 □ 해당사항 없음	
	조례에서 정한 차별이 불합리한가?	□ 그렇다 □ 그렇지 않다 □ 해당사항 없음	
4. 주민의견 수용성	조례 제·개정 시 입법예고는 하였는가?	□ 그렇다 □ 그렇지 않다	
	조례 제·개정 시 공청회, 세미나 등을 통하여 이해관계인 또는 주민에 대한 의견수렴 과정을 거쳤는가?	□ 그렇다 □ 그렇지 않다 □ 해당사항 없음	
	조례와 관련한 민원(청원, 진정, 소송 등)이 제기되거나 개정 또는 폐지 요구가 있었는가?	□ 그렇다 □ 그렇지 않다 □ 해당사항 없음	
	조례의 체계나 사용되어진 용어가 주민이 알기 쉽게 되어 있는가?	□ 그렇다 □ 그렇지 않다 □ 해당사항 없음	

입법영향 분석항목	세부항목	입법영향 분석지표	평가의견
5 지원의 적정성	조례에 지원에 관한 규정이 있는가?	□ 그렇다 □ 그렇지 않다 □ 해당사항 없음	
	조례에 따른 지원대상이나 범위가 적정한가?	□ 그렇다 □ 그렇지 않다 □ 해당사항 없음	
	지원대상이 집행이 가능한 정도로 구체화 되어 있는가?	□ 그렇다 □ 그렇지 않다 □ 해당사항 없음	
	조례에 따른 위탁사무의 대상으로 적정한가?	□ 그렇다 □ 그렇지 않다 □ 해당사항 없음	
6. 조례의 필요성	이 조례를 현행대로 유지할 필요가 있는가?	□ 그렇다 □ 그렇지 않다	
	이 조례를 개정할 이유가 있는가? (해당사항 모두 표기)	□ 위임근거 불부합 □ 위임근거 불명확 □ 법령의 위임 없는 규제 정비 □ 다른 조례와 상충 및 모순 □ 조례 시행의 문제점 발생 □ 조례의 공평성 문제 □ 알기 쉬운 법령정비기준에 따른 정비 필요 □ 그 밖의 사유	
	이 조례를 폐지할 사유가 있는가? (해당사항 모두 표기)	□ 다른 유사한 조례와의 통합하여 운영 필요성 □ 법령상 조례 시행 불가능 □ 수년간 조례 운영 실적 전무	

2014년 1월 10일에 입법영향분석조례를 제정하여 2014년 7월 1일부터 시행하고 있는 경기도는 타 광역 지방자치단체와는 달리, 사후 입법평가만이 아니라 사전 입법평가도 도입하였다는 차별성을 지니고 있다. 입법평가제도의 명칭도 다른 시도의 경우에는 '입법평가'라고 하고 있는데, 경기도의 경우에는 '입법영향분석'이라 하고 있다.

평가는 사전과 사후에 이루어졌을 때 예측과 결과에 대한 순환평가가 가능할 수 있다. 즉, 법에 대한 영향을 예측하고 분석하는 것은 그 법이 사회에 어떠한 영향을 미치는 것인지를 탐구하는 것이며, 이는 법을 제정하기 전, 제정하는 과정, 제정 · 시행 이후 모든 과정에서 필요하다. 이러한 점은 다른 지방자치단체의 입법평가조례와 비교하였을 때 경기도 조례가 가지고 있는 장점이라고 할 수 있다.

- 윤계형, 조례입법평가 지원 연구 Ⅰ - 경기도 조례에 대한 입법평가, 한국법제연구원, 2015, 77쪽.

그러나 항목마다 5가지 척도를 체크하도록 하고 있는데 이에 대한 입법영향분석의 결과를 작성하여 조례입법시 입법영향분석서를 활용하도록 하여야 한다는 점, 추상적이고 불필요한 요소를 포함하고 있는 입법영향분석의 지표에 대한 수정이 필요하다는 점 등이 지적되고 있다. '조례와 도민의 관계' 항목은 도임들의 의견을 반영할 수 있도록 하는 것이므로 다른 지방자치단체의 입법평가에 비하여 모범적인 항목이라고 평가하면서도, 도민들의 평가나 이해도 등을 여하히 정확하게 측정하여 반영할 수 있는지에 대한 방법과 기준을 개발하여 사후 입법영향분석에 활용하여야 한다는 점이 지적되고 있다.[3)]

3. 부산광역시

부산광역시는 2014년 11월 5일에 「부산광역시 조례 입법평가 조례」를 제정하였고, 이후 2015년 5월 6일부터 시행하고 있다. 부산광역시 입법평가의 특징은 입법평가결과를 시장에게 반영하도록 하고 있는 것이다. 부산광역시는 사후 입법평가제도만을 도입하였고, 입법평가조례의 내용은 구체적이지는 않고 개괄적으로 규정되어 있다.

부산광역시 조례 입법평가 조례
[시행 2019. 1. 9.] [부산광역시조례 제5848호, 2019. 1. 9., 일부개정]

제1조(목적) 이 조례는 부산광역시 조례에 대한 입법평가에 관한 사항을 규정하여 조례의 시행효과 및 목표달성 등을 평가함으로써 조례의 실효성을 확보하고 시민의 삶의 질을 높이는데 이바지함을 목적으로 한다.

제2조(정의) 이 조례에서 사용하고 있는 용어의 뜻은 다음과 같다.

1. "입법평가"란 시행되고 있는 조례에 대하여 입법 목적의 실현성, 실효성 등을 평가하는 것을 말한다.

3) 윤계형, 조례입법평가 지원 연구 Ⅰ - 경기도 조례에 대한 입법평가, 한국법제연구원, 2015, 77쪽 이하.

2. “주관부서”란 평가 대상 조례를 관리하고 그에 따른 업무를 수행하는 부서를 말한다.
3. “총괄부서”란 입법업무를 총괄하는 부서를 말한다.

제3조(책무) 부산광역시(이하 “시”라 한다)는 조례를 실효성 있게 운영하고 입법평가로 조례의 입법목적이 실현되도록 노력하여야 한다.

제4조(추진계획 수립 · 시행) ① 부산광역시장(이하 “시장”이라 한다)은 입법평가를 실시하기 위하여 3년마다 입법평가 추진계획(이하 “추진계획”이라 한다)을 수립 · 시행하여야 한다.
② 추진계획에는 다음 각 호의 사항이 포함되어야 한다.
1. 입법평가의 목표와 방향
2. 입법평가 실시에 관한 사항
3. 제8조에 따른 부산광역시입법평가위원회에 관한 사항
4. 그 밖에 입법평가 추진을 위하여 필요한 사항

제5조(평가대상) 입법평가의 대상은 시의 조례로 한다. 다만, 다음 각 호의 어느 하나에 해당하는 경우에는 제외한다.
1. 기관설치 · 조직운영 · 업무분장 · 문서관리 등 단순 기술적인 조례
2. 상위법령에서 위임한 조례
3. 시행일로부터 2년이 지나지 않은 조례

제6조(평가시기 등) ① 입법평가는 3년마다 실시하되, 다음 각 호의 사항을 기준으로 실시한다.
1. 입법 목적의 실현성
2. 기본계획 또는 추진계획 등의 수립 여부
3. 예산편성 및 집행의 적정성
4. 상위법령 제정 및 개정 사항 반영 여부
5. 위원회 · 협의회 등 구성 및 운영 실태
6. 그 밖에 평가 대상 조례의 규정에 따른 이행 여부
② 제1항에 따른 평가시기 및 기준에 따른 세부적인 사항은 시장이 따로 정한다.

제7조(입법평가 기본자료 제출 등) ① 제5조에 따라 평가대상이 되는 조례의 주관부서의 장은 해당 조례에 대한 입법평가 기본자료를 작성하여 총괄부서의 장에게 제출하여야 한다.
② 제1항에 따라 입법평가 기본자료를 제출받은 총괄부서의 장은 주관부서의 장으로부터 받은 입법평가 기본자료를 정리하여 제8조에 따른 부산광역시입법평가위원회에 제출하여야 한다.

제8조(입법평가위원회) 시장은 다음 각 호의 사항을 심의하기 위하여 부산광역시입법평가위원회(이하 "위원회"라 한다)를 둔다.

1. 제4조에 따른 추진계획에 관한 사항
2. 입법평가에 관한 사항
3. 입법평가 결과 개선안 마련에 관한 사항
4. 입법평가 제도개선에 관한 사항
5. 그 밖에 입법평가를 위하여 위원장이 회의에 부치는 사항

제9조(구성·운영) ① 위원회는 위원장과 부위원장 각 1명을 포함하여 15명 이내의 위원으로 구성한다.

② 위원회의 위원장은 기획관이 되고, 부위원장은 위촉직 위원 중에서 호선하며, 위원은 다음 각 호의 사람 중에서 성별을 고려하여 시장이 임명하거나 위촉하되, 위촉위원의 수는 전체 위원의 2분의 1 이상이어야 한다. <개정 2015. 1. 1, 2018. 8. 1, 2019. 1. 9>

1. 시 소속 4급 이상 공무원
2. 부산광역시의회에서 추천하는 사람
3. 그 밖에 입법평가에 관한 학식과 경험이 풍부한 사람

③ 위원의 임기는 위원으로 임명 또는 위촉된 날부터 위원회에서 입법평가에 대한 심의를 마치는 날까지로 한다.

④ 위원회의 회의는 재적위원 과반수의 출석으로 개의하고, 출석위원 과반수의 찬성으로 의결한다.

⑤ 위원회에 위원회의 사무를 처리할 간사 1명을 두며, 간사는 입법총괄업무담당과장이 된다.

⑥ 위원회에 참석한 위촉위원 및 관계 전문가 등에게 예산의 범위에서 수당과 여비를 지급할 수 있다.

⑦ 이 조례에 정한 것 외에 위원회의 운영에 필요한 사항은 위원회의 의결을 거쳐 위원장이 정한다.

제10조(조사 및 의견청취 등) 위원회는 안건의 심의를 위하여 필요하다고 인정하면 관계 공무원 등에게 설명 또는 자료 등의 제출을 요구할 수 있다.

제11조(평가결과 반영) 시장은 제8조에 따른 위원회의 심의 결과 입법평가에 따른 개선사항이 있는 경우에는 이를 적극 반영하도록 노력하여야 한다.

제12조(종합결과보고서 제출) 시장은 입법평가 완료 후 30일 이내에 입법평가 종합결과보고서를 부산광역시의회에 제출하여야 한다.

부산광역시의 자치입법에 대해서 상위법 위반여부 등을 검토할 사전통제시스템이 부족하다는 지적이 있다.[4] 그리고 부산광역시의 입법평가제도에 관해서는 입법평가위원회의 소속을 분명하게 하고 입법평가위원회가 입법평가를 실시한 후에 시장에게 보고하도록하는 등의 절차적 보완이 필요하다는 점이 지적되고 있다. 그리고 입법평가 주관부서가 총괄부서의 장에게 제출한 입법평가기본자료를 입법평가위원회에 제출하도록 하고 있는데, 기본자료에 어떠한 사항이 포함되어야 하는지에 대해서는 규정이 없다. 따라서 입법평가 기본자료에 포함되어야 할 사항과 기본자료의 형식 등에 관해서 입법평가 조례에서 정하거나 또는 시행규칙에서 정하도록 위임하여야 할 것이다. 그리고 평가기준을 보다 더 세분화할 필요가 있다는 점이 지적되고 있다.[5]

4. 제주특별자치도

제주특별자치도는 2015년 8월 18일에 「제주특별자치도 자치법규 입법평가 조례」를 제정하고 제정 즉시 조례와 규칙에 대한 입법평가를 시행하고 있다. 다른 시도의 경우에는 '조례 입법평가'라는 명칭을 사용하고 있는데, 제주의 경우에는 조례와 규칙을 포함하는 자치법규에 대한 입법평가를 하고자 하는 제도의 특징을 조례의 명칭에 반영하여, '자치법규 입법평가'라는 명칭을 사용하고 있다.

제주특별자치도 자치법규 입법평가 조례
[시행 2022. 3. 4.] [제주특별자치도조례 제3082호, 2022. 3. 4., 일부개정]

제1조(목적) 이 조례는 제주특별자치도 자치법규의 시행효과와 입법목적 달성 등을 분석·평가함으로써 자치법규의 실효성 제고와 제주특별자치도민의 권익증진에 이바지함을 목적으로 한다.<개정 2016.12.30.>

제2조(정의) 이 조례에서 사용하는 용어의 뜻은 다음과 같다.<개정 2018.2.28.>
1. "자치법규"란 제주특별자치도의 조례와 규칙을 말한다.

---

4) "부산의 경우에는 상위법 위반여부를 심사할 사전통제시스템이 사실상 전무한 상태라고 볼 수 있으며, 사후에 집행부의 입법평가나 재의결 요구 등을 통해서 통제된다. 물론 입법지원을 담당하는 공무원이 있지만, 권고만 할 수 있을 뿐이며, 상위법 위반가능성이 매우 높다고 제언을 하여도 의원의 입법의지가 강하면 사실상 의결이 강행되고, 사후에 재의결요구가 이루어지는 경우가 있다. 실제로 부산광역시의 경우에 재의결요구에 따라 대법원에 제소된 조례가 이례적으로 많이 발생하고 있다." 김무열/강지현, 부산광역시 4차 산업혁명 관련 조례에 비추어본 조례 입법평가제도의 나아갈 방향, 공공정책연구, 제39권 제2호, 2022, 199쪽.

5) 백옥선, 조례입법평가 지원 연구 Ⅰ – 부산광역시 조례에 대한 입법평가, 한국법제연구원, 2015, 94쪽 이하.

2. 삭제<2018.2.28.>

3. "입법평가"란 제3조에 따른 평가대상 조례를 별표의 입법평가에 분석지표에 따라 분석·평가하는 것을 말한다.

제3조(평가대상) ① 이 조례에 따른 입법평가 대상은 현행 조례 중 제정 또는 전부 개정되어 시행된 지 2년이 지난 조례와 제7조에 따라 입법평가를 실시한 지 4년이 경과한 조례로 한다. <개정 2018.2.28.>

② 제1항에 따른 평가대상 조례 중 기관설치·조직운영·업무분장·문서관리 등 조직·인사 또는 기술적 내용의 조례는 입법평가 대상에서 제외한다. <개정 2018.2.28.>

제4조(입법평가위원회) 입법평가를 실시하기 위하여 제주특별자치도의회 소속으로 제주특별자치도의회 입법평가위원회(이하 "위원회"라 한다)를 둔다.<개정 2016.12.30.>

제5조(구성) ① 위원회는 위원장과 부위원장 각 1명을 포함하여 20명 이내의 위원으로 구성한다.

② 위원은 다음 각 호의 어느 하나에 해당하는 사람 중 제주특별자치도의회의장(이하 "도의회 의장"이라 한다)이 임명 또는 위촉한다. <개정 2016.12.30., 2018.2.28.>

1. 제주특별자치도의회의원
2. 상임위원회에서 추천한 전문가
3. 변호사, 교수, 연구원, 법제관 등의 법률 또는 입법전문가
4. 시민단체에서 활동중인 사람
5. 그 밖에 입법평가와 관련한 분야의 경험과 지식이 풍부한 사람

③ 위원장과 부위원장은 위원 중에 호선한다.

④ 삭제<2018.2.28.>

⑤ 위원의 임기는 2년으로 하되, 한 차례만 연임할 수 있다. <개정 2018.2.28.>

제6조(운영) ① 위원회의 회의(화상회의를 포함한다)는 재적위원 과반수의 출석으로 개의하고, 출석위원 과반수의 찬성으로 의결한다. 다만, 다음 각 호의 사유가 있는 경우에는 서면으로 심의·의결할 수 있다. <개정 2020.7.15.>

1. 안건의 내용이 경미한 경우
2. 긴급한 사유로 위원이 출석하는 회의를 개최할 시간적 여유가 없는 경우
3. 천재지변이나 감염병, 그 밖의 부득이한 사유로 인하여 위원의 출석에 의한 의사정족수를 채우기 어려운 경우

② 위원회의 효율적인 운영을 위하여 소위원회를 둘 수 있다.

③ 위원회의 사무를 처리할 간사 1명을 두며, 간사는 제주특별자치도의회 입법평가 업무 담당 부서의 장으

로 한다. <개정 2019.12.31., 2022.3.4.>

④ 위원회에 참석하거나 의견을 제출한 위원 또는 전문가 등에게 예산의 범위에서 수당 및 여비 등을 지급할 수 있다. <개정 2016.12.30., 2020.7.15.>

⑤ 그 밖에 위원회의 운영에 필요한 사항은 위원회의 의결을 거쳐 위원장이 정한다.

제7조(입법평가 실시) 입법평가는 별표의 입법평가 분석지표에 따라 위원회가 실시한다. [전문개정 2022.3.4.]

제8조(용역실시) 효율적인 입법평가를 위하여 필요한 경우 예산의 범위에서 입법평가 전문 기관이나 단체 등에 용역을 실시할 수 있다.<개정 2018.2.28.>

제9조(자료제출 등) ① 위원장은 입법평가를 위하여 평가대상 조례의 소관 부서의 의견을 듣거나 해당 부서에 대하여 자료를 요구할 수 있고, 필요한 경우에는 관계 전문가에게 자문할 수 있다. <개정 2016.12.30., 2018.2.28.>

② 제1항에 따라 의견제시나 자료의 제출을 요구받은 경우에는 특별한 사정이 없으면 그 요구에 응하여야 한다.

제10조(입법평가 분석지표의 변경) 별표의 입법평가 분석지표를 변경할 경우에는 위원회의 심의를 거쳐야 한다.<개정 2018.2.28.>

제11조(결과의 공표 및 활용 등) ① 도의회 의장은 입법평가 결과를 제주특별자치도의회 홈페이지에 공표할 수 있다. <개정 2018.2.28.>

② 위원회의 입법평가 결과는 해당 상임위원회에 통보한다. <개정 2018.2.28.>

③ 제2항에 따라 통보받은 해당 상임위원회는 그 결과를 의정활동에 적극 반영하도록 노력하여야 하며, 필요하다고 인정하는 경우에는 관계 기관에 적절한 조치의 이행을 촉구할 수 있다. <개정 2016.12.30., 2018.2.28.>

제11조의2(위원의 해촉) ① 도의회 의장은 다음 각 호의 어느 하나에 해당하는 경우에는 위원을 해촉할 수 있다.

1. 위원 본인이 사퇴를 희망하는 경우
2. 위원이 위원회의 회의에 1년 이상 참석하지 않은 경우
3. 위원으로서의 활동이 어렵거나 품위를 손상시켰다고 인정하는 경우

② 도의회 의장은 제1항제2호 및 제3호에 따라 위원을 해촉하기 전에는 미리 해당 위원의 의견을 들어야

한다.

③ 도의회 의장이 제1항에 따라 위원을 해촉한 경우에는 그 결과를 해당 위원에게 통보하여야 한다. [본조신설 2018.2.28.]

제12조(시행규칙) 이 조례의 시행에 필요한 사항은 규칙으로 정한다.

제주도는 「제주특별자치도 자치법규 입법평가 조례」의 별표에서 입법평가 분석지표를 규정하고 있다.

<별표> <개정 2022. 3. 4.>

입법평가 분석지표 (제7조 관련)

평가항목	세부지표	분석 및 평가	결과 및 의견
1. 조례의 입법근거 및 적법성	1.1. 위임조례인가 자치사무에 관한 조례인가	□ 제주특별법 위임조례 □ 개별법령 위임조례 □ 자치사무에 관한 조례	(예시) 조례 제정 근거 규정 기재
	1.2. (1.1.에서 위임조례라고 평가한 경우) 조례에서 규정하고 있는 위임근거가 올바른가	□ 그렇다 □ 그렇지 않다	(예시) 올바른 위임근거 기재
	1.3. 조례가 위임범위 또는 자치사무의 범위에서 적정하게 제·개정 되었는가	□ 그렇다 □ 그렇지 않다	(예시) 위임범위 또는 자치사무의 범위를 벗어난 경우 그 이유를 기재
	1.4. 조례 제·개정 이후 동일 또는 유사한 법령이나 제도가 만들어졌거나 근거 법령의 개정 또는 폐지가 있었는가	□ 그렇다 □ 그렇지 않다	(예시) 이 조례와 동일 또는 유사한 법령이나 제도가 만들어졌거나 근거 법령의 개정 또는 폐지가 있었다면 그 사실을 기재
	1.5. (1.4.에서 그렇다고 평가한 경우) 유사한 법령이나 제도 및 근거법령의 개정 또는 폐지 사항을 조례가 반영하고 있는가?	□ 그렇다 □ 그렇지 않다	(예시) 반영이 되지 않았다면 조례에 이를 반영하도록 개정 필요
	1.6. 조례에 주민의 권리제한, 의무부과, 벌칙 부과, 규제에 관한 규정이 있는가	□ 그렇다 □ 그렇지 않다	(예시) 해당 조항 및 그 내용을 기재

평가 항목	세부지표	분석 및 평가	결과 및 의견
	1.7. (1.6.에서 그렇다고 평가한 경우) 권리제한, 의무 부과, 벌칙부과, 규제에 관한 법률위임이 있는가	□ 그렇다 □ 그렇지 않다	(예시) 법률위임이 없다면 위법한 사항으로 해당 규정은 삭제할 필요가 있음
2. 조례의 실효성	2.1. 조례 실효성 일반		
	2.1.1. 이 조례와 유사하거나 동일한 다른 조례가 있거나 이 조례에서 정하고 있는 사항과 관련이 있는 규정을 가진 다른 조례가 있는가	□ 그렇다 □ 그렇지 않다	(예시) 해당 조례명과 해당 조항 및 내용을 기재
	2.1.2. (2.1.1.에서 그렇다고 평가한 경우) 이 조례의 규정이 다른 조례의 규정과 저촉되거나 충돌하는가	□ 그렇다 □ 그렇지 않다	(예시) 저촉되거나 충돌하는 해당 조항 및 내용을 기재
	2.1.3. (2.1.1.에서 그렇다고 평가한 경우) 이 조례와 다른 조례를 통합하여 운영할 필요가 있는가	□ 그렇다 □ 그렇지 않다	(예시) 통합 운영이 필요한 경우 그 사유를 기재
	2.1.4. 조례에 각종 계획의 수립 및 시행에 관한 규정이 있는가	□ 그렇다 □ 그렇지 않다	(예시) 해당 조항을 기재
	2.1.5. (2.1.4.에서 그렇다고 평가한 경우) 조례에 따른 계획을 수립하여 시행하고 있는가	□ 그렇다 □ 계획 수립 중 □ 그렇지 않다	(예시)"그렇다"고 했을 때에는 계획도 수립되고 시행도 되고 있을 경우에 체크하고, 계획명 및 계획 수립일 기재함 "계획 수립 중"일 경우는 계획명 및 수립 예정일 기재함 "그렇지 않다" 고 했을 시에는 계획이 미수립 되거나 계획은 수립되었으나 시행되지 않고 있는 경우로서 그 사유를 기재

평가 항목	세부지표	분석 및 평가	결과 및 의견
	2.2. 조례 책무 이행 상방안		
	2.2.1. 이 조례의 목적을 달성하기 위한 구체적인 이행방안에 관한 규정이 있는가?	□ 1. 실태조사 □ 2. 센터 등 시설의 설치 및 운영 □ 3. 교육 · 연구(홍보 · 개발 포함) □ 4. 기관 등의 지정 □ 5. 구매 · 고용 촉진 □ 6. 각종 사업추진 □ 7. 재정지원(감면포함) □ 8. 도의회 동의(보고) □ 9. 기금의 설치 및 운용 □ 10. 민간위탁 □ 11. 위원회 설치 □ 12. 기타(　　　　)	(예시) 해당되는 이행 방안에 체크하고 해당조항 및 그 내용을 기재하며, 기타( )에는 선택지에 없거나 이행방안 추가시에 기재
	2.2.2. (2.2.1.에 해당하는 이행방안을 규정하고 있는 경우) 이행방안 중 추진이나 이행이 안 되거나 미흡한 사항이 있는가	□ 1. 실태조사 □ 2. 센터 등 시설의 설치 및 운영 □ 3. 교육 · 연구(홍보 · 개발 포함) □ 4. 기관 등의 지정 □ 5. 구매 · 고용 촉진 □ 6. 각종 사업추진 □ 7. 재정지원(감면포함) □ 8. 도의회 동의(보고) □ 9. 기금의 설치 및 운용 □ 10. 민간위탁 □ 11. 위원회 실치 □ 12. 기타(　　　　)	(예시) 추진이나 이행이 안 되거나 미흡한 사항이 있으면 해당하는 방안에 선택하고, 그 사유 기재

평가 항목	세부지표	분석 및 평가	결과 및 의견
3. 조례의 공평성	3.1. 조례의 목적이나 조례의 내용이 장애, 성별, 나이, 소득수준 등을 기준으로 한 특정계층 또는 특정지역이나 특정단체 등을 위한 지원에 관한 것인가	□ 그렇다 □ 그렇지 않다	(예시) 특정계층, 특정지역, 특정단체 등을 위한 지원이나 배려에 해당하는 조항 및 내용 기재
	3.2. (3.1.에 그렇다고 평가한 경우) 조례에 따라 특정계층, 특정지역이나 특정 단체를 위한 지원이나 배려가 정당하고 합리적인가	□ 그렇다 □ 그렇지 않다	(예시) 특정계층이나 특정지역에 대한 지원 근거나 합리적인 사유에 대한 사항 기재
	3.3. 조례에 장애, 성별, 나이 등에 따라 특정대상이나 특정지역을 차별하거나 배제하는 조항이 있는가	□ 그렇다 □ 그렇지 않다	(예시) 관련 조항 및 사유 기재
	3.4. 조례에 사회적 편견이나 고정관념이 반영된 표현이 있는가	□ 그렇다 □ 그렇지 않다	(예시) 해당조항 및 관련 내용·표현 기재
4. 조례에 대한 주민 의견 수용성	4.1. 조례 제·개정 시 입법예고는 하였는가	□ 그렇다 □ 그렇지 않다	(예시) 입법예고 기간 및 공고번호 기재
	4.2. 조례 제·개정 시 공청회, 세미나 등을 통하여 이해관계인 또는 주민에 대한 의견수렴 과정을 거쳤는가	□ 그렇다 □ 그렇지 않다	(예시) 의견수렴 방법(공청회, 세미나 등), 일시, 장소, 참석단체 또는 참석자 소속, 주요내용(이해관계인 또는 주민의 의견 등 포함) 기재
	4.3. (4.2.에서 그렇다고 평가한 경우) 입법예고, 공청회 등을 통해 제기된 의견을 충분히 검토하여 반영하였는가	□ 그렇다 □ 그렇지 않다	(예시) 입법예고, 공청회 등을 통해 제기된 의견 기술, 검토 및 반영 사항 기재
	4.4. 조례와 관련한 민원(청원, 진정, 소송 등)이 제기되거나 개정 또는 폐지 요구가 있었는가	□ 그렇다 □ 그렇지 않다	(예시) 제기된 민원 내용, 처리사항, 개정 또는 폐지 요구된 내용 기재

평가항목	세부지표	분석 및 평가	결과 및 의견
	4.5. 조례의 체계나 사용되어진 용어가 주민이 알기 쉽게 되어 있는가	□ 그렇다 □ 일부 미흡하다 □ 그렇지 않다	(예시) "일부 미흡하다"거나 "그렇지 않다"인 경우 정비가 필요한 용어 기재
	4.6. 조례에 따른 정책 관련 정보를 주민에게 제공하고 이에 대한 의견을 수렴하고 있는가	□ 그렇다 □ 그렇지 않다	(예시) 정책 관련 정보를 홈페이지에 게시 등 정책 공개 및 의견수렴 사항 기재
	4.7. 조례에 주민갈등 요소가 있는가	□ 그렇다 □ 그렇지 않다	(예시) 해당 조항 및 그 내용 기재
5. 조례에 따른 지원의 적정성	5.1. 지원에 관한 규정 유무		
	5.1.1. 조례에 지원(지원사업 포함)에 관한 규정이 있는가	□ 그렇다 □ 그렇지 않다	(예시) 해당 조항 및 지원 내용 기재
	5.2. 지원의 적정성(지원에 관한 규정이 있는 경우에만 해당)		
	5.2.1. 조례는 지원대상자를 선정하기 위한 기준이나 절차를 규정하고 있는가	□ 그렇다 □ 그렇지 않다	(예시) 해당 조항 및 그 기준·절차 내용 기재
	5.2.2. 조례에 따른 지원방식은 적절한가	□ 그렇다 □ 그렇지 않다	(예시) 조례에 따른 재정지원 방식 및 개선방안 기재(집행부 직접지원, 보조금, 민간위탁, 공기관대행, 출자·출연, 기타 해당사항 기재)
	5.2.3. 지원대상(지원사업 포함)이 집행이 가능한 정도로 구체화 되어 있는가	□ 그렇다 □ 그렇지 않다	(예시) "그렇다" 일 경우 해당 조항 및 내용기재, "그렇지 않다"일 경우 구체적인 지원대상(지원사업 포함) 예시를 기재
	5.2.4. 지원을 위한 절차를 개선(신설, 폐지, 강화, 완화)할 필요가 있는가	□ 그렇다 □ 그렇지 않다	(예시) 지원을 받기 위한 절차 개선 필요 사항 기재

평가 항목	세부지표	분석 및 평가	결과 및 의견
6. 조례에 따른 예산 집행 및 관리	6.1. 소요예산의 편성 필요성		
	6.1.1. 이 조례를 시행하기 위하여 별도의 예산편성이 필요한가	□ 그렇다 □ 그렇지 않다	(예시) 예산편성이 필요한 이유 기재
	6.2. 예산의 집행 및 관리(예산 편성이 필요한 경우만 해당)		
	6.2.1. 조례 시행에 필요한 예산 확보와 집행이 잘 이루어지고 있는가	□ 그렇다 □ 그렇지 않다	(예시) 예산 확보 및 집행 내역 기재
	6.2.2. 예산편성 및 확보에 따른 사전심의절차가 제대로 이행되었는가	□ 그렇다 □ 그렇지 않다	(예시) 사전심의절차 이행여부 기재(보조금심의, 민간위탁심의, 투·융자심의, 공유재산 심의, 공기관 대행심의, 학술용역심의, 축제육성심의 등)
	6.2.3. 예산집행(보조금, 민간 위탁 등)에 따른 사업 추진실태는 주기적으로 관리되고 있는가	□ 그렇다 □ 그렇지 않다	(예시) 사업추진 실태 현황 관리 및 개선 필요 사항 기재
7. 제주 현실 부합성 (특례)	7.1. 이 조례의 내용 중 개별법령이나 제주특별법에서 특례로 조례로 정하도록 위임한 사항이 있는가	□ 그렇다 □ 그렇지 않다	(예시) “그렇다” 고 평가한 경우 해당 법령 근거를 기재
	7.2. (7.1.에서 그렇다고 평가하였다면 개별법령이나 제주특별법에서 위임된 사항을 조례로 정한 경우 대통령령이나 부령에 있는 규정을 그대로 조례로 규정하고 있는가	□ 그렇다 □ 그렇지 않다	(예시) “그렇다”고 평가한 경우 해당 대통령령 및 부령 근거를 기재
	7.3. 개별법령이나 제주특별법에 따른 특례 위임이 없더라도 조례로 제주현실을 반영하기 위한 사항을 별도로 규정할 필요가 있는가	□ 그렇다 □ 그렇지 않다	(예시) 제주현실을 반영할 필요가 있는 사항 기재

평가 항목	세부지표	분석 및 평가	결과 및 의견
	7.4. (7.3.에서 그렇다고 평가 한 경우) 조례에서 제주 현실을 반영하고자 하는 사항이 개별법령이나 제주 특별법의 위임이 필요한 사항인가	□ 그렇다 □ 그렇지 않다	(예시) 위임이 필요한 특별법 조항, 관련법 조항 기재
8. 위원회 운영의 적정성	8.1. 위원회 설치 및 운영에 관한 규정의 유무		
	8.1.1. 이 조례의 내용 중 위원회의 설치 및 운영에 관한 규정이 있는가	□ 그렇다 □ 그렇지 않다	(예시) 해당 조항 기재
	8.2. 위원회 설치 및 운영(위원회 관련 규정이 있는 경우에만 해당)		
	8.2.1. 위원회가 법정위원회인가 조례로 설치하는 위 원회인가	□ 법정위원회 □ 조례로 설치하는 위원회	(예시) 법령 및 조례의 근거 규정 및 위원회 명칭 기재 ※존속기한이 정해져 있는 위원회인 경우 존속기한 표시
	8.2.2. 위원회와 성격이나 기능이 유사한 다른 위원회가 있는가	□ 그렇다 □ 그렇지 않다	(예시) "그렇다"인 경우 성격이나 기능이 유사한 위원회 명칭 및 통합필요 사유를 기재
	8.2.3. 위원회와 회의 개최 실적이 있는가	□ 그렇다 □ 그렇지 않다	(예시) 위원회 개최 일자 및 위원회 개최 추진 실적 기재
	8.2.4. 위원회의 기능을 다른 위원회가 대신하고 있는가	□ 그렇다 □ 그렇지 않다	(예시) "그렇다" 인 경우 대신하고 있는 위원회 명칭 및 역할 기능 기재
	8.2.5. 위원회의 회의 결과가 정책에 반영되었는가?	□ 그렇다 □ 그렇지 않다 □ 기타	(예시) "그렇다" 인 경우 정책 반영 내용을 기재하고, "그렇지 않다" 인 경우

평가 항목	세부지표	분석 및 평가	결과 및 의견
			반영이 되지 않은 사유 기재, "기타" 는 관련 사항에 대해 확인이 어렵거나 불가능한 경우 기재
	8.2.6. 위원회를 계속 설치 · 운영할 필요성이 있는가	□ 그렇다 □ 그렇지 않다	(예시) "그렇지 않다" 인 경우 위원회 폐지가 필요하다면 그 이유 등을 기재
	8.2.7. 위원회 구성이 법령이나 조례에서 정한 요건을 충족하고 있는가	□ 그렇다 □ 그렇지 않다	(예시) 요건을 충족하지 못하고 있는 경우 그 내용을 기재
9. 종합 의견	9.1. 입법목적 달성도		
	9.1.1. 이 조례는 조례 제정 시 의도한 입법목적을 달성하고 있는가	□ 그렇다 □ 그렇지 않다	(예시) "그렇다"인 경우 의도한 입법목적 달성하고 있는 내용 기재 "그렇지 않다"인 경우 달성되지 못하고 있는 사유를 기재(예산상, 집행상 문제점이 있다면 그 사항을 기술하고 조례의 지속가능성을 검토)
	9.1.2. 이 조례를 현행대로 유지할 필요가 있는가	□ 그렇다 □ 그렇지 않다	(예시) "그렇지 않다"인 경우 현행대로 유지할 필요가 없는 경우 그 사유를 기재
	9.2. 조례의 개정 또는 폐지 필요성		
	9.2.1. 이 조례를 개정할 이유가 있는가 (해당사항 모두 표기)	□ 위임근거 불부합 □ 위임근거 불명확	(예시) 조례 개정이 필요한 사유 기재

평가 항목	세부지표	분석 및 평가	결과 및 의견
		□ 법령의 위임 없는 규제 정비 □ 다른 조례와 상충 및 모순 □ 조례 시행의 문제점 발생 □ 조례의 공평성 문제 □ 알기 쉬운 법령정비기준에 따른 정비 필요 □ 위원회 관련 규정 개정 필요 □ 그 밖의 사유	
	9.2.2. 이 조례를 폐지할 사유가 있는가 (해당사항 모두 표기)	□ 다른 유사한 조례와의 통합하여 운영 필요성 □ 법령상 조례 시행 불가능 □ 수년간 조례 운영 실적 전무	(예시) 조례 폐지가 필요한 사유 기재
	9.3. 종합의견		
	9.3.1. 종합의견	(예시) 각 항목 및 세부지표별 의견을 종합적으로 정리하여 진술(조례 시행에 따른 의도하지 않는 부수적 효과까지 내용 포함하여 기재)	

제주특별자치도는 「제주특별자치도 설치 및 국제자유도시 조성을 위한 특별법」(약칭 「제주특별자치도법」에 근거하여 도의회 운영의 자율성이 다른 광역 지방자치단체보다 비교적 폭넓게 주어지고 있다.[6] 그리고 제주특별자치도의 자치입법체계는 다른 지방자치단체와는 달리 헌법과 「지방자치법」에 더하여 특별자치도의 특성상 「제주특별자치도법」과 동 시행령이 있기 때문에, 제주특별자치도가 지닌 특수성을 반영하고 있다. 기본적으로는 조례 입법평가라는 일반성을 지니고 있지만, 이처럼 특별한 입법체계와 지방행성의 목표에 부응하는 내용과 설자에 따라 제주특별자치도의 조례가 제정되었는지가 제주특별자치도 입법평가의 중요한 평가지표라고 할 수 있다.[7]

6) 윤양수, 제주특별자치도, 정책 · 입법평가, 토지공법연구, 제35집, 2007, 45쪽.

5. 대전광역시

대전광역시는 2019년 10월 18일에 「대전광역시 조례 입법평가조례」를 제정하여 2020년 1월 1일부터 조례에 대한 입법평가를 시행하고 있다. 「대전광역시 조례 입법평가조례」는 2022년 9월 30일에 일부 개정되어 현재 시행되고 있다. 대전광역시는 사후 입법평가로서 매 3년마다 실시한다. 입법평가기준은 별도로 마련되어 있지 않고, 제4조에 개괄적으로만 규정되어 있다.

대전광역시 조례 입법평가 조례
[시행 2022. 9. 30.] [대전광역시조례 제5886호, 2022. 9. 30., 일부개정]

제1조(목적) 이 조례는 대전광역시 조례에 대하여 시행효과와 목표달성 등을 평가함으로써 조례의 실효성을 확보함을 목적으로 한다.

제2조(정의) 이 조례에서 "입법평가"란 시행되고 있는 조례에 대하여 시행효과와 목표달성 등을 평가하는 것을 말한다.

제3조(평가대상) 입법평가 대상은 대전광역시 조례로 한다. 다만, 다음 각 호의 어느 하나에 해당하는 경우에는 제외한다.

1. 기구정원 · 기관설치 · 조직운영 등 기관 운영에 관한 조례
2. 사무분장 · 문서관리 등 단순 기술적인 조례
3. 상위법령에서 위임한 조례
4. 시행일로부터 3년이 지나지 않거나 입법평가를 실시한 지 3년이 경과하지 않은 조례

제4조(평가시기 및 기준) 입법평가는 3년 마다 실시하되, 다음 각 호의 사항을 기준으로 실시한다.

1. 입법 목적의 실현성
2. 기본계획 및 시행계획 등의 수립 여부
3. 예산 편성 및 집행의 적정성
4. 상위법령 제정 및 개정 사항 반영 여부
5. 위원회 · 협의회 등 자문기구 구성 및 운영 실태

---

7) 한상우/전기성/최영훈/최은숙, 제주특별자치도 조례에 대한 입법평가제도 도입방안, 제주발전연구원, 2012, 54－55쪽.

6. 그 밖에 입법평가 대상 조례의 규정에 따른 이행 여부

제5조(입법평가서의 작성) 입법평가 대상이 되는 조례의 주관부서의 장은 해당 조례를 검토하여 입법평가 기본 자료를 작성하여 법무규제담당관에게 제출하여야 한다. <개정 2020.6.30., 2022.9.30.>

제6조(입법평가위원회의 설치) 대전광역시장(이하 “시장”이라 한다)은 다음 각 호의 사항을 심의하기 위하여 대전광역시 입법평가위원회(이하 “위원회”라고 한다)를 둔다.
1. 입법평가에 관한 사항
2. 입법평가 결과 개선안 마련에 관한 사항
3. 입법평가 제도에 관한 사항
4. 그 밖에 시장이 위원회의 심의 · 조정이 필요하다고 인정하는 사항

제7조(위원회의 구성) ① 위원회는 위원장 1명과 부위원장 1명을 포함한 15명 이내의 위원으로 구성한다.
② 위원장 및 부위원장은 위원 중에서 호선한다.
③ 위원은 다음 각 호의 사람 중에서 성별을 고려하여 시장이 임명하거나 위촉한다.
1. 대전광역시의회에서 추천하는 대전광역시의원
2. 대전광역시 4급 이상 공무원
3. 변호사 및 「고등교육법」에 따른 대학에서 법학 또는 행정학 분야의 부교수 이상으로 재직 중인 사람
4. 그 밖에 입법평가와 관련한 분야의 학식과 경험이 풍부한 사람

제8조(위원의 임기) 위원의 임기는 사후 입법평가 종합결과보고서 작성이 완료되면 만료한다.

제9조(위원장) ① 위원장은 위원회의 사무를 총괄한다.
② 위원장이 부득이한 사유로 직무를 수행할 수 없는 경우에는 부위원장이 그 직무를 대행한다.

제10조(회의) ① 위원회의 회의는 위원장이 소집한다.
② 위원회의 회의는 재적위원 과반수의 출석으로 개의하고 출석위원 과반수의 찬성으로 의결한다.

제11조(간사) 위원회의 사무 처리를 위하여 간사 1명을 두되, 간사는 법제업무 담당공무원 중에서 시장이 지명한다.

제12조(운영세칙) 그 밖에 위원회 운영에 필요한 사항은 위원회의 의결을 거쳐 위원장이 정한다.

제13조(평가결과 반영) 주관부서의 장은 입법평가 결과를 반영하도록 노력하여야 한다.

제14조(종합결과보고서 제출) 시장은 입법평가 완료 후 30일 이내에 입법평가 종합결과보고서를 대전광역시의회에 제출하여야 한다.

6. 충청남도

충청남도는 2019년 10월 30일에 「충청남도 조례 사후 입법평가 조례」를 제정하여 2019년 10월 30일부터 조례에 대한 입법평가를 시행하고 있다.

충청남도 조례 사후 입법평가 조례
[시행 2021. 4. 30.] [충청남도조례 제4911호, 2021. 4. 30., 일부개정]

제1조(목적) 이 조례는 충청남도에서 시행 중인 조례에 관하여 입법 목적 등이 제대로 실현되고 있는지를 분석·평가함으로써 조례의 실효성을 제고하고 도민의 삶의 질을 높이는데 이바지함을 목적으로 한다. <개정 2021.4.30.>

제2조(정의) 이 조례에서 "사후 입법평가"란(이하 "입법평가"라 한다) 충청남도에서 시행되고 있는 조례에 관하여 입법 목적의 실현성·실효성 등을 분석·평가하여 개선하는 일련의 과정을 말한다.

제3조(입법평가 실시 및 대상) ① 충청남도의회 의장(이하 "의장"이라 한다)은 현재 시행되고 있는 조례에 관하여 정기적으로 입법평가를 실시하여야 한다. <개정 2021.4.30.>

② 입법평가의 대상은 충청남도 조례 중 제정 또는 전부개정되어 시행된 지 3년이 지났거나 입법평가를 실시한 지 4년이 경과한 조례로 한다. 다만, 조례의 내용이 기관설치·조직운영·업무분장·문서관리 등 단순하고 기술적인 경우에는 그러하지 아니하다. <개정 2021.4.30.>

1. 삭제<2021.4.30.>
2. 삭제<2021.4.30.>

제4조(평가기준) ① 입법평가는 다음 각 호의 사항을 기준으로 실시한다.

1. 입법 목적의 실현성·실효성
2. 기본계획 또는 추진계획 등의 수립 여부
3. 예산편성 및 집행의 적정성

4. 상위법령 제정 및 개정 사항 반영 여부
5. 위원회·협의회 등 구성 및 운영 실태
6. 그 밖에 평가 대상 조례의 규정에 따른 이행 여부
② 제1항에 따른 세부적인 평가기준은 별표의 입법평가 기준표에 따른다. <개정 2021.4.30.>

제5조(입법평가위원회의 구성) ① 의장은 입법평가를 효율적으로 실시 하기 위하여 충청남도의회 입법평가위원회(이하"위원회"라고 한다)를 둔다. <개정 2021.4.30.>
② 위원회는 위원장과 부위원장 각 1명을 포함한 20명이내의 위원으로 구성한다. <개정 2021.4.30.>
③ 위원회의 위원장과 부위원장은 위원 중에서 호선한다.
④ 위원은 다음 각 호의 어느 하나에 해당하는 사람 중에서 성별을 고려하여 의장이 위촉한다.
1. 충청남도의회 의원
2. 변호사, 교수, 법제관 등의 법률 또는 입법전문가
3. 시민단체에서 활동 중인 사람
4. 그 밖에 입법평가에 관한 학식과 경험이 풍부한 사람
⑤ 위원의 임기는 2년으로 하되, 한 차례만 연임할 수 있다. <개정 2021.4.30.>
⑥ 제4항제1호의 위원은 의원직을 상실하는 경우 위원의 임기가 종료된 것으로 본다. <개정 2021.4.30.>
⑦ 위원의 사임 등으로 인하여 새로 위촉된 위원의 임기는 전임위원 임기의 남은 기간으로 한다. <개정 2021.4.30.>
⑧ 삭제<2021.4.30.>

제5조의2(위원회의 운영) ① 위원회의 회의는 재적위원 과반수의 출석으로 개의하고 출석위원 과반수의 찬성으로 의결한다. <신설 2021.4.30.>
② 위원회에 위원회의 사무를 처리할 간사 1명을 두며, 간사는 충청남도의회 소관업무 담당관이 된다.
③ 그 밖에 위원회의 운영에 필요한 사항은 위원회의 의결을 거쳐 위원장이 정한다.

제6조(위원회의 기능) ① 위원회는 다음 각 호의 사항을 심의·조정한다. <개정 2021.4.30.>
1. 입법평가
2. 입법평가 제도 및 결과 개선
3. 그 밖에 입법평가를 위하여 위원장이 회의에 부치는 사항

제7조(위원의 해촉) ① 의장은 다음 각 호의 어느 하나에 해당하는 경우에는 위원을 해촉할 수 있다.
1. 위원 본인이 사퇴를 희망하는 경우

2. 위원이 위원회의 회의에 1년 이상 참석하지 않은 경우
3. 위원으로서의 활동이 어렵거나 품위를 손상시켰다고 인정하는 경우
② 의장은 제1항제2호 및 제3호에 따라 위원을 해촉하려면 미리 해당 위원의 의견을 들어야 한다.
③ 의장이 제1항에 따라 위원을 해촉한 경우에는 그 결과를 해당 위원에게 통보하여야 한다.

제8조(용역 등 실시) 의장은 효율적인 입법평가를 위하여 필요한 경우 전문가의 의견을 듣거나 입법평가 전문 기관이나 단체 등에 입법평가 용역을 의뢰할 수 있다.<개정 2021.4.30.><개정 2021.4.30.>

제9조(의견청취 및 자료요구 등) ① 위원회는 안건의 심의를 위하여 필요하면 평가대상이 되는 조례의 소관 상임위원회와 집행기관 소관부서에 의견을 듣거나 자료요구를 할 수 있다. <개정 2021.4.30.>
② 제1항에 따라 자료제출을 요구받은 해당 상임위원회와 집행기관 소관부서는 위원회에 자료를 제출하여야 한다. <개정 2021.4.30.>

제10조(입법평가 결과의 공표 및 활용 등) ① 의장은 입법평가 결과를 충청남도의회 홈페이지에 공표할 수 있다.
② 의장은 입법평가 결과를 소관 상임위원회와 집행기관 소관부서에 통보한다. <개정 2021.4.30.>

제11조(평가결과 반영) 제10조제2항에 따라 통보받은 해당 상임위원회와 집행기관 소관부서는 그 결과를 적극 반영하여야 한다.<개정 2021.4.30.>

제12조(시행규칙) 이 조례의 시행에 필요한 사항은 규칙으로 정한다.

<별표> 사후 입법평가 심사기준표

입법영향 분석항목	세부항목	척도	의견 및 자료
1. 입법의 근거 및 적법성	1) 위임조례인가 자치사무에 관한 조례인가?	□ 위임조례 □ 자치사무에 관한 조례	
	2) 조례에서 규정하고 있는 위임근거가 올바른가?	□ 그렇다 □ 그렇지않다 □ 해당사항 없음	
	3) 조례가 위임범위에서 적절하게 제·개정되었는가?	□ 그렇다 □ 그렇지않다 □ 해당사항 없음	

입법영향 분석항목	세부항목	척도	의견 및 자료
	4) 조례 제·개정 이후 동일 또는 유사한 법령이나 제도가 만들어졌거나 근거법령이 개정 또는 폐지되었는가?	□ 그렇다 □ 그렇지않다 □ 해당사항 없음	
	5) 조례에서 주민의 권리제한, 의무부과, 벌칙 부과, 규제 사항에 대한 법률위임이 있는가?	□ 그렇다 □ 그렇지않다 □ 해당사항 없음	
2. 조례의 실효성	1) 조례의 시행과정에서 다른 조례와의 충돌이나 모순이 발생하고 있는가?	□ 그렇다 □ 그렇지않다 □ 해당사항 없음	
	2) 이 조례와 유사 또는 동일한 다른 조례가 제정 및 시행되고 있어 통합할 필요가 있는가?	□ 그렇다 □ 그렇지않다 □ 해당사항 없음	
	3) 조례에 따른 계획이 수립·시행되고 있는가?	□ 그렇다 □ 그렇지않다 □ 해당사항 없음	- 계획 수립 사항 관련 자료 첨부
	4) 조례에서 집행기관 등에 책무를 부여하고 있는가?	□ 그렇다 □ 그렇지않다 □ 해당사항 없음	
	5) 조례에서 부여한 책무와 관련 사업을 집행기관이 잘 이행하고 있는가?	□ 그렇다 □ 그렇지않다 □ 해당사항 없음	- 집행실적 관련 자료 첨부
3. 조례의 공평성	1) 조례에서 장애인, 성별 등의 특정 계층이나 특정지역을 차별하는 조항이 있는가?	□ 그렇다 □ 그렇지않다 □ 해당사항 없음	
	2) 조례에서 정한 차별이 합리적인가?	□ 그렇다 □ 그렇지않다 □ 해당사항 없음	
4. 주민 수용성	1) 조례 제·개정 시 입법예고는 하였는가?	□ 그렇다 □ 그렇지않다 □ 해당사항 없음	
	2) 조례 제·개정 시 공청회, 세미나 등 이해관계인 및 주민에 대한 의견수렴 과정이 있었는가?	□ 그렇다 □ 그렇지않다 □ 해당사항 없음	- 공청회, 세미나 등 의견 수렴 사항 관련 자료 첨부

입법영향 분석항목	세부항목	척도	의견 및 자료
	3) 조례와 관련한 민원(청원, 진정, 소송 등)이 제기되거나 개정 또는 폐지 요구가 있었는가?	□ 그렇다 □ 그렇지않다 □ 해당사항 없음	
	4) 조례의 체계나 사용되어진 용어가 주민이 알기 쉽게 되어 있는가?	□ 그렇다 □ 그렇지않다 □ 해당사항 없음	
5. 조례 내용의 적정성	1) 조례에 재정지원 관련 규정이 있는가?	□ 그렇다 □ 그렇지않다 □ 해당사항 없음	
	2) 조례에 따른 지원대상이나 규모가 적정한가?	□ 그렇다 □ 그렇지않다 □ 해당사항 없음	
	3) 조례 시행에 필요한 예산확보와 집행이 잘 이루어지고 있는가?	□ 그렇다 □ 그렇지않다 □ 해당사항 없음	- 예산 및 집행 관련 자료 첨부
	4) 지원대상이 집행이 가능한 정도로 구체화 되어 있는가?	□ 그렇다 □ 그렇지않다 □ 해당사항 없음	
	5) 조례에 따른 민간위탁사무가 위탁대상으로 적정한가?	□ 그렇다 □ 그렇지않다 □ 해당사항 없음	
	6) 행정기관의 재량권의 범위는 적정한가?	□ 그렇다 □ 그렇지않다 □ 해당사항 없음	
6. 충청남도 현실 부합성	1) 충청남도의 현실과 조례가 부합하는가?	□ 그렇다 □ 그렇지않다 □ 해당사항 없음	
7. 위원회 운영의 적정성	1) 조례로 위원회를 구성하도록 되어 있는가?	□ 그렇다 □ 그렇지않다 □ 해당사항 없음	
	2) 위원회가 법정위원회인가 조례로 설치하도록 한 위원회인가?	□ 법정위원회 □ 조례로 정한 위원회 □ 해당사항 없음	

입법영향 분석항목	세부항목	척도	의견 및 자료
	3) 위원회 위원의 성별 구성이 적정한가?	□ 그렇다 □ 그렇지않다 □ 해당사항 없음	- 위원회의 성별 구성 관련 자료 첨부
	4) 위원회가 법령이나 조례에서 정한 회의개최 운영 실적이 있고 관련 회의록을 보존하고 있는가?	□ 그렇다 □ 그렇지않다 □ 해당사항 없음	- 회의 운영실적 자료 첨부
	5) 위원회를 계속 설치·운영할 필요성이 있는가?	□ 그렇다 □ 그렇지않다 □ 해당사항 없음	
	6) 해당 위원회와 유사한 다른 위원회와의 기능적 통합이 필요한가?	□ 그렇다 □ 그렇지않다 □ 해당사항 없음	
8. 종합의견	1) 이 조례를 현행대로 유지할 필요가 있는가?	□ 그렇다 □ 그렇지않다	
	2) 이 조례를 개정할 이유가 있는가? (해당사항 모두 표기)	□ 위임근거에 불부합 □ 위임근거 불명확 □ 법령의 위임없는 규제 정비 필요 □ 다른 조례와의 상충 및 모순 □ 조례 시행의 문제점 발생 □ 조례의 공평성 문제 □ 알기 쉬운 법령정비기준에 따른 정비 필요 □ 위원회 관련 규정 개정 필요 □ 그 밖의 사유	
	3) 이 조례를 폐지할 사유가 있는가? (해당사항 모두 표기)	□ 다른 유사한 조례와의 통합 운영 필요성 □ 조례 시행 불가능 □ 최근 3년간 조례관련 운영 실적 전무 □ 기타	

입법영향 분석항목	세부항목	척도	의견 및 자료
	4) 그 밖의 이 조례와 관련된 의견이 있는가?	□ 있다 □ 없다	

이러한 입법평가 기준표에 대해서, 조례의 내실화를 기할 수 있도록 세부항목을 세분화할 필요성과 조례 입법의 근거 및 적법성 항목과 조례 내용의 적정성 등을 추가할 필요가 있다는 점이 지적되고 있다.[8)]

7. 울산광역시

울산광역시는 2019년 12월 26일에 「울산광역시 조례 입법평가 조례」를 제정하여 2020년 6월 27일부터 조례에 대한 입법평가를 시행하고 있다.

울산광역시 조례 입법평가 조례
[시행 2021. 7. 1.] [울산광역시조례 제2185호, 2020. 7. 9., 일부개정]

제1조(목적) 이 조례는 울산광역시 조례에 대하여 시행효과와 목적달성 등을 분석함으로써 조례의 실효성을 확보하고 울산광역시의회 의원의 입법 활동을 지원하며 나아가 울산광역시민의 권익증진에 이바지함을 목적으로 한다.

제2조(정의) 이 조례에서 사용되고 있는 용어의 뜻은 다음과 같다.
1. "입법평가"란 시행되고 있는 조례에 대하여 그 입법목적이 구현되고 있는지, 해당 조례가 실효성이 있는지를 분석하는 것을 말한다.
2. "소관부서"란 평가 대상 조례를 관리하고 그에 따른 업무를 수행하는 부서를 말한다.

제3조(조례 입법평가위원회) ① 조례 입법평가 심의를 위하여 울산광역시의회 입법평가위원회(이하 "위원회"라 한다)를 둔다.
② 위원회는 위원장과 부위원장 각 1명을 포함하여 20명 이내의 위원으로 구성한다.
③ 위원은 다음 각 호의 어느 하나에 해당하는 사람 중에서 울산광역시의회의장(이하 "의장"이라 한다)이

8) 충남연구원, 충청남도 조례 사후 입법평가, 2020. 10, 262－263쪽.

임명하거나 위촉한다.
1. 울산광역시의회의원
2. 상임위원회에서 추천한 전문가
3. 변호사, 교수, 연구원, 법제관 등 법률 또는 입법전문가
4. 그 밖에 입법평가와 관련된 분야의 지식과 경험이 풍부한 사람
④ 위원장과 부위원장은 위원 중에서 호선(互選)한다.
⑤ 위원의 임기는 2년으로 한다.

제4조(위원회의 기능) 위원회는 다음 각 호의 사항을 심의한다.
1. 입법평가에 관한 사항
2. 입법평가에 따른 개선안 마련
3. 입법평가 제도개선
4. 그 밖에 입법평가를 위하여 위원장이 필요하다고 인정하는 사항

제5조(운영) ① 위원회의 회의는 재적위원 과반수의 출석으로 개의(開議)하고, 출석위원 과반수의 찬성으로 의결(議決)한다.
② 위원회의 효율적인 운영을 위하여 분과별 소위원회를 둘 수 있다.
③ 위원회의 사무를 처리할 간사 1명을 두며, 간사는 울산광역시의회 입법정책담당관이 된다.
④ 위원회에 참석한 위원 또는 자문에 응한 관계 전문가 등에게 예산의 범위에서 수당과 여비를 지급할 수 있다.
⑤ 제1항부터 제4항까지에서 규정한 사항 외에 위원회의 운영에 필요한 사항은 위원회의 의결을 거쳐 위원장이 정한다.

제6조(평가대상) ① 입법평가 대상은 울산광역시 조례 중 시행 후 2년이 지난 조례와 제7조에 따라 입법평가를 실시한지 4년이 지난 조례로 한다.
② 제1항에도 불구하고 법령에서 위임한 조례 및 기관설치 · 조직운영 · 업무분장 · 문서관리 등 기술적 내용의 조례는 입법평가 대상에서 제외한다.

제7조(평가시기 및 기준) 입법평가는 2년마다 실시하되, 다음 각 호의 사항을 기준으로 실시한다.
1. 입법 목적의 실현성
2. 기본계획 또는 추진계획 등의 수립 여부
3. 예산편성 및 집행의 적정성
4. 상위법령 제정 및 개정 사항 반영 여부

5. 위원회 · 협의회 등 구성 및 운영 실태
6. 그 밖에 평가 대상 조례의 규정에 따른 이행 여부

제8조(입법평가 기본자료 제출) 제6조에 따라 평가 대상이 되는 조례의 소관부서의 장은 해당 조례에 대한 별표 입법평가 기본자료를 작성하여 위원회에 제출한다.

제9조(자료요구 등) 위원장은 입법평가를 위하여 평가대상 조례의 소관 부서의 의견을 듣거나 관계 부서에 자료를 요구할 수 있고, 필요한 경우에는 관계 전문가에게 자문할 수 있다.

제10조(용역실시) 효율적인 입법평가를 위하여 필요한 경우 예산의 범위에서 입법평가 전문 기관이나 단체 등에 용역을 실시할 수 있다.

제11조(결과의 공표 및 활용 등) ① 의장은 입법평가 결과를 울산광역시의회 홈페이지에 공표할 수 있다.
② 위원회는 입법평가 결과를 해당 상임위원회에 통보하여야 하고, 통보받은 해당 상임위원회는 그 결과를 의정활동에 반영하도록 노력하여야 한다.

제12조(시행규칙) 이 조례의 시행에 필요한 사항은 의회규칙으로 정한다.

<별표> 입법평가 기본자료

<table>
<tr><td>관리번호</td><td colspan="4" rowspan="2">입법평가 기본자료</td></tr>
<tr><td></td></tr>
<tr><td>조 례 명</td><td colspan="4"></td></tr>
<tr><td>관계법령</td><td colspan="4">※ 위임 법령 명 등을 기재</td></tr>
<tr><td>평가기간</td><td colspan="4">20 . . . ~ 20 . . . 까지(일 간)</td></tr>
<tr><td>소관부서
종합의견</td><td colspan="4">※ 조례 운영 세부내역 평가사항을 토대로 서술</td></tr>
<tr><td>첨부서류</td><td colspan="4">1. 조례 운영 세부내역
2. 관계법령 및 조례 발췌본
3. 참고자료(사업계획서, 결과보고서, 언론보도 자료 등)</td></tr>
<tr><td rowspan="2">작성자</td><td>부서명 / 팀명</td><td>직급</td><td>성명</td><td>전화번호</td></tr>
<tr><td></td><td></td><td></td><td></td></tr>
</table>

조례운영 세부내역

□ 조례명:
。소관부서: 부서명 (담당명, 담당자, 연락처)
。조례 시행일(제정, 전부개정):

평가사항	제 출 자 료
(1-1) 조례 제정 근거	❖ 해당사항만 작성 ① 개별법령 위임조례인 경우: 법령명 및 위임규정 표기 - (법령명) - (위임규정) ② 자치사무에 관한 조례 -
(1-2) 위임근거의 적정성 여부	① 위임근거가 올바르지 않아 수정이 필요한 경우 - 관련규정 (현행) (수정 필요 사항)
(1-3) 위임범위에 따른 적정 제·개정 여부	① 적정하지 않은 경우 작성 - 관련규정 - 사유
(1-4) 조례 제·개정 이후 동일(유사) 법령(제도)이 만들어졌거나 근거 법령이 개정(폐지) 폐지여부	① 유사 법령 또는 제도명 - 법령(제도)명: 예시) △△△법 제3조제4항 - 유사 내용 ② 근거법령 개정 또는 폐지 여부 - 변동사항 작성(개정일, 폐지일 작성)
(1-5) 조례에서 주민의 권리제한, 의무부과, 벌칙 부과 등에 대한 법률 위임이 있는가?	① 규제 규정: 예시) 제3조제4항 - (규제 등 내용) ② 위임법률명 및 규정: 예시) △△△법 제3조제4항 -
(2-1) 조례 시행과정에서 다른 조례와의 충돌이나 모순 발생 여부	① 충돌(모순)이 발생하는 조례명 - ② 충돌이나 모순의 내용 - -

<table>
<tr><th colspan="2">평가사항</th><th>제 출 자 료</th></tr>
<tr><td colspan="2">(2-2)
유사 또는 동일한 다른 조례가 제정 및 시행되어 통합 필요 여부</td><td>① 해당 조례명
-
② 조례 통합이 필요한 사유
-
-</td></tr>
<tr><td colspan="2">(2-3)
조례에 따른 계획 수립·시행 여부</td><td>① 기본계획 또는 시행계획
(조례에서 기본계획 또는 시행계획 수립을 정한 경우만 작성)
- 기본계획명
- 시행계획명
*수립된 계획은 별도 파일 제출(!)
② 계획 미수립 시 사유(반드시 작성!)</td></tr>
<tr><td colspan="2">(2-4)
조례 시행에 필요한 예산 확보와 집행 현황</td><td>① 예산 확보(집행) 현황(조례 시행에 예산이 수반되는 경우)
(단위 천원)
<table>
<tr><th>연도별</th><th>필요예산</th><th>확보예산</th><th>집행액</th><th>집행내역</th></tr>
<tr><td rowspan="2">2016</td><td>-사업별
-사업별</td><td></td><td></td><td></td></tr>
<tr><td>-사업별
-</td><td></td><td></td><td></td></tr>
<tr><td rowspan="2">2017</td><td></td><td></td><td></td><td></td></tr>
<tr><td></td><td></td><td></td><td></td></tr>
<tr><td rowspan="2">2018</td><td></td><td></td><td></td><td></td></tr>
<tr><td></td><td></td><td></td><td></td></tr>
<tr><td rowspan="2">2019</td><td></td><td></td><td></td><td></td></tr>
<tr><td></td><td></td><td></td><td></td></tr>
</table>
② 조례 시행에 수반되는 예산 미확보 시 사유(반드시 작성!)
-</td></tr>
<tr><td rowspan="2">(2-5)
조례에서 부여한 책무의 이행</td><td>가.
센터 등 설치</td><td>① 센터 또는 전담조직 설치 및 운영 실적
(조례에서 센터나 전담조직을 설치하거나 위탁하도록 정한 경우)
- 센터명(조직명), 인력현황, 수탁기관, 설치일, 지원예산(연도별) 등
② 센터 또는 전담조직 미설치 시 사유(반드시 작성!)
-</td></tr>
<tr><td>나.
실태 조사</td><td>① 실태조사 결과(조례에서 실태조사를 하도록 한 경우)
- 실태조사명, 실태조사기간, 소요예산 등
② 실태조사를 실시하지 않은 경우 사유(반드시 작성!)
-</td></tr>
</table>

평가사항		제 출 자 료
	다. 교육 홍보	① 교육이나 홍보 결과(조례에서 교육이나 홍보를 하도록 한 경우) - 교육(홍보명), 교육일(홍보일), 소요예산 ② 교육이나 홍보를 실시하지 않은 사유(반드시 작성!)
	라. 인증기관 등 지정	① 시장 또는 시교육감에게 교육이나 인증기관 등을 지정할 수 있도록 한 경우 그 지정 현황 - 기관명, 지정일 등 ② 미지정 사유(반드시 작성!)
	마. 시설등 대여	① 시설이나 장비를 대여 또는 사용 승인을 한 경우 그 실적 ② 미실시 사유(반드시 작성!)
	바. 추진실적 성과평가	① 사업추진 실적이나 성과평가자료(조례에서 추진실적, 성과평가 또는 보고를 규정한 경우) - 실적명(성과평가명), 작성 또는 보고일(연도) *기존 보고서는 파일로 제출(!) ② 미실시 사유(반드시 작성!)
	사. 기관교류	① 기관 교류 또는 협력체계를 구축하도록 한 경우 그 실적 ② 미실시 사유(반드시 작성!)
	아. 재정지원 등	① 조례에서 지원(재정, 행정지원)을 하도록 한 경우 그 지원 실적 ② 미실시 사유(반드시 작성!) ③ 환수조치를 한 경우 환수 내역
	자. 구매 실적등	① 일정한 구매 또는 고용 실적에 대한 규정을 두고 있는 경우 그 실적 결과 ② 미실시 사유(반드시 작성!)
	차. 포상	① 포상한 경우 그 실적 ② 미실시 사유(반드시 작성!)
	카. 허가 승인	① 허가·승인 등을 하도록 한 경우 그 허가·승인 실적
	타. 위탁	① 위탁현황(조례에서 규정한 경우) - 위탁기관명, 위탁내용, 위탁일 등 ② 미위탁 사유(반드시 작성!)

평가사항	제 출 자 료
(3-1) 장애인, 성별 등 특정 계층이나 특정지역을 차별하는 조항이 있는가?	① 관련 규정 - - ② 차별의 내용 - -
(3-2) 조례에서 정한 차별이 합리적인가?	① 합리적인 경우 사유 - - ② 불합리한 경우 사유 -
(4-1) 조례 제·개정 시 입법예고 실시 여부	① 입법예고 기간:
(4-2) 조례 제·개정 시 공청회, 세미나 등을 통하여 이해관계인 또는 주민의견 수렴 여부	① 의견수렴의 방법(해당사항에 표기) - 공청회: 개최일, 장소, 대상자 - 세미나: 개최일, 장소, 대상자 - 토론회: 개최일, 장소, 대상자 - 기타(의견수렴방법, 개최일, 장소, 대상자 반드시 작성)
(4-3) 조례와 관련한 민원(청원, 진정, 소송 등)이 제기되거나 개정 또는 폐지 요구가 있었는가?	① 조례시행관련 진정, 청원, 민원, 소송 등이 제기된 경우 그 내용 - ② 건명, 제기일, 주요내용, 현재 추진 상황 등 작성 *내용 많을 시 별지에 작성 가능
(4-4) 조례의 체계, 사용 용어가 주민이 알기 쉽게 되어 있는가?	① 그렇지 않은 경우 사유 작성(반드시 작성!)
(5-1) 지원에 관한 규정이 있는가?	① 조례에서 지원(재정, 행정지원) 하도록 한 경우 그 지원 실적 - ② 미지원 사유(반드시 작성!) - ③ 환수조치를 한 경우 환수 내역(?) -

<table>
<tr><th>평가사항</th><th>제 출 자 료</th></tr>
<tr><td>(5-2)
조례에 따른 지원대상이나 범위의 적정 여부</td><td>① 해당 규정:

② 적정하지 않은 경우 사유(반드시 작성!)
-</td></tr>
<tr><td>(5-3)
지원대상이 집행이 가능한 정도로 구체화되어 있는가?</td><td>① 지원대상이 구체화되지 않은 경우 사유(반드시 작성!)</td></tr>
<tr><td>(5-4)
조례에 따른 위탁사무의 대상으로 적정한가?</td><td>① 적정하지 않은 경우 사유(반드시 작성!)</td></tr>
<tr><td>(6-1)
위원회가 법정위원회인가 조례로 설치하도록 한 위원회인가?</td><td>① 위원회 명칭 * 조례에 규정된 정식 명칭 기재

② 법정위원회의 경우: 법령 명칭 및 관련 규정</td></tr>
<tr><td>(6-2)
법령이나 조례에서 정한 회의개최 등 운영 실적이 있는가?</td><td>① 위원회 개최 현황 및 소요예산(만약 다른 위원회가 대행하고 있는 경우 해당 위원회의 운영 실적)
<table><tr><td>연도별</td><td>2016</td><td>2017</td><td>2018</td><td>2019</td></tr><tr><td>개최건수</td><td></td><td></td><td></td><td></td></tr><tr><td>개최일</td><td></td><td></td><td></td><td></td></tr><tr><td>소요예산</td><td></td><td></td><td></td><td></td></tr></table>
*서식 부족 시 별지 작성 가능</td></tr>
<tr><td>(6-3)
위원회를 계속 설치·운영할 필요성이 있는가?</td><td>① 운영 필요가 있는 경우 사유

② 폐지 등 운영 필요가 없는 경우 사유</td></tr>
<tr><td>(6-4)
해당 위원회와 유사한 다른 위원회와의 기능적 통합이 필요한가?</td><td>① 유사 위원회의 명칭:

② 통합이 필요한 사유
-</td></tr>
<tr><td>(6-5)
위원회 위원 구성 적정 여부</td><td>① 위원 현황
- 성명, 소속, 위촉·당연 등 구분, 성별, 임기 등 반드시 포함</td></tr>
</table>

평가사항	제 출 자 료
(7-1) 조례를 유지할 필요가 있는가?	① 유지 필요가 있는 경우 사유 ② 유지 필요가 없는 경우 사유
(7-2) 이 조례를 개정할 이유가 있는가? (해당사항 모두 표기)	❖ 해당사항 모두 표기 □ 위임근거 불부합 □ 위임근거 불명확 □ 법령의 위임 없는 규제 정비 □ 다른 조례와 상충 및 모순 □ 조례 시행의 문제점 발생 □ 조례의 공평성 문제 □ 알기 쉬운 법령정비기준에 따른 정비 필요 □ 위원회 관련 규정 개정 필요 □ 그 밖의 사유 -(사유)
(7-3) 이 조례를 폐지할 사유가 있는가? (해당사항 모두 표기)	□ 다른 유사한 조례와의 통합하여 운영 필요성 □ 법령상 조례 시행 불가능 □ 수년간 조례 운영 실적 전무
(7-4) 그 밖의 의견 (자유롭게 기술)	

울산광역시 입법평가의 특징은 평가사항을 '그렇다' '그렇지 않다' '해당 사항 없음' 등의 척도로 평가하지 않고, 평가사항을 서술하여 제출하도록 하고 있다는 점이다.

8. 강원특별자치도

강원도는 2020년 5월 29일에 「강원도 조례 입법평가조례」를 제정하였다. 「강원도 조례 입법평가조례」는 2023년 6월 9일에 일부 개정되어 현재 시행되고 있다.

강원특별자치도 조례 입법평가 조례
[시행 2023. 6. 11.] [강원특별자치도조례 제5028호, 2023. 6. 9., 일부개정]

제1조(목적) 이 조례는 강원도 조례에 대한 입법평가에 관한 사항을 규정하여 조례의 시행효과 및 목표달성 등을 분석·평가함으로써 조례의 실효성을 확보하고 도민의 삶의 질을 높이는데 이바지함을 목적으로 한다.

제2조(정의) 이 조례에서 “입법평가”란 시행되고 있는 조례에 대하여 입법 목적의 실현성·실효성 등을 분석·평가하여 개선하는 것을 말한다.

제3조(입법평가대상) 입법평가의 대상은 강원특별자치도 조례 중 제정 또는 전부개정되어 시행된 지 2년이 지났거나, 입법평가를 실시한 지 4년이 경과한 조례로 한다. 다만, 다음 호에 해당하는 경우에는 제외한다. <개정 2023. 6. 9.>
1. 기관설치·조직운영·업무분장·문서관리 등 조직·인사 또는 기술적인 내용의 조례

제4조(평가시기 및 기준) ① 입법평가는 2년마다 실시하되, 다음 각 호의 사항을 기준으로 평가한다.
1. 입법 목적의 실현성·실효성
2. 기본계획 또는 추진계획 등의 수립 여부
3. 예산편성 및 집행의 적정성
4. 위원회·협의회 등 구성 및 운영 실태
5. 그 밖에 평가 대상 조례의 규정에 따른 이행 여부
② 제1항에 따른 세부적인 평가기준은 입법평가위원회에서 정한다.

제5조(입법평가위원회의 설치 및 기능) ① 의장은 입법평가를 효율적으로 실시하기 위하여 강원특별자치도의회 입법평가위원회(이하 “위원회”라 한다)를 둔다. <개정 2023. 6. 9.>
② 위원회는 다음 각 호의 사항을 심의·조정한다.
1. 입법평가에 관한 사항
2. 입법평가 제도 및 결과 개선에 관한 사항
3. 입법평가 분석지표의 설정 및 변경
4. 그 밖에 입법평가를 위하여 위원장이 회의에 부치는 사항

제6조(위원회의 구성 및 운영) ① 위원회는 위원장과 부위원장 각 1명을 포함한 15명 이내의 위원으로 구성한다.
② 위원회의 위원장과 부위원장은 위원 중에서 호선한다.

③ 위원은 다음 각 호의 어느 하나에 해당하는 사람 중에서 의장이 위촉한다.
1. 강원특별자치도의회의원 <개정 2023. 6. 9.>
2. 변호사, 교수, 법제관 등의 법률 또는 입법전문가
3. 그 밖에 입법평가에 관한 학식과 경험이 풍부한 사람
④ 위원회의 임기는 2년으로 하되, 한 차례만 연임할 수 있다.
⑤ 위원회의 회의는 재적위원 과반수의 출석으로 개의하고 출석위원 과반수의 찬성으로 의결한다.
⑥ 위원회에 위원회의 사무를 처리할 간사 1명을 두며, 간사는 강원특별자치도의회 입법정책담당관이 된다. <개정 2023. 6. 9.>
⑦ 위원회에 참석한 위원 또는 자문에 응한 관계 전문가 등에게 예산의 범위에서 수당과 여비를 지급할 수 있다.

第7조(위원의 해촉) ① 의장은 다음 각 호의 어느 하나에 해당하는 경우에는 위원을 해촉할 수 있다.
1. 위원 본인이 사퇴를 희망하는 경우
2. 위원이 위원회의 회의에 1년 이상 참석하지 않은 경우
3. 위원으로서의 활동이 어렵거나 품위를 손상시켰다고 인정하는 경우
② 의장은 제1항 제2호 및 제3호에 따라 위원을 해촉하기 전에는 미리 해당 위원의 의견을 들어야 한다.
③ 의장이 제1항에 따라 위원을 해촉한 경우에는 그 결과를 해당 위원에게 통보하여야 한다.

第8조(용역실시) 의장은 효율적인 입법평가를 위하여 필요한 경우 예산의 범위에서 입법평가 전문기관이나 단체 등에 입법평가 용역을 실시할 수 있다.

第9조(자료요구 등) ① 위원장은 입법평가를 위하여 평가대상 조례의 소관부서 및 조례를 발의한 의원의 의견을 듣거나 해당부서에 대하여 자료를 요구할 수 있고, 필요한 경우에는 관계 전문가에게 자문할 수 있다.
② 제1항에 따라 의견제시나 자료의 제출을 요구받은 경우에는 특별한 사정이 없으면 그 요구에 응하여야 한다.

第10조(결과의 공표 및 활용 등) ① 의장은 입법평가 결과를 강원특별자치도의회 홈페이지에 공표할 수 있다. <개정 2023. 6. 9.>
② 위원회는 입법평가 결과를 해당 상임위원회 또는 집행부에 통보하여야 한다.
③ 제2항에 따라 통보받은 해당 상임위원회는 그 결과를 적극 반영하여야 한다.

第11조(시행규칙) 이 조례의 시행에 필요한 사항은 의회규칙으로 정한다.

강원특별자치도 조례 입법평가 조례 시행규칙
[시행 2023. 6. 11.] [강원특별자치도의회규칙 제64호, 2023. 4. 25., 일부개정]

제1조(목적) 이 규칙은 「강원특별자치도 조례 입법평가 조례」에서 위임된 사항과 그 시행에 필요한 사항을 규정함을 목적으로 한다. <개정 2023. 4. 25.>

제2조(정의) 이 규칙에서 사용하는 용어의 정의는 다음과 같다.
1. "소관부서"란 입법평가대상 조례를 관리하고 그에 따른 업무를 수행하는 부서를 말한다.
2. "총괄부서"란 입법평가 업무를 총괄하는 부서를 말한다.

제3조(입법평가 분석지표) 「강원특별자치도 조례 입법평가 조례」(이하 "조례"라 한다) 제5조제2항제3호에 따라 강원특별자치도의회 입법평가위원회(이하 "위원회"라 한다)에서 심의한 입법평가 분석지표는 별표와 같다. <개정 2023. 4. 25.>

제4조(입법평가서 작성) ① 입법평가를 위하여 조례 제9조제1항에 따라 자료제출을 요구받은 소관부서의 장은 해당조례를 검토하여 입법평가 기초자료를 작성 후 총괄부서의 장에게 제출한다.
② 제1항에 따라 소관부서에서 입법평가 기초자료를 작성할 때에는 별지 제1호의 서식에 따르고 관련 자료를 첨부한다.
③ 총괄부서에서는 소관부서가 작성한 자료를 바탕으로 별지 제2호의 서식에 따라 입법평가 자료를 작성한다.

제5조(입법평가 결과통보 등) ① 조례 제10조제2항에 따라 평가결과를 통보할 때에는 별지 제3호의 서식에 따른다.
② 소관부서에서는 위원회로부터 통보받은 입법평가 결과 내용이 관리하는 조례에 반영되도록 적극 노력하여야 한다.

[별표] 입법평가 분석지표(제3조 관련) <개정 2023. 4. 25>

* 해당 □에 ✓ 표시, 모든 문항은 작성 란 부족 시 별지 작성 가능

1 입법의 근거 및 적법성

세부항목	분석 및 평가	소관부서 의견 및 관련자료
1) 위임조례인가 자치사무에 관한 조례인가?	□ 위임조례 □ 자치사무에 관한 조례	◆ 해당사항만 작성 ① 위임조례인 경우 - 법령명: - 위임규정: ② 자치사무에 관한 규정 -「지방자치법」제9조 및 제22조
2) 조례에서 규정하고 있는 위임근거가 올바른가?	□ 그렇다 □ 그렇지않다 □ 해당사항 없음	◆ 위임근거가 올바르지 않아 수정이 필요한 경우 작성 ① 관련규정: ② 수정 필요 내용 및 사유:
3) 조례가 위임범위에서 적절하게 제·개정 되었는가?	□ 그렇다 □ 그렇지않다 □ 해당사항 없음	◆ 위임범위를 벗어난 경우 작성 ① 관련규정: ② 사 유:
4) 조례 제정·개정 이후, 동일하거나 유사한 법령·제도가 만들어졌거나 근거법령이 개정 또는 폐지되었는가?	□ 그렇다 □ 그렇지않다 □ 해당사항 없음	◆ 유사 법령 시행 및 근거법령 개정(폐지)된 경우 작성 ① 조례와 유사한 법령이 제정·시행된 경우 작성 - 관련법령: - 유사내용: ② 근거법령 개정 또는 폐지된 경우 작성 - 변동내용:
5) 조례에서 주민의 권리제한, 의무부과, 벌칙 부과, 규제사항에 대한 법률위임이 있는가?	□ 그렇다 □ 그렇지않다 □ 해당사항 없음	◆ 조례상 의무부과 등에 관한 사항 작성 ① 규제규정: ② 규제내용: ③ 위임법령:

2 조례의 실효성

세부항목	분석 및 평가	소관부서 의견 및 관련자료
1) 조례 시행과정에서 다른 조례와의 충돌이나 모순이 발생하고 있는가?	□ 그렇다 □ 그렇지않다	◆ 타 조례와 충돌이나 모순 발생 시 작성 ① 충돌(모순) 발생 조례명: ② 충돌(모순) 발생 내용:

<table>
<tr><th>세부항목</th><th>분석 및 평가</th><th>소관부서 의견 및 관련자료</th></tr>
<tr><td>2) 이 조례와 유사 또는 동일한 다른 조례가 제정 및 시행되고 있어 통합할 필요가 있는가?</td><td>□ 그렇다
□ 그렇지않다</td><td>◆ 유사 조례와 통합 필요시 작성
① 유사 조례명:

② 통합 필요 사유:</td></tr>
<tr><td>3) 조례에 따른 계획이 수립·시행되고 있는가?</td><td>□ 그렇다
□ 그렇지않다
□ 해당사항 없음</td><td>◆ 조례에 계획 수립 의무가 있을 경우 작성
◆ 최근 수립한 계획 내용 및 계획서 제출
① 조례에 규정된 계획 명:
- 기본계획 명: ㅇㅇ계획(5개년)/ㅇㅇ년도 수립
- 시행계획 명: ㅇㅇ시행계획(매년)/ㅇㅇ년도 수립
② 계획 미수립 시 사유:</td></tr>
<tr><td>4) 조례 시행에 필요한 예산 확보와 집행이 잘 이루어지고 있는가?</td><td>□ 그렇다
□ 그렇지않다
□ 해당사항 없음</td><td>◆ 예산이 수반되는 조례의 경우 작성
◆ 최근 3년간 사업별 예산액 및 집행내역 제출
① 예산 확보 및 집행 내역 (단위 : 천원)
<table>
<tr><th>연도별</th><th>사업명</th><th>예산액</th><th>집행액</th><th>비고</th></tr>
<tr><td>2018</td><td></td><td></td><td></td><td></td></tr>
<tr><td>2019</td><td></td><td></td><td></td><td></td></tr>
<tr><td>2020</td><td></td><td></td><td></td><td></td></tr>
</table>
* 칸 부족 시 별지 서식 작성
② 조례 시행에 수반되는 예산 미확보 시 사유</td></tr>
<tr><td>5) 조례에서 부여한 책무와 추진사업을 집행기관이 잘 이행하고 있는가?</td><td>□ 그렇다
□ 그렇지않다
□ 해당사항 없음</td><td>◆ 조례에서 부여한 책무가 있는 경우 체크리스트에 표시
① 책무의 내용
<table>
<tr><td>□ 센터 등 전담조직 설치</td><td>□ 이행 □ 미이행</td></tr>
<tr><td>□ 실태조사</td><td>□ 이행 □ 미이행</td></tr>
<tr><td>□ 교육 및 홍보</td><td>□ 이행 □ 미이행</td></tr>
<tr><td>□ 인증기관 지정</td><td>□ 이행 □ 미이행</td></tr>
<tr><td>□ 시설·장비 등 대여</td><td>□ 이행 □ 미이행</td></tr>
<tr><td>□ 구매·고용</td><td>□ 이행 □ 미이행</td></tr>
<tr><td>□ 추진실적 평가</td><td>□ 이행 □ 미이행</td></tr>
<tr><td>□ 그밖에 조례상 책무
(포상, 기관교류 등)</td><td>□ 이행 □ 미이행</td></tr>
</table>
② 미 이행시 사유:
* 칸 부족 시 별지 서식 작성</td></tr>
</table>

3 조례 지원 내용의 적정성

세부항목	분석 및 평가	소관부서 의견 및 관련자료
1) 조례에 지원 관련 규정이 있는가?	□ 그렇다 □ 그렇지않다 □ 해당사항 없음	◆ 조례에서 지원 관련 규정이 있는 경우 작성 - 조례에 규정된 지원 내용:
2) 조례에 따른 지원 대상이나 규모가 적정한가?	□ 그렇다 □ 그렇지않다 □ 해당사항 없음	◆ 조례에서 지원대상과 규모가 적정하지 않는 경우 작성 - 적정하지 않는 사유 및 개선(안):
3) 지원대상이 집행이 가능한 정도로 구체화되어 있는가?	□ 그렇다 □ 그렇지않다 □ 해당사항 없음	◆ 조례에서 지원대상 구체화가 필요한 경우 작성 - 지원대상 구체화가 필요한 사유 및 개선(안):
4) 조례에 따른 위탁사무가 위탁대상으로 적정한가?	□ 그렇다 □ 그렇지않다 □ 해당사항 없음	◆ 조례에 따른 위탁사무가 적정하지 않은 경우 작성 - 위탁사무 조항 수정이 필요한 이유:

4 조례의 공평성

세부항목	분석 및 평가	소관부서 의견 및 관련자료
1) 조례에서 장애인, 성별 등의 특정계층이나 특정지역,특정단체 등을 우대 또는 차별하는 조항이 있는가?	□ 그렇다 □ 그렇지않다	◆ 해당사항이 있는 경우 작성
2) 조례에서 정한 차별이 합리적인가?	□ 그렇다 □ 그렇지않다 □ 해당사항 없음	◆ 합리적인 차별인 경우 이유 작성

5 조례의 주민 수용성

세부항목	분석 및 평가	소관부서 의견 및 관련자료
1) 조례 제정 · 개정 시 입법예고는 하였는가?	□ 그렇다 □ 그렇지않다	◆ 도지사발의(강원도홈페이지-법무행정-입법예고), 의원발의(도의회홈페이지-입법예고)에서 확인 가능 - 입법예고 기간 : 0000.00.00.~0000.00.00.(20일)
2) 조례 제 · 개정 시 공청회, 세미나 등	□ 있었음 □ 없었음	◆ 공청회 등을 통해 제기된 의견이 있을 경우 작성 ① 행사명:

이해관계인 및 주민에 대한 의견 수렴 과정이 있었는가?		② 행사일시 및 장소: ③ 참 석 자: ④ 의 견: ⑤ 검토결과: * 칸 부족 시 별지 서식 작성
3) 조례와 관련한 민원(청원, 진정, 소송 등)이 제기되거나 개정 또는 폐지 요구가 있었는가?	□ 있었음 □ 없었음	◆ 민원제기 및 개정(폐지)요구 사항 있을 경우 작성 ① 민원제기일 : ② 민원내용: ③ 검토결과: * 칸 부족 시 별지 서식 작성
4) 조례 체계나 사용한 용어가 주민이 알기 쉬운가?	□ 그렇다 □ 그렇지않다	◆「알기 쉬운 자치법규 정비기준(법제처)」에 따라 용어, 문장, 체계정비가 필요한 경우 작성 * 칸 부족 시 별지 서식 작성

6 위원회 운영의 적정성

세부항목	분석 및 평가	소관부서 의견 및 관련자료
1) 조례에 따른 위원회가 법정위원회인가, 조례로 설치하도록 한 위원회인가?	□ 법정위원회 □ 조례로 정한 위원회 □ 해당사항 없음	◆ 조례에 규정된 정식 명칭 기재 ① 위원회명 : 강원도 ○○○ 위원회 ② 법정위원회의 경우 : 법령 명칭 및 관련 규정
2) 위원회 구성은 관련법령 및 조례에서 정하고 있는 요건을 충족하고 있는가?	□ 그렇다 □ 그렇지않다 □ 해당사항 없음	◆ 위원회 구성 현황 작성 ① 위 원 수: 총○○명(당연직 ○○명, 위촉직 ○○명) ② 위원임기: ③ 구성: 공무원 ○○명, 교수 ○○명, 도의원 ○○명 민간단체 ○○명 ④ 성비: 여성 ○○명, 남성 ○○명
3) 법령이나 조례에서 정한 회의개최 등 운영실적이 있는가?	□ 그렇다 □ 그렇지않다 □ 해당사항 없음	◆ 위원회 운영실적 작성 ① 연도별 운영실적(만약 다른 위원회가 대행하는 경우 해당 위원회의 운영 실적) <table><tr><td>연도별</td><td>2018</td><td>2019</td><td>2020</td></tr><tr><td>개최건수</td><td></td><td></td><td></td></tr><tr><td>주요내용</td><td></td><td></td><td></td></tr></table> ② 운영 실적이 없는 이유: ③ 운영 실적이 없음에도 유지가 필요한 경우 사유:

4) 해당 위원회와 유사한 다른 위원회와의 기능적 통합이 필요한가?	□ 그렇다 □ 그렇지않다 □ 해당사항 없음	◆ 유사 위원회와 통합이 필요한 경우 작성 ① 유사 위원회의 명칭: ② 통합이 필요한 이유:
5) 위원회를 계속 설치 · 운영할 필요성이 있는가?	□ 그렇다 □ 그렇지않다 □ 해당사항 없음	◆ 위원회 운영 필요성에 대한 사유 작성 ① 유지할 필요가 있는 사유: ② 유지할 필요가 없는 사유:

7 종합의견

세부항목	분석 및 평가	소관부서 의견 및 관련자료
1) 이 조례를 현행대로 유지할 필요가 있는가?	□ 유지해야 함 □ 개정이 필요함 □ 폐지해야 함	
2) 이 조례를 개정할 이유가 있는가? (해당사항 모두 표기)	□ 위임근거에 불부합 □ 위임근거 불명확 □ 법령의 위임 없는 규제 정비 필요 □ 다른 조례와의 상충 및 모순 □ 조례 시행의 문제점 발생 □ 조례의 공평성 문제 □ 알기 쉬운 법령정비 기준에 따른 정비 필요 □ 위원회 관련 규정 개정 필요 □ 그 밖의 사유	◆ 조례 개정이 필요한 이유에 대해 작성
3) 이 조례를 폐지할 사유가 있는가? (해당사항 모두 표기)	□ 다른 유사한 조례와의 통합 운영 필요성 □ 법령상 조례 시행 불가능 □ 최근 수년간 조례 운영 실적 전무 □ 기타	◆ 조례 폐지가 필요한 이유에 대해 작성
4) 그 밖의 조례와 관련된 의견이 있는가?	□ 있다 □ 없다	◆ 조례 관련 의견 작성

9. 세종특별자치시

세종시는 2021년 9월 24일에 「세종특별자치시의회 조례 입법평가 조례」를 제정하여 2022년 1월 1일부터 시행하고 있다.

세종특별자치시의회 조례 입법평가 조례
[시행 2022. 1. 1.] [세종특별자치시조례 제1791호, 2021. 9. 24., 제정]

제1조(목적) 이 조례는 세종특별자치시에서 시행 중인 조례에 관하여 입법목적 등이 제대로 실현되고 있는지를 분석 · 평가함으로써 조례의 실효성을 제고하고 시민의 삶의 질을 높이는데 이바지함을 목적으로 한다.

제2조(정의) 이 조례에서 "입법평가"란 세종특별자치시 및 세종특별자치시교육청에서 시행되고 있는 조례에 관하여 입법 목적의 실현성 · 실효성 등을 분석 · 평가하여 개선하는 일련의 과정을 말한다.

제3조(입법평가 실시 및 대상) ① 세종특별자치시의회 의장(이하 "의장"이라 한다)은 시행 중인 조례에 관하여 입법평가를 실시하여야 한다.
② 입법평가의 대상은 세종특별자치시 및 세종특별자치시교육청 조례로 한다. 다만, 다음 각 호에 해당하는 경우에는 제외할 수 있다.
1. 제정 또는 전부개정되어 시행된 지 2년 또는 입법평가를 실시한 지 4년이 지나지 않은 조례
2. 기관설치 · 인사운영 · 업무분장 · 문서관리 등 단순하고 기술적인 내용의 조례

제4조(평가시기 및 기준) ① 입법평가는 2년마다 실시하되, 다음 각 호의 사항을 기준으로 실시한다.
1. 입법 목적의 실현성 · 실효성
2. 기본계획 또는 추진계획 등의 수립 여부
3. 상위법령 제정 및 개정 사항 반영 여부
4. 위원회 · 협의회 등 구성 및 운영 실태
5. 그 밖에 평가 대상 조례의 규정에 따른 이행 여부
② 제1항에 따른 세부적인 평가기준은 별표의 입법평가 심사 기준에 따른다.

제5조(입법평가위원회 구성 및 운영) ① 의장은 입법평가를 효율적으로 실시하기 위하여 세종특별자치시의회 입법평가위원회(이하 "위원회"라 한다)를 둔다.
② 위원회는 위원장과 부위원장 각 1명을 포함한 15명 이내의 위원으로 구성한다.

③ 위원회의 위원장과 부위원장은 위원 중에서 호선한다.

④ 위원은 다음 각 호의 어느 하나에 해당하는 사람 중에서 성별을 고려하여 의장이 위촉한다.

1. 세종특별자치시의회(이하 "의회"라 한다) 의원
2. 변호사, 교수, 법제관 등 법률 또는 입법전문가
3. 의회 입법고문 및 고문변호사
4. 시민단체에서 활동 중인 사람
5. 그 밖에 법률 관련 분야에 학식과 경험이 풍부한 사람

⑤ 위원회의 임기는 2년으로 하되, 한 차례만 연임할 수 있다. 다만, 위원의 사임 등으로 새로 위촉된 위원의 임기는 전임위원 임기의 남은 기간으로 한다.

⑥ 위원장은 위원회의 회의를 소집한다.

⑦ 위원회의 회의는 재적위원 과반수의 출석으로 개의하고 출석위원 과반수의 찬성으로 의결한다.

⑧ 위원회에 위원회의 사무를 처리할 간사 1명을 두며, 간사는 소관업무 담당관이 된다.

⑨ 위원회에 참석한 위원 또는 자문에 응한 관계 전문가 등에게 예산의 범위에서 수당과 여비를 지급할 수 있다.

제6조(입법평가위원회의 기능) ① 위원회는 다음 각 호의 사항을 심의·조정한다.

1. 입법평가에 관한 사항
2. 입법평가 제도 및 결과 개선에 관한 사항
3. 그 밖에 입법평가를 위하여 위원장이 회의에 부치는 사항

제7조(위원의 해촉) ① 의장은 다음 각 호의 어느 하나에 해당하는 경우에는 위원을 해촉할 수 있다.

1. 위원 본인이 사퇴를 희망하는 경우
2. 위원으로서의 활동이 어렵거나 품위를 손상시켰다고 인정하는 경우

② 의장이 제1항에 따라 위원을 해촉한 경우에는 그 결과를 해당 위원에게 통보하여야 한다.

제8조(용역실시) 의장은 효율적인 입법평가를 위하여 필요한 경우 예산의 범위에서 입법평가 전문 기관이나 단체 등에 입법평가 용역을 실시할 수 있다.

제9조(자료요구 및 의견청취) ① 의장은 안건의 심의를 위하여 필요한 경우 세종특별자치시장(이하 "시장"이라 한다), 세종특별자치시교육감(이하 "교육감"이라 한다) 및 관계 기관·단체의 장에게 자료 또는 의견의 제출을 요청할 수 있다.

② 제1항에 따라 자료 또는 의견 제출의 요청을 받은 시장, 교육감 및 관계 기관·단체의 장은 특별한 사정이 없는한 이에 응하여야 한다.

제10조(입법평가 결과의 공표 및 활용) ① 의장은 입법평가 완료 후 30일 이내에 입법평가 종합결과보고서를 의회 홈페이지에 공표하여야 한다.

② 의장은 입법평가 결과를 시장, 교육감, 의회 상임위원회에 통보하여야 한다.

③ 제2항에 따라 평가결과를 통보받은 해당 상임위원회는 그 결과를 적극 반영하도록 노력하여야 하며, 필요하다고 인정하는 경우에는 관계 기관에 적절한 조치의 이행을 촉구할 수 있다.

[별표] 입법평가 심사 기준표(제4조제2항 관련)

입법영향 분석항목	세부항목	척도	의견 및 자료
1. 입법의 근거 및 적법성	1) 위임조례인가 자치사무에 관한 조례인가?	□ 위임조례 □ 자치사무에 관한 조례	
	2) 조례에서 규정하고 있는 위임근거가 올바른가?	□ 그렇다 □ 그렇지않다 □ 해당사항 없음	
	3) 조례가 위임범위에서 적절하게 제·개정되었는가?	□ 그렇다 □ 그렇지않다 □ 해당사항 없음	
	4) 조례 제·개정 이후 동일 또는 유사한 법령이나 제도가 만들어졌거나 근거 법령이 개정 또는 폐지되었는가?	□ 그렇다 □ 그렇지않다 □ 해당사항 없음	
	5) 조례에서 주민의 권리제한, 의무부과, 벌칙 부과, 규제 사항에 대한 법률위임이 있는가?	□ 그렇다 □ 그렇지않다 □ 해당사항 없음	
2. 조례의 실효성	1) 조례의 시행과정에서 다른 조례와의 충돌이나 모순이 발생하고 있는가?	□ 그렇다 □ 그렇지않다 □ 해당사항 없음	
	2) 이 조례와 유사 또는 동일한 다른 조례가 제정 및 시행 되고 있어 통합할 필요가 있는가?	□ 그렇다 □ 그렇지않다 □ 해당사항 없음	

입법영향 분석항목	세부항목	척도	의견 및 자료
	3) 조례에 따른 계획이 수립·시행 되고 있는가?	□ 그렇다 □ 그렇지않다 □ 해당사항 없음	- 계획 수립 사항 관련 자료 첨부
	4) 조례에서 집행기관 등에 책무를 부여하고 있는가?	□ 그렇다 □ 그렇지않다 □ 해당사항 없음	
	5) 조례에서 부여한 책무와 관련 사업을 집행기관이 잘 이행 하고 있는가?	□ 그렇다 □ 그렇지않다 □ 해당사항 없음	- 집행실적 관련 자료 첨부
3. 조례의 공평성	1) 조례에서 장애인, 성별 등의 특정계층이나 특정지역을 차별하는 조항이 있는가?	□ 그렇다 □ 그렇지않다 □ 해당사항 없음	
	2) 조례에서 정한 차별이 합리적인가?	□ 그렇다 □ 그렇지않다 □ 해당사항 없음	
4. 주민 수용성	1) 조례 제·개정 시 입법예고는 하였는가?	□ 그렇다 □ 그렇지않다 □ 해당사항 없음	
	2) 조례 제·개정 시 공청회, 세미나 등 이해관계인 및 주민에 대한 의견 수렴 과정이 있었 는가?	□ 그렇다 □ 그렇지않다 □ 해당사항 없음	- 공청회, 세미나 등 의견 수렴 사항 관련 자료 첨부
	3) 조례와 관련한 민원(청원, 진정, 소송 등)이 제기되거나 개정 또는 폐지 요구가 있었는가?	□ 그렇다 □ 그렇지않다 □ 해당사항 없음	
	4) 조례의 체계나 사용되어진 용어가 주민이 알기 쉽게 되어 있는가?	□ 그렇다 □ 그렇지않다 □ 해당사항 없음	
5. 조례 내용의 적정성	1) 조례에 재정지원 관련 규정이 있는가?	□ 그렇다 □ 그렇지않다 □ 해당사항 없음	
	2) 조례에 따른 지원대상이	□ 그렇다	

입법영향 분석항목	세부항목	척도	의견 및 자료
	나 규모가 적정한가?	□ 그렇지않다 □ 해당사항 없음	
	3) 조례에 따른 민간위탁 사무가 위탁대상으로 적정한가?	□ 그렇다 □ 그렇지않다 □ 해당사항 없음	
	4) 행정기관의 재량권의 범위는 적정한가?	□ 그렇다 □ 그렇지않다 □ 해당사항 없음	
6. 현실 부합성	1) 세종특별자치시의 현실과 조례가 부합하는가?	□ 그렇다 □ 그렇지않다 □ 해당사항 없음	
7. 위원회 운영의 적정성	1) 조례로 위원회를 구성하도록 되어 있는가?	□ 그렇다 □ 그렇지않다 □ 해당사항 없음	
	2) 위원회가 법정위원회인가 조례로 설치하도록 한 위원회인가?	□ 법정위원회 □ 조례로 정한 위원회 □ 해당사항 없음	
	3) 위원회 위원의 성별 구성이 적정한가?	□ 그렇다 □ 그렇지않다 □ 해당사항 없음	- 위원회의 성별 구성 관련 자료 첨부
	4) 위원회가 법령이나 조례에서 정한 회의개최 운영실적이 있고 관련 회의록을 보존하고 있는가?	□ 그렇다 □ 그렇지않다 □ 해당사항 없음	- 회의 운영실적 자료 첨부
	5) 위원회를 계속 설치 · 운영 할 필요성이 있는가?	□ 그렇다 □ 그렇지않다 □ 해당사항 없음	
	6) 해당 위원회와 유사한 다른 위원회와의 기능적 통합이 필요한가?	□ 그렇다 □ 그렇지않다 □ 해당사항 없음	
8. 종합의견	1) 이 조례를 현행대로 유지할 필요가 있는가?	□ 그렇다 □ 그렇지않다	
	2) 이 조례를 개정할 이유가 있는가?	□ 위임근거에 불부합 □ 위임근거 불명확	

입법영향 분석항목	세부항목	척도	의견 및 자료
	(해당사항 모두 표기)	□ 법령의 위임 없는 규제 정비 필요 □ 다른 조례와의 상충 및 모순 □ 조례 시행의 문제점 발생 □ 조례의 공평성 문제 □알기 쉬운 법령정비 기준에 따른 정비 필요 □ 위원회 관련 규정 개정 필요 □ 그 밖의 사유	
	3) 이 조례를 폐지할 사유가 있는가? (해당사항 모두 표기)	□ 다른 유사한 조례와의 통합 운영 필요성 □ 조례 시행 불가능 □ 최근 3년간 조례 관련 운영 실적 전무 □ 기타	
	4) 그 밖의 이 조례와 관련된 의견이 있는가?	□ 있다 □ 없다	

10. 전라남도

전라남도는 2021년 12월 23일에 「전라남도 입법평가 조례」를 제정하여 2022년 6월 20일부터 시행하고 있다. 3년마다 입법평가를 실시하도록 규정하고 있다.

전라남도 입법평가 조례
[시행 2022. 6. 20.] [전라남도조례 제5459호, 2021. 12. 23., 제정]

제1조(목적) 이 조례는 전라남도 조례에 대한 입법평가에 필요한 사항을 규정하여 입법의 실효성을 높이는 것을 목적으로 한다.

제2조(정의) 이 조례에서 “입법평가”란 시행되고 있는 조례에 대하여 입법 목적의 실현성 · 실효성 등을 평

가하고, 그 개선에 필요한 적극적 조치를 취하는 일련의 과정을 말한다.

제3조(의장 등의 책무) ① 전라남도의회 의장(이하 "의장"이라 한다)은 정기적으로 입법평가를 실시하여 조례의 입법 목적을 실현하도록 노력하여야 한다.
② 전라남도지사(이하 "도지사"라 한다)는 조례의 집행기관으로서 조례를 실효성 있게 운영하여야 한다.

제4조(입법평가 대상) 입법평가의 대상은 전라남도 조례로 한다. 다만, 다음 각 호의 어느 하나에 해당하는 경우에는 제외한다.
1. 「지방교육자치에 관한 법률」 제2조에 따른 교육 · 학예에 관한 조례
2. 기관설치 · 조직운영 · 업무분장 · 문서관리 등 단순하고 기술적인 내용의 조례
3. 시행일부터 3년이 지나지 않은 조례
4. 입법평가 실시 후 4년이 지나지 않은 조례

제5조(입법평가 기준 및 시기) ① 입법평가는 다음 각 호의 사항을 기준으로 실시한다.
1. 입법 목적의 실현성
2. 기본계획 및 시행계획 수립 여부
3. 예산 편성 및 집행의 적정성
4. 상위법령 제정 및 개정 사항 반영 등 법적 정합성
5. 인권 · 성평등 침해 또는 차별 여부
6. 위원회 등 자문기관 구성 및 운영 실태
7. 그 밖에 조례 규정의 실행에 관한 사항
② 입법평가 기준에 따른 입법평가 분석지표는 의장이 정한다.
③ 입법평가는 3년마다 실시한다.

제6조(입법평가 실시계획) ① 의장은 다음 각 호의 사항이 포함된 입법평가 실시계획을 3년마다 수립하고 시행하여야 한다.
1. 입법평가 실시 추진 계획
2. 제8조에 따른 전라남도의회 입법평가위원회 구성 및 운영
3. 그 밖에 입법평가 실시에 필요한 사항
② 의장은 도지사와 협의하여 실시계획을 수립하여야 한다.

제7조(기본 자료 제출) ① 전라남도 자치법규 관리 업무를 담당하는 부서의 장(이하 "관리부서의 장"이라 한다)은 조례에 따른 업무를 수행하는 부서(이하 "시행부서"라 한다)의 장과 협의하여 제4조에 따른 입법평

가 대상 조례를 선정한다.

② 제1항에 따라 입법평가 대상이 되는 조례의 시행부서의 장은 해당 조례에 대한 기본 자료를 작성하여 관리부서의 장에게 제출한다.

③ 관리부서의 장은 제2항에 따른 입법평가 기본 자료를 취합 · 정리하여 전라남도의회에 제출한다.

제8조(위원회 설치 등) ① 의장은 입법평가에 관한 다음 각 호의 사항을 자문하기 위하여 전라남도의회 입법평가위원회(이하 "위원회"라 한다)를 설치한다.

1. 시행부서의 입법평가 기본 자료 검토
2. 입법평가
3. 개선 권고안 마련
4. 입법평가 결과서 작성
5. 그 밖에 의장이 필요하다고 인정하는 사항

② 위원회는 위원장과 부위원장 각 1명을 포함한 11명 이내의 위원으로 구성한다.

③ 위원장은 전라남도의회 의회운영위원회 위원장이 되고, 부위원장은 위원들이 위원 중에서 선출한다.

④ 위원회의 위원은 다음 각 호의 사람 중에서 의장이 임명하거나 위촉한다.

1. 전라남도의회 의원
2. 관리부서의 장
3. 변호사, 교수, 법제관 등 법률 또는 입법 전문가
4. 행정 전문가
5. 그 밖에 입법평가에 관한 학식과 경험이 풍부한 사람

⑤ 위원의 임기는 입법평가 결과가 공표되면 만료한다.

⑥ 위원회에 위원회의 사무를 처리하기 위하여 간사를 두며, 간사는 전라남도의회사무처 입법평가 업무 담당관이 된다.

제9조(위원회 운영) ① 위원회의 회의(화상회의를 포함한다)는 재적위원 과반수의 출석으로 개의(開議)하고, 출석위원 과반수의 찬성으로 의결한다. 다만, 천재지변이나 감염병, 그 밖의 부득이한 사유가 있는 경우에는 서면으로 심의할 수 있다.

② 위원회에 참석하거나 의견을 제출하여 위원회 직무 수행을 지원한 전문가 등에게 예산의 범위에서 수당과 여비를 지급할 수 있다.

제10조(의견 청취 및 자료 요청) ① 위원회는 필요한 경우에는 시행부서의 의견을 듣거나 시행부서에 자료를 요청할 수 있다.

② 제1항에 따라 자료를 요청받은 시행부서는 위원회에 자료를 제출하여야 한다.

제11조(용역) 의장은 효율적인 입법평가를 위하여 필요한 경우 입법평가 전문 기관이나 단체 등에 입법평가 용역을 의뢰할 수 있다.

제12조(입법평가 결과 공표) ① 의장은 입법평가 결과를 전라남도의회 누리집에 공표할 수 있다.
② 의장은 입법평가 결과를 전라남도의회 소관 상임위원회에 통지한다.

제13조(입법평가 반영) 전라남도의회 상임위원회는 입법평가 결과를 검토하여 소관 조례의 실효성을 높이기 위한 이행 권고나 조례 개정 등 필요한 조치를 할 수 있다.

전라남도 입법평가 조례 시행규칙
[시행 2022. 8. 4.] [전라남도의회규칙 제110호, 2022. 8. 4., 제정]

제1조(목적) 이 규칙은 「전라남도 입법평가 조례」의 시행에 필요한 사항을 정하여 체계적인 입법평가를 통해 입법평가의 실효성을 높이는 것을 목적으로 한다.

제2조(입법평가 분석지표) 「전라남도 입법평가 조례」(이하 "조례"라 한다) 제5조제2항에 따른 입법평가 분석지표는 별지 제1호서식과 같다.

제3조(기본자료 제출 서식) 조례 제7조제2항에 따라 기본 자료 작성을 요구받은 입법평가 대상 조례의 시행부서의 장은 별지 제2호서식에 따라 기본 자료를 작성하여 관리부서의 장에게 제출한다.

제4조(입법평가 결과 활용) 입법평가 대상 조례의 시행부서의 장은 입법평가 결과를 업무 추진에 반영하도록 노력하여야 한다.

[별표 제1호] 전라남도 입법평가 분석지표

평가항목	세부항목	척 도	의견 및 자료
1. 입법의 근거 및 적법성	1) 위임조례인가 자치사무에 관한 조례인가?	□ 위임조례 □ 자치사무에 관한 조례	- 조례 제정 근거 규정 기재 (예: △△법 제००조)
	2) 조례에서 규정하고 있는 위임근거가 올바른가?	□ 그렇다 □ 그렇지 않다 □ 해당사항 없음	- 근거 법령의 개정/폐지 사실 및 올바른 위임근거 기재

평가항목	세부항목	척 도	의견 및 자료
	3) 조례가 위임범위 또는 자치사무의 범위에서 적절하게 제정 · 개정되었는가?	□ 그렇다 □ 그렇지 않다 □ 해당사항 없음	- 위임 범위 또는 자치사무의 범위를 벗어난 경우 그 사유 기재
	4) 조례에서 주민의 권리 제한, 의무 부과, 벌칙 부과, 규제 사항에 대한 법률위임이 있는가?	□ 그렇다 □ 그렇지 않다 □ 해당사항 없음	- 해당 조항 및 그 내용 기재
2. 조례의 실효성	1) 이 조례가 유사 또는 동일한 사항을 규정한 다른 조례와 충돌이나 모순이 발생하고 있는가?	□ 그렇다 □ 그렇지 않다 □ 해당사항 없음	- 해당 조항 및 그 내용 기재
	2) 이 조례를 유사 또는 동일한 사항을 규정한 다른 조례와 통합할 필요가 있는가?	□ 그렇다 □ 그렇지 않다 □ 해당사항 없음	- 해당 조항 및 그 내용 기재
	3) 조례에 따른 계획이 수립 · 시행되고 있는가?	□ 그렇다 □ 계획 수립 중 □ 그렇지 않다 □ 해당사항 없음	“그렇다”고 했을때에는 계획도 수립되고 시행도 되고 있을 경우 체크하고, 계획명 및 계획수립일자 기재 “계획 수립 중”일 경우는 계획명 및 수립예정일 기재 “그렇지 않다”의 경우 계획이 미수립 되거나 수립된 계획이 시행되지 않고 있는 경우로 그 사유 기재 “해당사항 없음”의 경우 계획수립이 강제사항이 아닐 경우 포함
3. 조례에 따른 지원의 적정성	3) 지원 대상이나 절차를 개선(신설, 폐지, 강화, 완화)할 필요가 있는가?	□ 그렇다 □ 그렇지 않다 □ 해당사항 없음	개선 필요 사항 기재
	4) 조례에 따른 민간위탁사무의 위탁대상 및 선정절차가 적정한가?	□ 그렇다 □ 그렇지 않다 □ 해당사항 없음	해당 조항 및 민간 위탁 사항 기재
4. 조례의 공평성	1) 조례에 장애, 성별, 나이 등에 관한 사회적 편견이나 고정관념이 반영된 표현이 있는가?	□ 그렇다 □ 그렇지 않다 □ 해당사항 없음	- 해당조항 및 관련 내용 · 표현 기재

평가항목	세부항목	척 도	의견 및 자료
	2) 조례의 목적이나 내용이 장애, 성별, 소득수준 등을 기준으로 한 특정계층, 특정지역이나 특정단체 등을 위한 지원 또는 지원배제에 관한 것인가?	□ 그렇다 □ 그렇지 않다 □ 해당사항 없음	- 특정계층, 특정지역, 특정단체 등을 위한 지원이나 배제에 해당하는 조항 및 내용 기재
	3) 조례에 따라 장애, 성별, 소득수준 등을 기준으로 한 특정계층, 특정지역이나 특정단체 등을 위한 지원 또는 배제가 정당하고 합리적인가?	□ 그렇다 □ 그렇지 않다 □ 해당사항 없음	- 특정계층, 특정지역, 특정단체에 대한 지원 근거나 합리적인 사유에 대한 사항 기재
5. 주민 수용성	1) 조례와 관련한 민원(청원, 진정, 소송 등)이 제기되거나 개정 또는 폐지 요구가 있었는가?	□ 그렇다 □ 그렇지 않다 □ 해당사항 없음	제기된 민원 내용, 처리사항, 개정 또는 폐지 요구된 내용 기재
	2) 조례의 체계나 사용된 용어가 주민이 알기 쉽게 되어 있는가?	□ 그렇다 □ 그렇지 않다 □ 해당사항 없음	- 정비가 필요한 용어 기재
6. 전라남도 현실부합성	1) 조례의 규정 등이 변화된 정책방향 또는 새로운 행정수요 등 지방자치단체의 현실과 부합하는가?	□ 그렇다 □ 그렇지 않다 □ 해당사항 없음	- "그렇다"의 경우 부합하는 사유 기재 (예: 매년 위원회에서 기준 심의, 고용창출 등) - "그렇지 않다"의 경우 부합하지 않는 사유 기재 [예: 일몰사업, 행정기구 명칭 변경 미반영, 사업 신설 등 관련 규정 개정 등 필요, 유사·중복사업 존재 (사업명 기재)]
7. 위원회 운영의 적정성	1) 위원회가 법정위원회인가? 조례로 설치하도록 한 위원회인가?	□ 법정위원회 □ 조례로 정한 위원회 □ 해당사항 없음	- 법령 및 조례의 근거 규정 및 위원회 명칭 기재 ※ 존속기한이 정해져 있는 위원회인 경우 존속기한 표시
	2) 위원회 구성이 법령이나 조례에서 정한 요건을 충족하고 있는가?	□ 그렇다 □ 그렇지 않다 □ 해당사항 없음	위원회의 요건 충족 관련 내역 기재(첨부번호 기재)

평가항목	세부항목	척 도	의견 및 자료
	3) 위원회가 법령이나 조례에서 정한 회의 개최 운영 실적이 있는가?	□ 그렇다 □ 그렇지 않다 □ 해당사항 없음	- 회의 운영실적 관련 내역 기재(첨부번호 기재)
	4) 위원회의 기능을 다른 위원회가 대신하고 있는가?	□ 그렇다 □ 그렇지 않다 □ 해당사항 없음	- "그렇다"인 경우 대신하고 있는 위원회 명칭 및 역할 기능 기재
	5) 해당 위원회가 유사한 다른 위원회와 기능적 통합(개정)이 필요하거나 위원회 유지의 필요성이 낮은가?	□ 그렇다 □ 그렇지 않다 □ 해당사항 없음	- "그렇다"인 경우 그 사유와 성격이나 기능이 유사한 위원회 명칭 및 통합(개정) 또는 위원회의 유지 필요성이 낮은 사유 기재
8. 종합의견	1) 이 조례를 개정할 이유가 있는가? (해당사항 모두 표기)	□ 이유없음(현행유지) □ 위임근거 부적합 또는 불명확 □ 법령의 위임 없는 규제 정비 필요 □ 다른 조례와의 충돌·모순 또는 통합 필요 □ 계획 관련 규정 개정 필요 □ 지원 관련 규정 개정 필요 □ 현실 부합성 문제 등 시행상 문제 발생 □ 조례의 공평성 문제 □알기 쉬운 법령 정비 기준에 따른 정비 필요 □ 위원회 관련 규정 개정 필요 □ 기타	- 항목별 조례의 개정이 필요한 사유 기재
	2) 이 조례를 폐지할 사유가 있는가? (해당사항 모두 표기)	□ 폐지 사유 없음 □ 다른 유사한 조례와의 통합 운영 필요성 □ 법령상 조례 시행 불가능	- 조례 폐지가 필요한 사유 기재

평가항목	세부항목	척 도	의견 및 자료
		□ 최근 3년간 조례 관련 운영 실적 전무 □ 사업목적 달성 또는 추진 필요성 소멸 □ 기타(일몰시기 도래 등)	
	3) 그 밖에 이 조례와 관련된 의견이 있는가?	□ 있다 □ 없다	- 각 항목 및 세부지표 별 의견을 종합적으로 정리하여 기재(조례 시행에 따른 의도하지 않는 부수적 효과까지 내용 포함하여 가능)

11. 경상남도

경상남도는 2023년 2월 2일에 「경상남도 조례 입법평가 조례」를 제정하여 2023년 2월 2일부터 시행하고 있다. 입법평가의 대상은 경상남도와 경상남도교육청 조례 중 제정 또는 전부개정되어 시행된 지 2년이 지난 조례와 입법평가를 실시한 지 4년이 지난 조례로 한다. 다만, 기관설치 · 조직운영 · 업무분장 · 문서관리 등을 기술한 조례는 제외한다. 의장은 2년 마다 입법평가를 실시하도록 규정하고 있다.

경상남도 조례 입법평가 조례
[시행 2023. 2. 2.] [경상남도조례 제5329호, 2023. 2. 2., 제정]

제1조(목적) 이 조례는 경상남도와 경상남도교육청 조례에 대한 입법평가에 필요한 사항을 규정하여 조례의 실효성을 제고하고 경상남도민의 권익증진에 이바지함을 목적으로 한다.

제2조(정의) 이 조례에서 “입법평가”란 시행 중인 조례를 대상으로 입법목적의 실현성 및 실효성 등을 입법평가 분석지표에 따라 분석 · 평가하는 것을 말한다.

제3조(의장 등의 책무) ① 경상남도의회 의장(이하 “의장”이라 한다)은 정기적으로 입법평가를 실시하여 조례의 입법목적이 실현될 수 있도록 노력하여야 한다.
② 경상남도지사와 경상남도교육감은 입법평가를 통하여 제기된 문제를 개선하고 조례의 실효성을 확보하기 위해 노력하여야 한다.

제4조(입법평가의 시기 및 대상) ① 의장은 2년마다 입법평가를 실시한다.

② 입법평가의 대상은 경상남도와 경상남도교육청 조례 중 제정 또는 전부개정되어 시행된 지 2년이 지난 조례와 입법평가를 실시한 지 4년이 지난 조례로 한다. 다만, 기관설치 · 조직운영 · 업무분장 · 문서관리 등을 기술한 조례는 제외한다.

제5조(입법평가의 기준) ① 입법평가는 다음 각 호의 항목을 기준으로 평가한다.

1. 입법근거 및 법적합성
2. 입법내용의 유효성 및 효율성
3. 입법내용의 공평성
4. 주민의견 수용성
5. 지원 · 위탁의 적정성
6. 위원회 운영의 적정성

② 제1항에 따른 세부적인 평가기준은 별표의 입법평가 분석지표에 따른다.

제6조(입법평가 실시계획의 수립) 의장은 입법평가를 위하여 다음 각 호의 사항이 포함된 입법평가 실시계획을 수립하여야 한다.

1. 입법평가 실시 시기
2. 입법평가위원회의 구성
3. 입법평가 대상 조례의 선정
4. 입법평가의 방법
5. 그 밖에 입법평가 실시에 필요한 사항

제7조(입법평가위원회의 설치 및 기능) ① 의장은 입법평가를 실시하기 위하여 경상남도의회 입법평가위원회(이하 "위원회"라 한다)를 둔다.

② 위원회는 다음 각 호의 사항을 심의 · 조정한다.

1. 입법평가에 관한 사항
2. 입법평가 분석지표 변경에 관한 사항
3. 입법평가 결과의 반영 및 개선안 마련에 관한 사항
4. 그 밖에 위원회에서 심의 · 조정이 필요하다고 인정하는 사항

제8조(위원회의 구성) ① 위원회는 위원장과 부위원장 각 1명을 포함한 20명 이내의 위원으로 구성한다.

② 위원장과 부위원장은 위원 중에서 호선한다.

③ 위원은 다음 각 호의 사람 중에서 의장이 위촉한다.

1. 경상남도의회 의원
2. 변호사 · 교수 · 법제관 · 연구원 등 법률 또는 입법전문가
3. 그 밖에 입법평가에 관한 학식과 경험이 풍부한 사람

④ 위원의 임기는 2년으로 한다. 다만, 위원의 사임 등으로 새로 위촉된 위원의 임기는 전임위원 임기의 남은 기간으로 한다.

제9조(위원회의 운영) ① 위원회의 회의는 재적위원 과반수의 출석으로 개의하고, 출석위원 과반수의 찬성으로 의결한다. 다만, 다음 각 호의 어느 하나에 해당하는 경우에는 서면으로 심의 · 의결할 수 있다.

1. 안건의 내용이 경미한 경우
2. 긴급한 사유로 인해 회의를 개최할 시간적 여유가 없는 경우
3. 천재지변이나 감염병 그 밖의 부득이한 사유가 있는 경우

② 위원회의 효율적인 운영을 위하여 필요한 경우 소위원회를 둘 수 있다.

③ 위원회의 사무를 처리할 간사 1명을 두며, 간사는 경상남도의회 입법담당관이 된다.

④ 위원회에 참석한 위원 또는 자문에 응한 관계 전문가 등에게 예산의 범위에서 수당과 여비를 지급할 수 있다.

⑤ 그 밖에 위원회의 운영에 필요한 사항은 위원회의 의결을 거쳐 위원장이 정한다.

제10조(자료요구 등) 위원회는 원활한 심의를 위하여 평가대상 조례 소관 부서의 의견을 듣거나 해당 부서에 자료를 요구할 수 있고, 필요한 경우에는 관계 전문가에게 자문할 수 있다.

제11조(용역) 의장은 효율적인 입법평가를 위하여 필요한 경우 예산의 범위에서 입법평가 전문 기관이나 단체 등에 용역을 의뢰할 수 있다.

제12조(입법평가 결과의 제출 및 활용) ① 위원회는 입법평가 결과보고서를 작성하여 의장에게 제출한다.

② 의장은 입법평가의 결과를 소관 상임위원회와 집행부에 통보하여야 한다.

③ 제2항에 따라 통보를 받은 상임위원회는 그 결과를 의정활동에 반영하도록 적극 노력하여야 하며, 필요한 경우 관계 기관에 적절한 조치의 이행을 촉구할 수 있다.

④ 의장은 입법평가 결과 및 그 결과의 반영사항을 경상남도의회 누리집에 공개할 수 있다.

제13조(시행규칙) 이 조례의 시행에 필요한 사항은 규칙으로 정한다.

[별표] 입법평가 분석지표

평가항목	세부항목	분석지표	평가의견
1. 입법근거 및 법적합성	1) 위임조례인가 자치사무에 대한 조례인가?	□ 위임조례 □ 자치사무 조례	
	※ "위임조례"인 경우 1-2) 위임조례인 경우 조례에서 규정한 위임근거가 올바른가?	□ 그렇다 □ 그렇지 않다	
	1-3) 조례가 위임범위에서 적절하게 제·개정되었는가?	□ 그렇다 □ 그렇지 않다	
	2) 조례에서 주민의 권리제한, 의무부과, 벌칙부과, 규제 사항에 대한 법률위임이 있는가?	□ 그렇다 □ 그렇지 않다 □ 해당사항 없음	
	3) 관련 법령의 개정 등으로 상위법령 위배소지가 있는가?	□ 그렇다 □ 그렇지 않다 □ 해당사항 없음	
2. 입법내용의 유효성 및 효율성	1) 조례의 시행과정에서 다른 조례와의 충돌이나 모순이 발생하고 있는가?	□ 그렇다 □ 그렇지 않다	
	2) 이 조례와 유사 또는 동일한 다른 조례가 제정 및 시행되고 있어 통합할 필요가 있는가?	□ 그렇다 □ 그렇지 않다	
	3) 조례에 따른 계획이 수립·시행 되고 있는가?	□ 그렇다 □ 그렇지 않다 □ 해당사항 없음	
	4) 조례 시행에 필요한 예산 확보와 집행이 잘 이루어지고 있는가?	□ 그렇다 □ 그렇지 않다 □ 해당사항 없음	
	5) 조례에서 부여한 책무와 관련 사업을 집행기관이 잘 이행하고 있는가?	□ 그렇다 □ 그렇지 않다 □ 해당사항 없음	
3. 입법내용의 공평성	1) 조례에서 장애인, 성별 등의 특정계층이나 특정지역을 차별하는 조항이 있는가?	□ 그렇다 □ 그렇지 않다	
	※ "그렇다"인 경우 1-2) 조례에서 정한 차별이 불합리한가?	□ 그렇다 □ 그렇지 않다	

평가항목	세부항목	분석지표	평가의견
4. 주민의견 수용성	1) 조례 제·개정 시 입법예고는 하였는가?	□ 그렇다 □ 그렇지 않다	
	2) 조례 제·개정 시 공청회, 세미나 등을 통하여 이해관계인 또는 주민에 대한 의견수렴 과정을 거쳤는가?	□ 그렇다 □ 그렇지 않다 □ 해당사항 없음	
	3) 조례와 관련한 민원(청원, 진정, 소송 등)이 제기되거나 개정 또는 폐지 요구가 있었는가?	□ 그렇다 □ 그렇지 않다	
	4) 조례의 체계나 사용되어진 용어가 주민이 알기 쉽게 되어 있는가?	□ 그렇다 □ 그렇지 않다	
5 지원·위탁의 적정성	1) 조례에 지원에 관한 규정이 있는가?	□ 그렇다 □ 그렇지 않다	
	※ "그렇다"인 경우 1-2) 조례에 따른 지원대상이나 범위가 적정한가?	□ 그렇다 □ 그렇지 않다	
	1-3) 지원대상이 집행이 가능한 정도로 구체화 되어 있는가?	□ 그렇다 □ 그렇지 않다	
	2) 조례에 따른 위탁사무가 위탁 대상으로 적정한가?	□ 그렇다 □ 그렇지 않다 □ 해당사항 없음	
6. 위원회 운영의 적정성	1) 조례로 위원회를 구성하도록 되어 있는가?	□ 그렇다 □ 그렇지 않다	
	※ "그렇다"인 경우 1-2) 위원회가 법정위원회인가 조례로 설치하도록 한 위원회인가?	□ 법정위원회 □ 조례로 정한 위원회	
	1-3) 위원회 위원의 성별 구성이 적정한가?	□ 그렇다 □ 그렇지 않다	
	1-4) 위원회가 법령이나 조례에서 정한 회의개최 운영 실적이 있는가?	□ 그렇다 □ 그렇지 않다	
	1-5) 의원회가 관련 회의록을 보존하고 있는가?	□ 그렇다 □ 그렇지 않다 □ 해당사항 없음	
	1-6) 위원회를 계속 설치·운영 할 필요성이 있는가?	□ 그렇다 □ 그렇지 않다	
	1-7) 해당 위원회와 유사한 다른 위원회와의 기능적 통합이 필요한가?	□ 그렇다 □ 그렇지 않다 □ 해당사항 없음	

<table>
<tr><th>평가항목</th><th colspan="2">세부항목</th><th>분석지표</th><th>평가의견</th></tr>
<tr><td rowspan="4">7. 종합의견</td><td colspan="2">1) 이 조례를 현행대로 유지할 필요가 있는가?</td><td>□ 그렇다
□ 그렇지 않다</td><td></td></tr>
<tr><td rowspan="2"></td><td>※ “그렇지 않다”인 경우
1-2) 이 조례를 개정할 이유가 있는가?
(해당사항 모두 표기)</td><td>□ 위임근거 불부합
□ 위임근거 불명확
□ 법령의 위임 없는 규제 정비
□ 다른 조례와 상충 및 모순
□ 조례 시행의 문제점 발생
□ 조례의 공평성 문제
□ 위원회 관련 규정 개정 필요
□ 그 밖의 사유</td><td></td></tr>
<tr><td>1-3) 이 조례를 폐지할 사유가 있는가?
(해당사항 모두 표기)</td><td>□ 다른 유사한 조례와의 통합 운영 필요성
□ 조례 시행 불가능
□ 최근 3년간 조례 운영 실적 전무
□ 그 밖의 사유</td><td></td></tr>
<tr><td colspan="2">2) 그 밖의 이 조례와 관련된 의견이 있는가?</td><td>□ 있다
□ 없다</td><td></td></tr>
</table>

12. 전라북도

전라북도 조례 입법평가 조례
[시행 2023. 7. 7.] [전라북도조례 제5298호, 2023. 7. 7., 제정]

제1조(목적) 이 조례는 전라북도에서 시행 중인 조례에 대하여 입법 목적 등이 제대로 실현되고 있는지 분석 · 평가하여 조례의 실효성을 제고하고 도민의 삶의 질을 높이는데 이바지함을 목적으로 한다.

제2조(정의) 이 조례에서 "입법평가"란 전라북도에서 시행되고 있는 조례에 관하여 입법 목적의 실현성·실효성 등을 분석·평가하여 개선하는 것을 말한다.

제3조(입법평가 실시 및 대상) ① 전라북도의회 의장(이하 "의장"이라 한다)은 시행되고 있는 조례에 관하여 정기적으로 입법평가를 실시하여야 한다.

② 제1항에 따른 입법평가의 대상은 전라북도 조례 중 제정 또는 전부개정되어 시행된 지 3년이 지났거나 입법평가를 실시한 지 4년이 경과한 조례로 한다. 다만, 다음 각 호의 경우에는 제외한다.

1. 「지방교육자치에 관한 법률」 제2조에 따른 교육·학예에 관한 조례
2. 기관설치·조직운영·업무분장·문서관리 등 단순하고 기술적인 내용의 조례

제4조(평가기준) ① 입법평가는 다음 각 호의 사항을 기준으로 실시한다.

1. 입법 목적의 실현성·실효성
2. 기본계획 또는 추진계획 등의 수립 여부
3. 예산편성 및 집행의 적정성
4. 상위법령 제정 및 개정 사항 반영 여부
5. 위원회·협의회 등 구성 및 운영 실태
6. 그 밖에 평가 대상 조례의 규정에 따른 이행 여부

② 제1항에 따른 입법평가의 세부기준은 별표를 따른다.

제5조(입법평가위원회의 설치·기능) 의장은 다음 각 호의 사항을 심의·조정하기 위하여 전라북도의회 입법평가위원회(이하 "위원회"라 한다)를 둔다.

1. 입법평가에 관한 사항
2. 입법평가 제도 및 결과 개선
3. 그 밖에 입법평가를 위하여 위원장이 필요하다고 인정하는 사항

제6조(위원회의 구성) ① 위원회는 위원장과 부위원장 각 1명을 포함한 20명 이내의 위원으로 구성한다.

② 위원회의 위원장은 전라북도의회(이하 "도의회"라 한다) 운영위원회 위원장이 되고, 부위원장은 위원 중에서 호선(互選)한다.

③ 위원은 다음 각 호의 사람 중에서 성별을 고려하여 의장이 임명 또는 위촉한다.

1. 도의회 의원
2. 변호사, 교수, 법제관 등 법률 또는 입법전문가
3. 행정전문가

4. 그 밖의 입법평가에 관한 학식과 경험이 풍부한 사람

④ 위원의 임기는 2년으로 하되, 한 차례만 연임할 수 있다.

⑤ 제4항의 규정에도 불구하고, 제3항제1호의 의원 신분인 위원의 임기는 「전라북도의회 기본 조례」 제31조에 따라 선임된 상임위원의 임기와 같이 한다.

⑥ 위원의 사임 등으로 인하여 새로 위촉된 위원의 임기는 전임위원 임기의 남은 기간으로 한다.

제7조(위원의 해촉) ① 의장은 다음 각 호의 경우에는 임기만료 전이라도 해당 위원을 해촉할 수 있다.

1. 심신장애로 직무를 수행할 수 없게 된 경우
2. 위원 스스로 직무를 수행하기 어렵다는 의사를 밝히는 경우
3. 품위손상이나 그 밖의 사유로 위원으로 적합하지 않다고 인정되는 경우

② 의장은 제1항제3호에 따라 위원을 해촉하려면 미리 해당 위원의 의견을 들어야 한다.

③ 의장이 제1항에 따라 위원을 해촉한 경우에는 그 결과를 해당 위원에게 통보하여야 한다.

제8조(위원장의 직무) ① 위원장은 위원회를 대표하고, 위원회의 업무를 총괄한다.

② 부위원장은 위원장을 보좌하며, 위원장이 부득이한 사유로 직무를 수행할 수 없을 때에는 그 직무를 대행한다.

③ 위원장과 부위원장이 모두 부득이한 사유로 직무를 수행할 수 없을 때에는 위원장이 미리 지명한 위원이 그 직무를 대행한다.

제9조(위원회의 운영) ① 위원장은 위원회의 회의를 소집하고, 그 회의의 의장이 된다.

② 위원회의 회의는 재적위원 과반수의 출석으로 개의(開議)하고, 출석위원 과반수의 찬성으로 의결한다. 다만, 긴급한 사유 등 위원장이 필요하다고 인정하는 경우에는 서면으로 심의할 수 있다.

③ 위원회에 위원회의 사무를 처리할 간사 1명을 두며, 간사는 도의회 입법평가업무 담당관이 된다.

④ 위원회에 참석한 위원 또는 의견을 제출하여 위원회 직무 수행을 지원한 관계 전문가 등에게 예산의 범위에서 수당과 여비 등을 지급할 수 있다.

⑤ 이 조례에서 규정한 사항 외에 위원회의 운영 등에 필요한 사항은 위원회의 의결을 거쳐 위원장이 정한다.

제10조(자료 제출) ① 입법평가 대상이 되는 조례를 관리하고, 그에 따른 업무를 수행하는 부서(이하 "소관부서"라 한다)의 장은 해당 조례에 대한 별지 제1호서식의 기본자료를 작성하여 전라북도 자치법규 관리 업무를 담당하는 부서(이하 "관리부서"라 한다)의 장에게 제출하여야 한다.

② 관리부서의 장은 제1항의 기본자료를 취합 · 정리하여 도의회에 제출하여야 한다.

제11조(의견청취 및 자료요구 등) ① 위원회는 입법평가를 위하여 필요한 경우 소관부서의 의견을 듣거나 자료를 요청할 수 있다.

② 제1항에 따라 의견 또는 자료 제출을 요청받은 소관부서는 특별한 사정이 없는 한 협조하여야 한다.

제12조(결과의 공표 및 활용 등) ① 의장은 입법평가 결과를 도의회 누리집에 공표할 수 있다.

② 의장은 입법평가 결과를 소관 상임위원회와 소관부서에 통보하여야 한다.

③ 제2항에 따라 통보받은 소관 상임위원회와 소관부서는 그 결과를 적극 반영하도록 노력하여야 한다.

제13조(용역 등 실시) 의장은 효율적인 입법평가를 위하여 필요한 경우 전문가의 의견을 듣거나 입법평가 관련 전문기관이나 단체 등에 용역을 의뢰할 수 있다.

[별표] 입법평가 분석지표 (제4조 관련)

평가항목	세부항목	척도	의견 및 자료
1. 입법의 근거 및 적법성	1) 위임조례인가 자치사무에 관한 조례인가?	□ 위임조례 □ 자치사무에 관한 조례	
	2) 조례에서 규정하고 있는 위임근거가 올바른가?	□ 그렇다 □ 그렇지않다 □ 해당사항 없음	
	3) 조례가 위임범위에서 적절하게 제·개정되었는가?	□ 그렇다 □ 그렇지않다 □ 해당사항 없음	
	4) 조례 제·개정 이후 동일 또는 유사한 법령이나 제도가 만들어졌거나 근거법령이 개정 또는폐지되었는가?	□ 그렇다 □ 그렇지않다 □ 해당사항 없음	
	5) 조례에서 주민의 권리제한, 의무부과, 벌칙 부과, 규제사항에 대한 법률위임이 있는가?	□ 그렇다 □ 그렇지않다 □ 해당사항 없음	
	6) 상위법령에 위배되는 조항이 있는가?	□ 그렇다 □ 그렇지않다 □ 해당사항 없음	

평가항목	세부항목	척도	의견 및 자료
2. 조례의 실효성	1) 조례의 시행과정에서 다른 조례와의 충돌이나 모순이 발생하고 있는가?	□ 그렇다 □ 그렇지않다 □ 해당사항 없음	
	2) 이 조례와 유사 또는 동일한 다른 조례가 제정 및 시행되고 있어 통합할 필요가 있는가?	□ 그렇다 □ 그렇지않다 □ 해당사항 없음	
	3) 조례에 따른 계획이 수립·시행되고 있는가?	□ 그렇다 □ 그렇지않다 □ 해당사항 없음	
	4) 조례에서 집행기관 등에 책무를 부여하고 있는가?	□ 그렇다 □ 그렇지않다 □ 해당사항 없음	
	5) 조례에서 부여한 책무와 관련사업을 집행기관이 잘 이행하고 있는가?	□ 그렇다 □ 그렇지않다 □ 해당사항 없음	
3. 조례 내용의 적정성	1) 조례에 재정지원 관련 규정이 있는가?	□ 그렇다 □ 그렇지않다 □ 해당사항 없음	
	2) 조례 시행에 필요한 예산 확보와 집행이 잘 이루어지고 있는가?	□ 그렇다 □ 그렇지않다 □ 해당사항 없음	
	3) 지원대상이 집행이 가능한 정도로 구체화 되어 있는가?	□ 그렇다 □ 그렇지않다 □ 해당사항 없음	
	4) 조례에 따른 위탁사무가 위탁대상으로 적정한가?	□ 그렇다 □ 그렇지않다 □ 해당사항 없음	
4. 조례의 공평성	1) 조례에서 장애인, 성별 등의 특정계층이나 특정지역을 차별하는 조항이 있는가?	□ 그렇다 □ 그렇지않다 □ 해당사항 없음	
	2) 조례에서 정한 차별이 합리적인가?	□ 그렇다 □ 그렇지않다 □ 해당사항 없음	

평가항목	세부항목	척도	의견 및 자료
5. 주민 의견 수용성	1) 조례 제·개정 시 입법예고는 하였는가?	□ 그렇다 □ 그렇지않다 □ 해당사항 없음	
	2) 조례 제·개정 시 공청회, 세미나 등 이해관계인 및 주민에 대한 의견 수렴 과정이 있었는가?	□ 그렇다 □ 그렇지않다 □ 해당사항 없음	
	3) 조례와 관련한 민원(청원, 진정, 소송 등)이 제기되거나 개정 또는 폐지 요구가 있었는가?	□ 그렇다 □ 그렇지않다 □ 해당사항 없음	
	4) 조례의 체계나 사용 되어진 용어가 주민이 알기 쉽게 되어 있는가?	□ 그렇다 □ 그렇지않다 □ 해당사항 없음	
6. 위원회 운영의 적정성	1) 조례로 위원회를 구성하도록 되어 있는가?	□ 그렇다 □ 그렇지않다 □ 해당사항 없음	
	2) 위원회가 법정위원회인가 조례로 설치하도록 한 위원회인가?	□ 법정위원회 □ 조례로 정한 위원회 □ 해당사항 없음	
	3) 위원회 위원의 성별 구성이 적정한가?	□ 그렇다 □ 그렇지않다 □ 해당사항 없음	
	4) 위원회가 법령이나 조례에서 정한 회의개최 운영 실적이 있고 관련 회의록을 보존하고 있는가?	□ 그렇다 □ 그렇지않다 □ 해당사항 없음	
	5) 위원회를 계속 설치·운영할 필요성이 있는가?	□ 그렇다 □ 그렇지않다 □ 해당사항 없음	
	6) 해당 위원회와 유사한 다른 위원회와의 기능적 통합이 필요한가?	□ 그렇다 □ 그렇지않다 □ 해당사항 없음	

평가항목	세부항목	척도	의견 및 자료
7. 종합 의견	1) 이 조례를 현행대로 유지할 필요가 있는가?	□ 그렇다 □ 그렇지않다	
	2) 이 조례를 개정할 이유가 있는가? (해당사항 모두 표기)	□ 위임근거에 불부합 □ 위임근거 불명확 □ 법령의 위임 없는 규제 정비 필요 □ 다른 조례와의 상충 및 모순 □ 조례 시행의 문제점 발생 □ 조례의 공평성 문제 □알기 쉬운 법령정비 기준에 따른 정비 필요 □ 위원회 관련 규정개정 필요 □ 그 밖의 사유	
	3) 이 조례를 폐지할 사유가 있는가? (해당사항 모두 표기)	□ 다른 유사한 조례와의 통합 운영 필요성 □ 조례 시행 불가능 □ 최근 3년간 조례 관련 유영 실적 전무 □ 기타	
	4) 그 밖의 이 조례와 관련된 의견이 있는가?	□ 있다 □ 없다	

[별지 제1호서식]

<table>
<tr><td>관리번호</td><td rowspan="2">입법평가 기본자료(소관부서 작성)</td></tr>
<tr><td></td></tr>
<tr><td>조 례 명</td><td></td></tr>
<tr><td>조례구분</td><td>□ 위임조례(상위법에서 조례로 위임한 경우) □ 자치조례</td></tr>
<tr><td>관계법령</td><td>* 위임 법령, 시행 관련 조례명 등을 기재</td></tr>
<tr><td>평가기간</td><td>* 20○○. 00. 00. (조례 시행일) ~ 20○○. 00. 00.(입법평가 시행 기준일)</td></tr>
<tr><td>평가의견</td><td>* 입법평가 분석지표 분석 토대, 실효성 높은 조례를 위하여 필요한 사항 서술</td></tr>
<tr><td>첨부자료</td><td>1. 입법평가 분석지표(별표)
2. 관련 법령 등 발췌본(임의서식 제출 가능)
3. 예산 편성 및 집행 내역
4. 그 밖의 참고자료(사업계획서, 위원회 구성 및 운영 현황, 언론보도자료 등 증빙자료)</td></tr>
</table>

<table>
<tr><td rowspan="3">작성자</td><td>실국명</td><td>부서명</td><td>담당명</td><td colspan="2">담당</td><td>행정전화</td></tr>
<tr><td rowspan="2"></td><td rowspan="2"></td><td rowspan="2"></td><td>담 당</td><td>○○○</td><td></td></tr>
<tr><td>담당자</td><td>○○○</td><td></td></tr>
</table>

13. 서울특별시

서울특별시는 아직 입법평가조례를 제정하지 않았기 때문에, 조례 입법평가제도를 도입한 광역 지방자치단체로 분류할 수는 없다. 그러나 서울특별시는 「서울특별시 자치법규의 입법에 관한 조례」에 의하여 자치법규를 작성함에 있어서 필요한 요건을 규정하고 있으며 또한 자치법규 정비를 위한 구체적인 입안기준표를 정하도록 규정하고 있다.

서울특별시 자치법규의 입법에 관한 조례
[시행 2022. 3. 10.] [서울특별시조례 제8342호, 2022. 3. 10., 일부개정]

제4조(입법안 작성) ① 자치법규 입법안을 작성할 때에는 입법안이 다음 각 호의 요건을 갖추도록 유의하여야 한다.

1. 입법의 필요성

가. 새로운 입법조치가 필요한 것으로서 그 내용이 명확히 구체화될 수 있는 것이어야 하며, 그 시행의 효과와 시행에 따른 문제점에 대한 면밀한 분석·검토를 기초로 할 것

나. 입법 내용이 그 적용 대상이 되는 일반 시민의 준수를 기대할 수 있는 강제적 규범으로서의 실효성을 가질 것

2. 입법 내용의 정당성 및 법적합성

가. 헌법의 이념을 구체화하고, 정의와 공평을 실현하는 내용으로서 개인의 지위 존중과 공공복리의 요청이 조화를 이루고, 권한행사의 절차와 방법이 공정하여 부당하게 시민의 자유와 권리를 제한하는 일이 없어야 하며, 국민생활에 급격한 변화를 주지 아니하도록 하는 등 사회질서의 안정성과 예측가능성을 보장할 것

나. 헌법과 상위법령에 모순되거나 저촉되지 아니하도록 하고, 하위법령과 관련하여 위임 근거를 명확히 할 것

3. 입법 내용의 통일성 및 조화성

가. 다른 자치법규와의 조화와 균형이 유지되도록 하고 자치법규 상호 간에 중복되거나 상충되는 내용이 없을 것

나. 입법 내용이 해당 자치법규의 소관 사항에 적합할 것

4. 표현의 명료성 및 평이성

가. 입법 내용의 의미가 확실하게 이해될 수 있고 입법 의도가 오해되지 아니하도록 정확히 표현할 것

나. 적용 대상이 되는 누구에게나 쉽게 이해될 수 있도록 읽기 쉬운 용어를 사용하고, 전체 내용을 쉽게 파악할 수 있도록 조문을 배열할 것

② 입법안 작성 과정에서 고려하여야 할 구체적인 내용은 규칙으로 정한다.

제20조(자치법규 정비) ① 시장은 매년 정기적으로 자치법규 정비계획을 수립하고 다음 각 호의 사항을 점검하여 자치법규를 정비하여야 한다. 다만, 현행 자치법규에서 다음 각 호의 사항에 해당하는 사유가 발생한 경우에는 수시로 정비할 수 있다.

1. 상위법령 제·개정 사항 미반영
2. 상위법령 위반
3. 법령상 위임근거 부존재
4. 자치법규 입안 기준 위반
5. 알기쉬운 법령 정비 기준 위반
6. 그 밖에 시장이 정한 사항

② 시장은 조례를 정비할 때에는 [별표]의 서울특별시 조례정비기준표에 따라 실시하여야 한다.

[별표1] <신설 2021. 3. 25.>

서울특별시 조례정비기준표

정비유형	세부항목	정비판단	정비 의견
1. 상위법령 제·개정 사항 미반영	- 상위법령에서 신설된 내용을 조례가 반영하지 않는 경우 - 상위법령에서 변경된 내용을 조례가 반영하지 않는 경우 - 상위법령에서 폐지되었는데 조례에서 이를 반영하지 않는 경우	□ 그렇다 □ 그렇지 않다 □ 해당사항 없음	
2. 상위법령 위반	- 상위법령에서 허용한 사항을 조례에서 금지하거나 제한하는 경우 - 상위법령에서 불허한 사항을 조례에서 허용한 경우 - 위의 내용 이외의 상위법령에서 규정한 사항과 조화를 이루지 못한 내용을 조례에서 규정하고 있는 경우	□ 그렇다 □ 그렇지 않다 □ 해당사항 없음	
3. 법령상 위임근거 부존재	- 법령상 위임근거 없이 주민의 권리 제한하는 경우 - 법령상 위임근거 없이 의무를 부과한 경우 - 위의 내용 이외의 법령상 위임근거 없는 내용이 존재하는 경우	□ 그렇다 □ 그렇지 않다 □ 해당사항 없음	

4. 자치법규 입안 기준 위반	- 입법목적의 정당성을 위반한 경우 - 조례의 정책적 타당성을 상실한 경우 - 조례가 지역 실정에 맞지 않는 경우 - 조례가 규정한 사항이 실현 불가능한 경우 - 자치사무의 부분을 제대로 반영하지 않는 경우 - 지방자치단체의 사무가 아닌 사항을 규정한 경우 - 조례제정이 필요한 사항임에도 불구하고 미제정된 경우 - 사업종료/재단해산, 특별회계폐지/위원회 미구성 등 적용대상이 없는 경우 - 제정 후 장기간 도과되어 현실에 맞지 않는 경우 - 제정 후 유효기간이 만료되어 적용대상이 없는 경우 - 수년간 조례 운영 실적이 전무한 경우	□ 그렇다 □ 그렇지 않다 □ 해당사항 없음	
5. 알기쉬운 법령정비 기준 위반	- 어려운 한자어나 일본식 한자어를 사용한 경우 - 번역 투 문장을 사용한 경우 - 띄어쓰기를 제대로 하지 않는 경우 - 조(條) 및 항(項) 등 체계가 통일되어 있지 않는 경우 - 주어와 목적어가 분명히 밝히지 않았거나 명확하지 않는 경우 - 의미의 혼선을 가져오는 수식어 또는 다의적 해석이 가능한 경우 - 사용하는 용어는 일관성이 없는 경우 - 상위법령에서 사용하는 용어와 모순되는 용어를 사용한 경우	□ 그렇다 □ 그렇지 않다 □ 해당사항 없음	
6. 그 밖의 위반	- 단순 인용조문 오류/장관명칭 미변경/기관명칭 미변경 등 - 절차적 정당성을 위반한 경우 - 집행기관과 의결기관간 견제와 균형의 원리 등 위반한 경우 - 조례의 시행과정에서 다른 조례와 충돌이나 모순되는 경우 - 다른 유사 조례와의 통합 내지 분리가 필요가 경우	□ 그렇다 □ 그렇지 않다 □ 해당사항 없음	

그리고 서울특별시 규칙으로 만들어진 「서울특별시 법제사무 처리규칙」의 별표에는 '서울특별시 자치법규 입안점검표'를 규정하고 있다. 그리고 조례 제정 1년 후에는 조례에 대한 사후평가를 실시하도록 하고 있다. 즉, 서울시에는 조례입법평가에 관한 조례는 제정되어 있지 않지만, 서울시의 자치법규에 대한 사전 및 사후 입안점검표를 작성함을 통하여 일종의 입법평가를 수행하고 있다고 할 수 있다.

서울특별시 법제사무 처리 규칙
[시행 2022. 8. 19.] [서울특별시규칙 제4501호, 2022. 8. 18., 타법개정]

제1조(목적) 이 규칙은 「서울특별시 자치법규의 입법에 관한 조례」에서 위임된 사항, 그 시행에 필요한 사항과 중요문서의 심사에 관한 사항 등을 규정함으로써 자치법규 입법과 그 밖의 법제사무를 효율적으로 수행하는 데 그 목적이 있다.

제3조(사전점검) ① 자치법규를 입법하려는 주관부서의 장은 별표에 따라 "서울특별시 자치법규 입안점검표"(이하 "입안점검표"라 한다)를 작성하여야 한다.
② 상위법령의 개정에 따른 인용조문 정비 등 개정내용이 단순한 경우에는 입안점검표 중 해당되는 점검항목만을 선별하여 작성할 수 있다.

제6조(입법안 작성) ① 주관부서의 장은 제4조의 사전협의 및 제5조의 입법예고를 실시한 결과 수렴된 의견을 고려하여 입법안을 작성하여야 한다.
② 제1항의 입법안에는 다음 각 호의 사항이 포함되어야 한다.
1. 입법이유
2. 주요내용
3. 관계법령(해당 조문까지 정확히 기재)
4. 예산조치
5. 제4조에 따른 사전협의 결과
6. 입법내용
7. 신 · 구조문 대비표(일부개정의 경우에 한정한다)
8. 입법예고결과 요약 내용
9. 그 밖에 심사에 필요한 자료

제7조(법제심사) ① 주관부서의 장은 제6조에 따라 작성한 입법안에 다음 각 호의 자료를 첨부하여 법무담당관의 법제심사를 받아야 한다.

1. 제3조에 따른 입안점검표
2. 제4조에 따른 사전협의 결과
3. 중앙행정기관의 입법지침, 지시공문 또는 표준안 등이 있는 경우에는 그 자료
4. 그 밖에 심사에 필요한 자료

② 주관부서의 장은 심의회 개최일 20일 전까지 법제심사를 의뢰하여야 한다. 다만, 긴급한 입법안인 경우에는 그러하지 아니하다.

제8조(심사방법) ① 법무담당관은 제7조제1항에 따라 주관부서에서 제출한 자료를 토대로 입법안의 필요성, 적법성, 타당성, 실효성, 체계적합성 등 적정 여부를 심사한다.

② 법무담당관은 제1항의 심사를 위하여 필요한 경우 주관부서의 장에게 필요한 설명이나 자료의 제출을 요청할 수 있다.

③ 법무담당관은 심사 결과 다음 각 호의 사유가 있는 때에는 입법안을 되돌려 보내거나 보완 등 필요한 조치를 요청할 수 있다.

1. 입법안의 내용이 법령에 명백히 저촉되는 경우
2. 제4조에 따른 사전협의를 거치지 아니한 경우
3. 법무담당관과의 협의 없이 입법예고를 생략하거나 입법예고 기간을 20일 미만으로 단축한 경우
4. 자치법규에서 규정할 수 있는 범위를 벗어났다고 판단되는 경우
5. 그 밖에 입법 사유가 분명하지 아니하거나 입법의 필요성이 없다고 인정되는 경우

④ 법무담당관은 입법안의 심사를 완료한 때에는 주관부서에 그 결과를 통보하여야 한다.

⑤ 법무담당관은 주관부서의 장이 제3항에 따른 보완요청을 수용하지 아니하는 때에는 별지 제3호서식의 심사의견서를 작성하여야 한다.

[별표] 서울특별시 자치법규 입안점검표(제3조 관련)

구분	점검항목			해당 여부	비고
Ⅰ. 입법의 필요성	1. 상위법령과의 관계에 따라 입법이 필요한 경우				
		가. 상위법령이 자치법규로 정하도록 위임하고 있는 경우			
			1) 관련된 자치법규가 아직 없는 경우	□	ㅇ 자치법규 '제정' 필요 ㅇ 아래 Ⅱ. 이하 검토

구분	점검항목			해당 여부	비고
			2) 관련된 자치법규가 이미 있는 경우 (일부 조항 신설이 문제되는 경우도 포함)	□	ㅇ 자치법규 '개정' 필요 ㅇ 아래 II. 이하 검토
		나. 상위법령의 개정에 따라 자치법규 정비가 필요한 경우		□	ㅇ 자치법규 '개정' 필요 ㅇ 아래 II. 이하 검토
		다. 상위법령에서 정한 내용 단순히 확인·재기재하는 경우		□	ㅇ 별도 자치법규 마련은 바람직하지 않음
	2. 정책시행을 위하여 입법이 필요한 경우				
		가. 정책의 안정성과 예측가능성을 높이기 위하여 필요한 경우			
			1) 관련된 자치법규가 아직 없는 경우	□	ㅇ 자치법규 '제정' 필요 ㅇ 아래 II. 이하 검토
			2) 관련된 자치법규가 이미 있는 경우	□	ㅇ 자치법규 '개정' 필요 ㅇ 아래 II. 이하 검토
		나. 주민의 복리에 관한 사항으로서 행정지도 또는 예산조치만으로 시행 가능한 경우		□	ㅇ 입법 불필요
II. 조례제정권의 범위	1. 법령의 규정 있는 경우				
		가. 법령에서 '조례'로 정하도록 한 경우		□	ㅇ '조례' 제·개정 검토
		나. 법령에서 '규칙'으로 정하도록 한 경우		□	ㅇ '규칙' 제·개정 검토
	2. 사무의 성질상 규율이 가능한지 여부				
		가. 개별법령에서 '장관'의 권한으로 규정하고 '지방자치단체장'에게 위임한 경우		□	ㅇ 규칙으로 규율 가능(특별한 규정 없는 이상 조례로 규율 불가)
		나. 개별법령에서 '지방자치단체장'의 권한으로 규정한 경우		□	ㅇ 규칙으로 규율 가능(특별한 규정 없는 이상 조례로 규율 불가)
		다. 개별법에서 '지방자치단체'의 사무로 정한 경우		□	ㅇ '조례' 제·개정 검토
		라. 「지방자치법」 제9조에 따른 사무의 경우		□	ㅇ '조례' 제·개정 검토
		마. 지방자치법 제11조에 따른 사무의 경우		□	ㅇ 법령상 별도 위임 없으면 자치법규로 규율 불가

구분	점검항목	해당 여부	비고
	3. 구청장의 의무 규정		
	가. 상위법령에서 시·도의 조례 또는 규칙으로 위임하지 않은 경우	□	ㅇ 광역지방자치단체의 자치법규로 규율 불가
	나. 상위법령에서 시·도의 조례 또는 규칙으로 위임한 경우	□	ㅇ 광역지방자치단체의 자치법규로 규율 가능
	4. 교육감의 관할에 속하는 사항	□	
	교육감의 관할에 속하는 사항의 경우		ㅇ 지방자치단체장은 규칙 제정 불가능 ㅇ 조례로 지자체장이 교육감의 고유업무까지 관장하도록 하는 경우 교육감의 고유권한을 침해하는 것이어서 위법
Ⅲ. 헌법이념과의 관계	1. 입법내용의 정당성 및 법적합성 (정의, 형평 구현 여부)		
	가. 공익과 개인의 기본적 인권이 조화를 이루는지 여부	□	
	나. 적정하고 공평한 공권력의 행사를 보장하는지 여부	□	
	다. 법적 안정성과 예측가능성을 보장하는지 여부	□	
	2. 헌법상 기본원리에 부합하는지 여부		
	가. 국민주권원리 모든 권력의 정당성의 근거는 국민으로부터 나옴	□	
	나. 법치국가원리 국민의 자유·권리의 제한과 의무의 부담은 법률에 의해야 하고, 국가작용은 법률에 따라 행하여져야 함	□	
	다. 민주주의원리 국민에 의한 지배가 이루어짐과 동시에 개인의 자유와 창의를 존중하여야 함	□	
	라. 복지국가원리 모든 국민이 생활의 기본적인 수요가 충족되어 건강하고 문화적인 생활을 영위할 수 있어야 함	□	
	마. 문화국가원리 국가는 문화활동의 자유를 보장하고 국민에게 문화를 공급해야 함	□	

구분	점검항목	해당 여부	비고
	3. 헌법상 일반원칙에 부합하는지 여부		
	가. 비례원칙 기본권을 제한하기 위하여는 ① 목적의 정당성 ② 방법의 적정성 ③ 피해의 최소성 ④ 법익의 균형성 요건을 모두 충족해야 함	□	
	나. 평등원칙 같은 경우에는 같은 취급을, 다른 경우에는 다른 취급을 하여야 함	□	
	다. 신뢰보호원칙 침해적 성격의 소급입법은 원칙적으로 금지됨	□	
	라. 적법절차원칙 모든 국가작용은 정당한 법률에 근거하여 정당한 절차에 따라 행하여져야 함	□	
	마. 최소보장의 원칙 사회적 기본권은 최소한의 수준을 요구하는 것이므로 최소보장이 원칙임	□	
	바. 명확성원칙 규범은 적용받는 사람과 적용하는 사람이 정확한 의미를 알 수 있도록 명확하게 규정되어야 함	□	
	사. 포괄위임금지 원칙 위임받은 사항을 다시 하위규범에 위임할 경우에는 일반적·포괄적으로 위임할 수 없고 규정될 내용 및 범위의 대강은 규정하고 위임하여야 함	□	
	아. 중요사항유보 원칙 공동체와 구성원에게 기본적이고 중요한 의미를 갖는 영역은 국민의 대표자인 입법자 스스로가 결정하여야 함	□	

구분	점검항목	해당 여부	비고
	4. 헌법의 기본제도 또는 개별 기본권 규정에 저촉되는지 여부		
	가. 지방자치제도 자치행정의 민주성과 능률성을 높이기 위하여 지방자치단체는 자치입법권·자치행정권·자치재정권을 가지며, 국가의 관여와 감독은 지방자치제도의 본질을 침해하지 않는 범위에서 이루어져야 함	□	
	나. 사생활의 비밀과 자유 국민은 사생활의 자유로운 형성을 방해받지 않고, 사생활의 내용이 공개되지 않으며 자신의 정보를 스스로 통제할 권리를 가짐	□	
	다. 양심의 자유 공권력이 개인의 윤리적 판단에 개입하거나 개인의 윤리적 판단을 외부에 표시하도록 강제할 수 없음	□	
	라. 종교의 자유 공권력이 개인의 신앙에 간섭하여서는 아니 되며 정교분리원칙을 준수하여야 함	□	
	마. 언론·출판의 자유 언론·출판에 대한 허가나 검열은 헌법으로 금지됨	□	
	바. 집회·결사의 자유 집회·결사에 대한 허가는 헌법으로 금지됨	□	
	사. 학문과 예술의 자유 학문적 활동이나 예술 활동은 공권력의 간섭이나 방해를 받지 않아야 함	□	
	아. 재산권 경제적 가치가 있는 공법상·사법상 권리는 자유롭게 사용·수익·처분할 수 있으며, 공공의 필요에 따른 수용, 사용, 제한은 헌법이 규정한 요건을 갖춘 경우에만 예외적으로 허용됨	□	

구분	점검항목	해당 여부	비고
IV. 법률적 합성 여부	1. 주민의 권리제한·의무부과에 관한 사항이나 벌칙을 정하는 내용인지 (법률유보 원칙)		
	가. 해당사항 없음	☐	
	나. 해당사항 있음		
	1) 상위법령 위임 없는 경우	☐	ㅇ 해당사항 입법 가능
	2) 상위법령 위임 있는 경우	☐	
	가) 위임의 범위 안에 있는 사항의 경우	☐	ㅇ 해당사항 입법 가능
	나) 위임의 범위 밖에 있는 사항의 경우	☐	ㅇ 해당사항 입법 불가
	2. 감독청 등의 승인(협의)를 요하는 경우		
	가. 해당사항 없음	☐	
	나. 해당사항 있음		
	1) 감독청 등의 승인(협의) 얻은 경우	☐	ㅇ 자치법규 입법 가능
	2) 감독청 등의 승인(협의) 얻지 못한 경우	☐	ㅇ 자치법규를 제·개정해도 효력이 발생하지 않을 수 있으므로 사전 승인(협의)절차를 반드시 이행해야 함
V.집행기관의 권한 제약 규정의 적법 여부	1. 집행기관의 권한이 법령에 의하여 부여된 경우		
	가. 권한 제약에 대한 위임이 법령에 있는 경우	☐	ㅇ 자치법규 입법 가능
	나. 권한 제약에 대한 위임이 법령에 없는 경우	☐	ㅇ 지방자치법 위배 소지
	2. 집행기관의 권한이 조례에 의해 부여된 경우		
	가. 인사권, 조직권 등 집행기관의 고유권한에 대한 제약 규정의 경우		
	1) 사전적, 적극적으로 개입하는 경우	☐	ㅇ 지방자치법 위배 소지
	2) 사후적, 소극적으로 개입하는 경우		
	가) 지방의회 자격으로 개입하는 경우	☐	ㅇ 자치법규 입법 가능
	나) 의장이나 의원 개인 자격으로 개입하는 경우	☐	ㅇ 지방자치법 위배 소지

구분	점검항목	해당 여부	비고
VI. 내부 및 유관기관 사전협의 검토	1. 우리시 내부 협의 관련 검토 사항		
	가. 신설·변경되는 재정부담이 과다한지 여부	□	ㅇ 모든 자치법규안은 입법계획 수립 전 예산담당관 사전 협의를 거쳐야 함 ㅇ 예산이 수반되는 조례안은 「서울특별시 의안의 비용추계에 관한 조례」에 따른 '비용추계서'를 작성하여야 함
	나. 규제여부		ㅇ 모든 자치법규안은 입법계획 수립 전 법무담당관 사전 협의를 거쳐야 함
	1) 신설 또는 강화된 규제가 반드시 필요한지 여부	□	
	2) 포괄적 개념으로 변경가능 여부 - 가능한 것만 나열 방식에서 금지사항을 열거로 변경가능한지 - 한정된 정의에서 포괄적 개념으로 변경가능한지	□	ㅇ 제·개정안 변경 검토 필요
	다. 부패 또는 갈등을 조장할 소지가 없는지 여부	□	ㅇ 모든 자치법규안은 입법계획 수립 후 부패영향평가, 갈등진단을 받아야 함
	라. 정책의 수립과 시행이 양성에게 평등하게 이루어지는지 여부	□	ㅇ 모든 자치법규안은 입법계획 수립 후 성별영향분석평가를 받아야 함
	마. 위원회 구성이 적법하고 적정하게 이루어지는지 여부	□	ㅇ 관련 자치법규안은 민관협력담당관 사전 협의를 거쳐야 함
	바. 기타 유관부서 있는지 여부	□	ㅇ 유관부서 있는 경우 입법계획 수립 전 사전협의 거쳐야 함

구분	점검항목	해당 여부	비고
	2. 자치구 관련 검토		
	가. 관련 상위법령상 근거 유무	□	○ 위 II.3.나.와 같이 상위법령에 근거 있어야 입법 가능
	나. 기타 자치구 부담 관련 협의 여부		○ 자치구에 재정·조직 등 행정적 부담이 가해지는 경우 사전협의 필요
	1) 자치구로 사무를 위임할 경우, 위임의 필요성 및 위임사무의 권한과 책임의 적정성 여부	□	
	2) 자치구에 재정적 부담이 발생할 경우 적정성 검토 및 사전협의 여부	□	
	3) 자치구에 조직적·인적 부담이 발생할 경우 적정성 검토 및 사전협의 여부	□	
	3. 중앙부처 관련 검토		
	가. 관련 상위법령 검토	□	○ 위 IV.2.다. 와 같이 법령에 '승인'관련 규정 있는지 검토 필 ○ 법령상 협의의무 있는지 검토 필 ○ 상위법령 위배여부 의문 있는 경우 내부·외부 법률자문 필요성 검토
	나. 기타 협의 필요성 검토		
VII. 시민 의견수렴 방안	1. 공청회 등 추가 의견수렴 필요성 검토 여부	□	○ 법정절차인 입법예고 이외에도 별도 의견수렴 필요한지 여부 검토
VIII. 법적 안정성	1. 종전에 진행되던 절차 등에 영향 끼칠 우려 있는 경우	□	○ 경과규정 필요
	2. 제도 변경으로 시민들에게 혼란 끼칠 우려 있을 경우	□	○ 경과규정 필요
	3. 종전에 진행되던 절차에 영향을 끼치거나 제도 변경으로 시민들에게 혼란 끼칠 우려가 없을 경우	□	○ 경과규정 불필요

구분	점검항목	해당 여부	비고
IX. 체계적 합성 및 평이성	1. 체계적합성 준수 여부		
	가. 상위법령 또는 일반적인 법령 체계상 규정 순서를 따르고 있는지	☐	
	나. 사용하는 용어는 일관성이 있는지	☐	
	다. 상위법령에서 사용하는 용어와 모순점은 없는지	☐	
	라. 관계 법령이나 다른 조례의 명칭 및 조문을 정확하게 인용하고 있는지	☐	
	2. '알기 쉬운 법령 정비 기준' 부합 여부		
	가. 어려운 한자어나 일본식 한자어를 사용하는 것이 아닌지	☐	
	나. 번역 투 문장을 사용하는 것이 아닌지	☐	
	다. 띄어쓰기는 정확하게 사용하고 있는지	☐	
	라. 조(條) 및 항(項)은 한 가지 주제로만 구성하고 있는지	☐	
	마. 주어와 목적어가 분명히 밝혀져 있으며 양자의 관계가 명확히 나타나 있는지	☐	
	바. 의미의 혼선을 가져오는 수식어 또는 다의적 표현이 없는지	☐	

서울시는 이미 2000년에 '자치법규입안실무집'과 85개 항목의 '자치법규정비 관련 체크리스트'를 마련하여 실질적인 조례안 심사기준을 만들어 활용하고 있었다.[9] 이후 서울시의 '자치법규 입법심사기준표'는 2002년 5월 20일에 공포된 「서울특별시 자치법규 입법 및 운영에 관한 조례」 별표에 수록되면서, 지방자치단체 중에서 우리나라에서 최초로 도입하였다는 의의를 지니고 있으며, "입법의 필요성에서부터 조례 제정 후 1년이 되는 시점에서 조례제정 목표가 달성되었는가를 점검하는 사후관리 시스템까지 갖추게 된" 의미를 지니고 있다.[10]

---

9) 전기성, 입법심사기준표의 제정과 발전을 위한 연구, 입법학연구, 제2권, 한국입법학회, 2002, 83쪽.
10) 전기성/오준근/이발래, 자치법규 입법심사 기준표 해설집, 서울시정개발연구원, 2002, 발간사.

> 서울시는 자치입법을 하기 위해서는 111개 항에 달하는 심사기준항목에 따라 꼼꼼히 점검하는 '입법심사기준표' 제도를 2002. 5. 20. 법규로 공포하였다. 헌정사상 54년만의 일이다. 이 제도가 서울시를 출발점으로 하여 다른 지방자치단체와 중앙정부, 그리고 국회로 파급되어 입법개혁에 기여하기를 기대한다. 처음으로 시도한 만큼 부족한 점이 많을 것이지만 지금의 시점에서 입법개혁은 선택과제가 아닌 필수과제이기 때문에 우선 도입하여 적용하면서 발전시켜야 한다고 본다.
>
> - 진기성/오준근/이발래, 『자치법규 입법심사 기준표 해설집』, 서울시정개발연

이후 2007년에 이 조례는 「서울특별시 자치법규의 입법에 관한 조례」로 제목을 변경하여 현재까지 시행되고 있는데, 자치법규 입법안을 작성할 때에는 동 조례 제4조(입법안 작성)에 규정된 4가지 요건에 유의하고 구체적인 내용은 「서울특별시 법제사무 처리규칙」의 별표(서울특별시 자치법규 입안점검표)에서 규정하고 있는 것이다.

서울시의 이러한 입안심사기준표는 자체적으로도 자치법규 입법안의 작성기준이 되어 입법평가와 유사한 기능을 수행하고 있는 것으로 평가[11]되고 있으며, 입법평가라는 용어를 사용하고 있지는 않지만 의미있는 방법론으로 평가[12]받기도 한다. 또한 서울시에서는 「서울특별시 자치법규의 입법에 관한 조례」에 규정된 별도의 입안심사 기준표에 따라서 조례안을 심사하고 있으므로, 실질적으로 조례입법평가를 실시하고 있는 것으로 볼 수 있다는 평가도 있다.[13] 즉, 서울특별시의 입안심사기준표는 경기도나 제주특별자치도 등이 실시하고 있는 제도화된 입법평가라고는 할 수 없지만, 2002년에 이미 상당한 수준의 입법심사기준을 조례로 만들어 시행하고 있다는 점에서 조례에 대한 입법평가제도의 효시라고 할 수 있을 것이다.[14]

그러나 서울특별시의 입법심사기준은 너무 방대하고 평가척도가 제시되고 있지 않아서, 자의적인 평가에 그치게 될 우려가 있다[15]거나, 입안심사기준표는 나온 사항들에 대한 구체적인 서술이 아닌 체크리스트로서 해당 사항에 대한 가부 여부만을 묻고 있다. 따라서 기준표 이외에 종합평가서의 작성이 필요하다[16]는 지적을 받기도 한다. 그리고, 내용 면에서는 중복되는 기준을 정비하고 정기적으로 심사기준을 수정·보완하여 입법심사기준표의 활용도를 제고할 필요가 있다. 그리고 형식 면에서는 입법평가제도를

11) 박노수, 지방의회 자치입법 역량강화를 위한 법적 검토, 서울특별시 의회 입법평가제도에 대한 분석을 중심으로, 지방자치법연구, 제18권 제3호, 2018, 128쪽.
12) 강현철, 지방의회 자치입법권 확립을 위한 조례입법평가에 관한 연구, 유럽헌법연구 제36호, 2021, 474쪽.
13) 김수연, 조례 입법평가의 현황과 과제, 국가법연구, 제12권 1호, 2016, 8쪽.
14) 최유, 조례입법평가 지원 연구 Ⅰ - 서울특별시 조례에 대한 입법평가, 한국법제연구원, 2015, 41쪽.
15) 차현숙/최혜선, 지방의회 조례 입법평가 도입을 위한 표준조례안 연구, 한국법제연구원, 2013, 111쪽.
16) 최유, 조례 입법평가 지원 연구 Ⅰ - 서울특별시 조례에 대한 입법평가, 한국법제연구원, 2015, 42쪽.

도입하여 시행하고 있는 다른 광역 지방자치단체와 같이 별도의 입법평가조례를 제정하고 입법평가지표를 만들어 입법평가를 시행하는 것이 바람직하다고 본다.[17)]

14. 인천광역시

인천광역시도 아직 입법평가조례를 제정하지 않았기 때문에, 조례 입법평가제도를 도입한 광역 지방자치단체로 분류할 수는 없다. 그러나 인천광역시에도 서울특별시처럼 「인천광역시 자치법규의 입법에 관한 조례」에 의하여 자치법규를 작성함에 있어서 필요한 요건을 규정하고 있다. 또한 자치법규 입안을 위한 구체적인 입안점검표를 규정하고 있다.

인천광역시 자치법규 입법에 관한 조례
[시행 2023. 6. 8.] [인천광역시조례 제7033호, 2023. 6. 8., 전부개정]

제4조(자치법규안 작성) ① 자치법규안을 작성할 때에는 자치법규안이 다음 각 호의 요건을 갖춰야 한다.
1. 입법의 필요성
가. 상위법령에서 위임된 사항이 있거나 정책실현을 위해 자치법규가 필요할 것
나. 상위법령 또는 정책과 관련된 자치법규가 없을 것
다. 입안해야 할 자치법규가 소관 사무에 해당할 것
2. 입법 내용의 정당성 및 법적합성
가. 자치법규안과 관계된 상위법령이 있으면 상위법령과 중복되거나 상충되는 내용이 없을 것
나. 자치법규안의 내용이 주민의 권리의무와 관련되는 경우에는 법령의 위임이 있거나 위임범위 안에 있을 것
3. 부칙의 적절성
가. 자치법규의 시행을 유예할 필요가 있거나 기존 제도를 변경하는 조문이 있는 경우, 또는 새로 신설되는 제도가 있는 경우에는 적절한 적용례 · 특례 및 경과조치를 둘 것
나. 다른 자치법규를 함께 정비할 필요가 있을 경우에는 다른 조례 또는 규칙의 개정에 관한 사항을 둘 것
4. 법령의 체제와 문장 작성원칙 준수
가. 상위법령 또는 일반적인 체계상의 규정순서를 따를 것
나. 용어는 일관성 있게 서로 모순되는 점이 없도록 하고, 어려운 용어, 차별적 용어, 외래어 또는 일본식 표현이나 축약을 사용하지 않을 것

17) 차현숙, 조례 입법평가 지원 연구 Ⅰ －전문가 설문조사를 통한 「조례 입법평가 모범조례(안)」 연구, 한국법제연구원, 2015, 26쪽.

다. 누구나 그 내용을 쉽고 명확하게 이해할 수 있도록 알기 쉽게 작성할 것

제15조(자치법규 정비) 시장은 정기적으로 자치법규 정비계획을 수립하고, 다음 각 호의 사항을 점검하여 자치법규를 정비하여야 한다.

1. 자치법규의 제정 또는 개정 후 오랜 기간 동안 수정 · 보완되지 않아 현실에 맞게 정비할 필요가 있는 경우
2. 상위법령의 제정 · 개정 및 폐지에 따라 정비할 필요가 있는 경우
3. 시민에게 지나친 부담을 주거나 불합리한 절차 등으로 시민에게 불편을 주는 경우
4. 행정여건의 변화에 대응하고, 정책을 효율적으로 수행하기 위하여 자치법규의 정비가 필요한 경우

그리고 인천광역시 규칙으로 만들어진 「인천광역시 법제사무 처리규칙」의 별표에는 '인천광역시 자치법규 입안점검표'를 규정하고 있다. 즉, 인천시에도 서울시 처럼 조례입법평가에 관한 조례는 제정되어 있지 않지만, 인천시의 자치법규에 대한 입안점검표를 작성함을 통하여 일종의 사전 입법평가를 수행하고 있다고 할 수 있다.

인천광역시 법제사무 처리 규칙
[시행 2023. 2. 6.] [인천광역시규칙 제3287호, 2023. 2. 3., 일부개정]

제1조(목적) 이 규칙은 자치법규 및 행정규칙의 입안 절차와 주민의 규칙 제정 · 개정 · 폐지에 대한 의견제출 절차 등에 필요한 사항을 규정함으로써 법제사무를 효율적으로 수행함을 목적으로 한다.

제4조(입법계획 수립) ① 자치법규의 입법을 추진하는 소관부서의 장은 입법안을 만들기 전에 입법의 필요성, 내용 요지, 추진 일정, 입법으로 얻어지는 효과 및 문제점 등을 포함한 자치법규의 제정 · 개정 · 폐지 계획(이하 "입법계획"이라 한다)을 수립하여야 한다.

② 소관부서의 장이 입법계획을 수립할 때에는 입법안의 내용을 감독부서 및 관계부서의 장과 협의하여야 한다.

③ 소관부서의 장이 입법안을 작성하는 때에는 별표 1의 자치법규 입안점검표에 따라 입안하여야 한다.

④ 소관부서의 장이 입법안을 마련한 때에는 별표 2의 자치법규 입안 절차를 지켜야 한다.

제7조(입법안 심사) 소관부서의 장은 제5조의 협의 및 제6조의 입법예고를 통해 수렴된 의견 등을 고려하여 다음 각 호의 서류를 붙여 법무담당관의 법제심사를 받아야 한다.

1. 별지 제2호서식의 제안문

2. 별지 제3호서식의 입법안
3. 별표 1의 자치법규 입안점검표(의견이 있는 경우 협의결과 요약서를 포함한다)

제8조(법제심사) ① 법무담당관은 입법안을 법제심사하는 경우, 해당 입법안의 내용 및 형식이 별표 1의 자치법규 입안점검표에 따라 적정하게 작성되었는지 여부를 심사하여야 한다.
② 법무담당관은 법제심사를 마친 때에는 그 결과를 별지 제4호서식의 법제심사 결과통보서를 붙여 소관부서의 장에게 통보하여야 한다.
③ 법무담당관은 제1항에 따라 심사한 결과 입법안의 수정이 필요한 경우 소관부서의 장에게 입법안의 수정을 요구할 수 있다.
④ 제3항에 따른 수정요구를 소관부서의 장이 수용하지 않을 경우 법무담당관은 그 내용을 심의회에 보고할 수 있다.

[별표] 자치법규 입안점검표(제4조 제3항 및 제7조 관련)

1. 입안시 유의사항

구 분	점검항목	검토사항	비고
1. 입법의 필요성	가. 상위법령의 위임이나 사무의 성격에 적합한 자치법규(조례, 규칙) 입법형식을 선택하였는지?	예□ 아니오□	
	나. 자치법규 입법방식(제정, 전부개정, 일부개정, 폐지)을 적절히 선택하였는지?	예□ 아니오□	
	다. 자치법규 시행의 효과와 시행에 따른 문제점에 대하여 면밀히 분석 · 검토하였는지?	예□ 아니오□	
	라. 자치법규의 시행에 필요한 다른 자치법규 및 행정규칙 등이 해당 입법안의 입안 시 함께 검토되었는지?	예□ 아니오□	
2. 입법내용의 정당성 및 법적합성	가. 상위법령의 근거 규정과 내용을 정확히 인용하고 있는지?	예□ 아니오□	
	나. 상위법령과 중복되거나 상충되는 내용이 없는지?	예□ 아니오□	
	다. 상위법령의 근거 없이 권리 제한, 의무 부과, 벌칙을 정하거나 새로운 규제를 정하고 있지는 않은지?	예□ 아니오□	
	라. 평등원칙, 비례원칙 등 「행정기본법」 제2장 행정의 법원칙에 반하는 내용은 없는지?	예□ 아니오□	

구 분	점검항목	검토사항	비고
3. 입법내용의통일성 및 조화성	가. 다른 자치법규와 조화를 이루고 자치법규 상호간에 중복되거나 상충되는 내용이 없는지?	예□ 아니오□	
	나. 입법내용이 해당 자치법규의 소관사항에 적합한 것인지?	예□ 아니오□	
4. 표현의 명료성 및 평이성	가. 입법내용의 의미가 명확하게 이해되고 입법의도가 정확히 표현되었는지?	예□ 아니오□	
	나. 시민이 그 내용을 쉽고 명확하게 이해할 수 있도록 알기 쉽게 만들어 졌는지?	예□ 아니오□	

2. 감독부서 및 관계부서 협의사항

구 분	관계부서 (기관)	협의결과	비고
가. 「인천광역시 의안의 비용추계에 관한 조례」에 따른 비용추계 및 재원조달방안 등 적정 여부	예산담당관	해당없음 □ 의견있음 □ 의견없음 □	
나. 「인천광역시 각종 위원회의 설립·운영에 관한 조례」에 따른 위원회 설치 등 적정 여부	자치행정과	해당없음 □ 의견있음 □ 의견없음 □	
다. 조직과 관련한 자치법규의 경우 관계 부서 협의	정책기획관	해당없음 □ 의견있음 □ 의견없음 □	
라. 직속기관·3급이상 사업소의 장이 직접 제출하는 자치법규의 경우 감독부서의 장과 사전 협의를 거쳤는지 여부	감독부서	해당없음 □ 의견있음 □ 의견없음 □	
마. 법령이나 다른 규정에 따른 중앙행정기관의 인가·승인·협의 등	중앙행정기관	해당없음 □ 완료했음 □	
바. 다른 실·국의 소관사무를 포함한 입법안인 경우 해당 실·국과의 협의	관계부서	해당없음 □ 의견있음 □ 의견없음 □	
사. 군·구에 재정·조직 등 행정적·재정적 부담이 있는 경우 해당 군·구와의 협의	군·구	해당없음 □ 의견있음 □ 의견없음 □	
아. 시민사회와의 협치 및 갈등예방을 위한 의견수렴 등 관계기관 협의	관계기관	해당없음 □ 의견있음 □ 의견없음 □	
자. 그 밖에 관계부서 협의사항이 있는 경우 해당 관계부서 협의	관계부서	해당없음 □ 의견있음 □ 의견없음 □	

※ 의견이 있는 경우 협의 결과 요약서를 첨부

3. 관계부서 심사 · 평가 사항

구 분	관계부서	협의결과	비고
가. 「행정규제기본법」에 따른 규제심사	시정혁신담당관	해당없음 ☐	
		의견있음 ☐ 의견없음 ☐	
나. 「부패방지 및 국민권익위원회의 설치와 운영에 관한 법률 시행령」에 따른 부패영향평가	감사관	해당없음 ☐	
		의견있음 ☐ 의견없음 ☐	
다. 「성별영향평가법」에 따른 성별영향평가	여성정책과	해당없음 ☐	
		의견있음 ☐ 의견없음 ☐	
라. 「인천광역시 물가대책위원회 설치 및 운영 조례」에 따른 물가대책위원회 심의	경제정책과	해당없음 ☐	
		의견있음 ☐ 의견없음 ☐	

※ 의견이 있는 경우 협의 결과 요약서를 첨부

협의 결과 요약서 (의견 있는 경우만 작성)

○ 감독부서 · 관계부서 협의 결과

협 의 기 관	협의 내용 및 제출 의견	조 치 내 용
◇◇◇	○ ○	○ 반영 - (반영내용 및 사유) ○ 미반영 - (미반영내용 및 사유)

CHAPTER

04

기초 지방자치단체의 입법평가 조례

앞에서 살펴본 바와 같이 17개 광역 지방자치단체의 경우에는 입법평가제도를 도입한 광역 지방자치단체의 수가 전체의 절반을 넘었을 정도로 입법평가제도를 도입하는 추세에 있다. 전국 226개 기초 지방자치단체의 경우에도 입법평가제도를 도입한 기초 지방자치단체의 수는 아직 절반이 되지 않지만, 입법평가제도를 도입하고 있는 확산세가 강하다고 할 수 있다. 몇 년 전 까지만 하더라도 입법평가제도를 도입한 기초 지방자치단체가 손에 꼽을 정도였는데, 이제는 그 수를 헤아리기 어려울 정도로 늘어났고, 아직 도입하지 않은 기초 지방자치단체는 입법평가제도의 도입을 순비 숭인 곳이 많다. 법제처 국가법령정보센터에 나오는 순서를 기준으로 하여, 조례 등 자치입법에 대한 입법평가제도를 도입한 기초지방자치단체를 살펴보기로 한다.

1. 광주광역시 광산구

광주광역시 광산구 조례 사후 입법 평가 조례
[시행 2021. 2. 15.] [광주광역시광산구조례 제1582호, 2021. 2. 15., 제정]

제1조(목적) 이 조례는 광주광역시 광산구 조례의 입법 목적과 목표가 실현되고 있는지를 분석·평가하여 개선하도록 하는 사후 입법평가에 관한 기본적인 사항을 정하여 정책 실현 도구로써 조례의 실효성을 높여 주민의 삶의 질이 향상되도록 함을 목적으로 한다.

제2조(정의) 이 조례에서 "사후 입법평가"란 시행되고 있는 조례에 대하여 입법목적의 실현성, 실효성 등을 평가하고 그 개선에 필요한 적극적 조치를 취하는 일련의 과정을 말한다.

제3조(구청장의 책무) 광주광역시 광산구청장(이하"구청장"이라 한다)은 조례의 집행기관으로서 조례를 실효성 있게 운영하고 사후 입법평가로 조례의 질적 향상과 입법목적 실현을 위해 노력하여야 한다.

제4조(평가 대상) 사후 입법평가의 대상은 광주광역시 광산구 조례로 한다. 다만, 기관설치 · 조직운영 · 업무분장 · 문서관리 등 단순 기술적인 내용의 조례, 상위법령에서 위임한 조례, 시행일로부터 3년이 지나지 않은 조례는 평가대상에서 제외한다.

제5조(평가 기준 및 시기) ① 사후 입법평가는 다음 각 호의 사항을 기준으로 실시한다.
1. 입법 목적의 실현성
2. 비용과 편익 예측 등의 적정성
3. 기본계획 및 시행계획 수립 여부
4. 예산 편성 및 집행 여부
5. 상위법령 제정 및 개정 사항 반영 등 법적 정합성
6. 인권 · 성평등 침해 또는 차별 여부
7. 위원회 구성 및 운영 실태
8. 그 밖에 평가 대상 조례의 규정에 따른 각종 의무 · 책무의 이행 여부

② 사후 입법평가는 2년마다 구청장이 실시한다.

제6조(입법평가위원회 구성) ① 구청장은 사후 입법평가를 효율적으로 추진하기 위하여 입법평가위원회(이하 "위원회"라고 한다)를 구성한다.

② 위원회는 위원장과 부위원장 각 1명을 포함한 15명 이내의 위원으로 구성하고 광주광역시 광산구 법제업무 부서의 장을 당연직 위원으로 포함하여 광주광역시 광산구의회에서 추천하는 사람, 법률 전문가, 시민단체 대표 등에서 구청장이 임명 또는 위촉한다. 다만, 특정 성별이 위촉직 위원 수의 10분의 6을 초과하지 않도록 하여야 한다.

③ 위원장과 부위원장은 위원 중에서 호선한다.

④ 위원회에서 사무를 처리하기 위하여 간사를 두며, 간사는 해당업무 팀장이 된다.

제7조(기능) 위원회는 다음 각 호의 사항을 심의 · 조정한다.
1. 사후 입법평가 결과의 반영 및 개선안 마련에 관한 사항
2. 그밖에 구청장이 위원회의 심의 · 조정이 필요하다고 인정하는 사항

제8조(조사 및 의견청취 등) 위원회는 제7조에 따른 기능을 수행할 때 필요하다고 인정하면 관계 공무원

등에게 설명 또는 자료 등의 제출을 요구할 수 있다.

제9조(평가결과 반영) 구청장은 위원장으로부터 받은 사후 입법평가 결과에 조정사항이 있는 경우에는 이를 반영하여야 한다.

제10조(수당 등) 위원회의 위원 등에 대해서는 예산의 범위에서 수당과 여비를 지급할 수 있다.

제11조(종합결과보고서 제출) 구청장은 사후 입법평가서와 소관 부서의 개선권고안 반영 계획 등을 포함한 사후 입법평가 종합결과보고서를 해당 연도 6월 말까지 광주광역시 광산구의회에 제출하여야 한다.

제12조(시행규칙) 이 조례에 필요한 사항은 규칙으로 정한다.

2. 광주광역시 남구

광주광역시 남구 조례 사후 입법평가 조례
[시행 2021. 5. 10.] [광주광역시남구조례 제1271호, 2021. 5. 10., 제정]

제1조(목적) 이 조례는 광주광역시 남구 조례의 입법 목적과 목표가 실현되고 있는지를 분석·평가하는 사후 입법평가에 관한 기본적인 사항을 규정하여 정책 실현 도구로써 조례의 실효성을 확보하고 주민의 삶의 질을 높이는데 이바지함을 목적으로 한다.

제2조(정의) 이 조례에서 사용하는 용어의 정의는 다음 각 호와 같다.
1. "사후 입법평가"란 시행되고 있는 조례에 대하여 입법 목적의 실현성, 실효성 등을 평가하고 그 개선에 필요한 적극적 조치를 취하는 일련의 과정을 말한다.
2. "담당부서"란 평가 대상 조례를 관리하고 그에 따른 업무를 수행하는 부서를 말한다.
3. "총괄부서"란 입법업무를 총괄하는 부서를 말한다.

제3조(구청장의 책무) 광주광역시 남구청장(이하 "구청장"이라 한다)은 조례의 집행기관으로서 조례를 실효성 있게 운영하고 사후 입법평가로 조례의 질적 향상과 입법목적 실현을 위해 노력하여야 한다.

제4조(평가대상) 사후 입법평가의 대상은 광주광역시 남구(이하 "구"라 한다) 조례로 한다. 다만, 다음 각 호의 어느 하나에 해당하는 경우에는 제외한다.

1. 기관설치 · 조직운영 · 업무분장 · 문서관리 등 단순 기술적인 내용의 조례
2. 상위법령에서 위임한 조례
3. 조례의 시행일로부터 3년이 지나지 않은 조례

제5조(평가기준 및 시기) ① 사후 입법평가는 다음 각 호의 사항을 기준으로 실시한다.
1. 입법 목적의 실현성
2. 기본계획 및 시행계획 수립 여부
3. 예산 편성 및 집행 여부
4. 상위법령 제정 및 개정 사항 반영 등 법적 정합성
5. 위원회 구성 및 운영 실태
6. 그 밖에 평가 대상 조례의 규정에 따른 이행 여부
② 사후 입법평가는 3년마다 구청장이 실시한다.

제6조(입법평가 기본자료 제출 등) ① 평가대상이 되는 조례의 담당부서의 장은 해당 조례에 대한 입법평가 기본 자료를 작성하여 총괄부서의 장에게 제출하여야 한다.
② 제1항에 따라 입법평가 기본 자료를 제출받은 총괄부서의 장은 담당부서의 장으로부터 받은 입법평가 기본 자료를 정리하여 제8조에 따른 광주광역시 남구 입법평가위원회(이하 "위원회"라 한다)에 제출하여야 한다.

제7조(위원회 설치 및 기능) 구청장은 다음 각 호의 사항을 심의하기 위하여 위원회를 둘 수 있다.
1. 입법평가에 관한 사항
2. 입법평가 결과 개선안 마련에 관한 사항
3. 입법평가 제도개선에 관한 사항
4. 그 밖에 입법평가를 위하여 위원장이 회의에 부치는 사항

제8조(위원회 구성 및 운영) ① 위원회는 위원장과 부위원장 각 1명을 포함한 10명 이내의 위원으로 구성한다.
② 위원회의 위원장과 부위원장은 위원 중에서 호선하며, 위원은 다음 각 호의 사람 중에서 성별을 고려하여 구청장이 임명하거나 위촉하되, 위촉위원의 수는 전체 위원의 2분의 1 이상이어야 한다.
1. 남구의회에서 추천하는 사람
2. 구 소속 5급 이상 공무원
3. 그 밖에 입법에 관한 학식과 경험이 풍부한 사람
③ 위원의 임기는 위원으로 임명 또는 위촉된 날부터 제12조에 따른 사후 입법평가 종합결과보고서 제출

이 완료된 날까지로 한다.

④ 위원회의 회의는 재적위원 과반수의 출석으로 개의하고, 출석위원 과반수의 찬성으로 의결한다.

⑤ 위원회의 사무를 처리할 간사 1명을 두며, 간사는 총괄부서의 입법업무 담당이 된다.

제9조(용역실시) 효율적인 입법평가를 위하여 필요한 경우 예산의 범위에서 입법평가 전문 기관이나 단체 등에 용역을 실시할 수 있다.

제10조(조사 및 의견청취 등) 위원회는 제7조에 따른 심의를 위하여 필요하다고 인정되면 관계 공무원 등에게 설명 또는 자료 등의 제출을 요구할 수 있다.

제11조(평가결과 반영) 구청장은 위원회의 입법평가 심의 결과 조정사항이 있는 경우에는 이를 반영하여야 한다. 다만, 평가 결과를 반영하기 어려운 경우에는 그 사유를 서면으로 위원장에게 통지하고, 반영 여부를 협의하여 결정하여야 한다.

제12조(종합결과보고서 제출) 구청장은 입법평가 완료 후 30일 이내에 사후 입법평가서와 사후 입법평가 종합결과보고서를 광주광역시 남구의회에 제출하여야 한다.

제13조(수당 등) 위원회에 참석한 위촉 위원 등에 대해서는 예산의 범위에서 수당과 여비를 지급할 수 있다.

제14조(시행규칙) 이 조례의 시행에 필요한 사항은 규칙으로 정한다.

3. 광주광역시 동구

광주광역시 동구 조례 사후 입법 평가 조례
[시행 2022. 2. 11.] [광주광역시동구조례 제1544호, 2022. 2. 11., 일부개정]

제1조(목적) 이 조례는 광주광역시 동구 조례의 입법 목적과 목표가 실현되고 있는지를 분석·평가하여 개선하도록 하는 사후 입법평가에 관한 기본적인 사항을 정하여 정책 실현 도구로써 조례의 실효성을 높여 주민의 삶의 질이 향상되도록 함을 목적으로 한다.

제2조(정의) 이 조례에서 "사후 입법평가"란 시행되고 있는 조례에 대하여 입법목적의 실현성, 실효성 등을 평가하고 그 개선에 필요한 적극적 조치를 취하는 일련의 과정을 말한다.

제3조(구청장의 책무) 광주광역시 동구청장(이하 "구청장"이라 한다)은 조례의 집행기관으로서 조례를 실효성 있게 운영하고 사후 입법평가로 조례의 질적 향상과 입법목적을 실현하도록 노력하여야 한다.<개정 2022.2.11.>

제4조(평가 대상) 사후 입법평가의 대상은 광주광역시 동구 조례로 한다. 다만, 기관설치·조직운영·업무분장·문서관리 등 단순 기술적인 내용의 조례, 상위법령에서 위임한 조례, 시행일로부터 3년이 지나지 않은 조례는 평가대상에서 제외한다.<개정 2022.2.11.>

제5조(평가 기준 및 시기) ① 사후 입법평가는 다음 각 호의 사항을 기준으로 실시한다.
1. 입법 목적의 실현성
2. 비용과 편익 예측 등의 적정성
3. 기본계획 및 시행계획 수립 여부
4. 예산 편성 및 집행 여부
5. 상위법령 제정 및 개정 사항 반영 등 법적 정합성
6. 인권·성평등 침해 또는 차별 여부
7. 위원회 구성 및 운영 실태
② 사후 입법평가는 3년마다 실시한다. <개정 2022.2.11.>

제6조(입법평가서의 작성) 제4조에 따라 평가 대상이 되는 조례의 주관부서의 장은 해당 조례를 검토하여 사후 입법평가 기본자료를 작성하여 입법 총괄부서의 장에게 제출한다.

제7조(입법평가위원회 구성) ① 구청장은 사후 입법평가를 효율적으로 추진하기 위하여 입법평가위원회(이하 "위원회"라고 한다)를 구성한다.
② 위원회는 위원장과 부위원장 각 1명을 포함한 15명 이내의 위원으로 구성하고 광주광역시 동구 법제업무 부서의 장을 당연직 위원으로 포함하여 광주광역시 동구의회에서 추천하는 사람, 법률 전문가, 시민단체 대표 등에서 구청장이 임명 또는 위촉한다. <개정 2020.5.28.>
③ 위원장과 부위원장은 위원 중에서 호선한다.
④ 위원회의 임기는 사후 입법평가 종합결과보고서 작성이 완료되면 만료한다.
⑤ 위원회에서 사무를 처리하기 위하여 간사를 두며, 간사는 해당업무 계장이 된다.

제8조(기능) 위원회는 다음 각 호의 사항을 심의·조정한다.
1. 사후 입법평가 결과의 반영 및 개선안 마련에 관한 사항

2. 사후 입법평가 결과통보서 작성 및 통보에 관한 사항
3. 그밖에 구청장이 위원회의 심의·조정이 필요하다고 인정하는 사항

제9조(조사 및 의견청취 등) 위원회는 제8조에 따른 기능을 수행할 때 필요하다고 인정하면 관계 공무원 등에게 설명 또는 자료 등의 제출을 요구할 수 있다.

제10조(용역실시 등) 효율적인 입법평가를 위하여 필요한 경우 예산의 범위에서 입법평가 전문기관이나 단체 등에 용역을 실시할 수 있다. [본조신설 2022.2.11.]

제11조(평가결과 반영) 주관부서의 장은 위원장으로부터 받은 사후 입법평가 결과통보서에 개선권고 사항이 있는 경우에는 이를 반영하여야 한다. 다만, 주관부서의 장은 평가 결과를 반영하기 어려운 경우에는 그 사유를 서면으로 위원장에게 통지하고, 반영 여부를 협의하여 결정하여야 한다.

제12조(수당 등) 위원회의 위원 등에 대해서는 예산의 범위에서 수당과 여비를 지급할 수 있다.

제13조(종합결과보고서 제출) 구청장은 위원회의 사후 입법평가 결과통보서와 소관 부서의 개선권고안 반영 계획 등을 포함한 사후 입법평가 종합결과보고서를 사후 입법평가 완료 후 30일 이내에 광주광역시 동구의회에 제출하여야 한다.

제14조(규칙) 이 조례 시행에 필요한 사항은 규칙으로 정한다.

광주광역시 동구 조례 사후 입법 평가 조례 시행규칙 [별지 제1호서식]

<table>
<tr><td>※관리 번호</td><td colspan="4" rowspan="2">사후 입법평가 기본자료(실·과 작성용)</td></tr>
<tr><td></td></tr>
<tr><td>조례명</td><td colspan="4"></td></tr>
<tr><td>관계법령</td><td colspan="4">(위임 법령, 시행 관련 조례 명 등을 기재)</td></tr>
<tr><td>평가기간</td><td colspan="4">20 . . . 부터 20 . . . 까지(일 간)</td></tr>
<tr><td>평가 의견</td><td colspan="4">사후 입법평가기준표를 토대로 한 평가의견 서술</td></tr>
<tr><td>첨부자료</td><td colspan="4">1. 조례, 관계법령 발췌본
2. 사후 입법평가기준표
3. 예산 편성 및 집행 내역
4. 그 밖의 참고자료(계획서, 보고전, 위원회 구성 및 운영 현황 등 증빙자료)</td></tr>
</table>

작성자	부서명	직급	성명	전화번호

[별지 제1호서식] 사후 입법평가기준표

구 분	세 부 항 목	문제점	개선안
입법 목적의 실현성	· 조례 제정·개정의 취지와 입법 목적대로 시행되고 있는가?		
비용과 편익 예측의 적정성	· 비용에 따른 편익 발생은 적절한가?		
	· 예상하지 못했던 비용의 발생은 있는가?		
계획 수립	· 기본계획 및 시행계획이 수립되어 있는가?		
예산 편성 및 집행	· 예산은 적정하게 편성되고 집행되고 있는가?		
법적 정합성	· 상위 법령의 개폐 등에 따른 적절한 조치를 취하였는가?		
	· 개별 규정 간에 모순되는 점은 없는가?		
인권 성평등준수	· 인권·성평등 침해 또는 차별은 없는가?		
위원회구성	· 위원회는 구성과 운영에서 적절한가		
	· 위원회의 성비는 적정한가		

4. 광주광역시 북구

광주광역시 북구 조례 입법 평가 조례
[시행 2018. 1. 1.] [광주광역시북구조례 제1358호, 2017. 7. 10., 제정]

제1조(목적) 이 조례는 광주광역시 북구 조례에 대한 입법평가에 관한 사항을 규정하여 조례의 입법 목적과 목표가 실현되고 있는지를 분석·평가하여 조례의 실효성을 확보하고 주민의 삶의 질을 높이는데 이바지함을 목적으로 한다.

제2조(정의) 이 조례에서 사용하는 용어의 뜻은 다음과 같다.

1. "입법평가"란 시행되고 있는 조례에 대하여 입법 목적의 실현성, 실효성 등을 평가하고 그 개선에 필요한 적극적 조치를 취하는 일련의 과정을 말한다.
2. "주관부서"란 평가 대상 조례를 관리하고 그에 따른 업무를 수행하는 부서를 말한다.
3. "총괄부서"란 입법업무를 총괄하는 부서를 말한다.

제3조(구청장의 책무) 광주광역시 북구청장(이하 "구청장"이라 한다)은 조례를 실효성 있게 운영하고 입법평가로 조례의 질적 향상과 입법 목적을 실현하도록 노력하여야 한다.

제4조(평가 대상) ① 입법평가의 대상은 광주광역시 북구 조례로 한다. 다만, 다음 각 호의 어느 하나에 해당하는 경우에는 제외한다.

1. 기관설치 · 조직운영 · 업무분장 · 문서관리 등 단순 기술적인 내용의 조례
2. 상위법령에서 위임한 조례
3. 최초 제정일 또는 개정일로부터 3년이 지나지 않은 조례

제5조(평가 시기 및 기준) 입법평가는 3년마다 실시하되, 다음 각 호의 사항을 기준으로 실시한다.

1. 입법 목적의 실현성
2. 비용과 편익 예측 등의 적정성
3. 기본계획 및 시행계획 수립 여부
4. 예산 편성 및 집행 여부
5. 상위법령 제정 및 개정 사항 반영 등 법적 정합성
6. 인권, 성평등 침해 또는 차별 여부
7. 위원회 구성 및 운영 실태
8. 그 밖에 평가 대상 조례의 규정에 따른 이행 여부

제6조(입법평가 기본자료의 제출 등) ① 제4조에 따라 평가 대상이 되는 조례의 주관부서의 장은 해당 조례에 대한 입법평가 기본자료를 작성하여 총괄부서의 장에게 제출한다.

② 총괄부서의 장은 제1항에 따라 주관부서의 장으로부터 제출받은 입법평가 기본자료를 정리하여 제7조에 따른 입법평가위원회에 제출하여야 한다.

제7조(입법평가위원회) 구청장은 다음 각 호의 사항을 심의하고 입법평가를 효율적으로 추진하기 위하여 입법평가위원회(이하 "위원회"라고 한다)를 둔다.

1. 제6조에 따른 입법평가 기본자료에 관한 사항

2. 입법평가에 관한 사항
3. 입법평가 결과 개선안 마련에 관한 사항
4. 입법평가 제도개선에 관한 사항
5. 그 밖에 입법평가를 위하여 위원장이 필요하다고 인정하는 사항

제8조(구성·운영) ① 위원회는 위원장과 부위원장 각 1명을 포함한 9명 이내의 위원으로 구성한다.
② 위원회의 위원장과 부위원장은 위원 중에서 호선하며, 위원은 다음 각 호의 사람 중에서 구청장이 임명하거나 위촉하되, 위촉 위원의 수는 전체 위원의 2분의 1 이상이어야 한다.
1. 구 소속 5급 이상 공무원
2. 광주광역시 북구의회에서 추천한 사람
3. 법률 분야 또는 입법평가에 관한 학식과 경험이 풍부한 사람
③ 위원의 임기는 위원으로 임명 또는 위촉된 날부터 위원회에서 입법평가에 대한 심의를 마치는 날까지로 한다.
④ 위원회의 회의는 재적위원 과반수의 출석으로 개의하고, 출석위원 과반수의 찬성으로 의결한다.
⑤ 위원회의 사무를 처리할 간사 1명을 두며, 간사는 총괄부서의 입법업무 담당이 된다.
⑥ 위원회에 참석한 위촉 위원 및 관계 전문가 등에게 예산의 범위에서 수당과 여비를 지급할 수 있다. 다만, 공무원인 위원이 그 소관 업무와 직접적으로 관련되어 위원회에 출석하는 경우에는 그러하지 아니하다.
⑦ 이 조례에 정한 것 외에 위원회의 운영에 필요한 사항은 위원회의 의결을 거쳐 위원장이 정한다.

제9조(조사 및 의견청취 등) 위원회는 제7조에 따른 심의를 위하여 필요 하다고 인정하면 관계 공무원 등에게 설명 또는 지료 등의 제출을 요구할 수 있다.

제10조(평가결과 반영) 구청장은 위원회의 심의 결과 입법평가에 따른 개선사항이 있는 경우에는 이를 적극 반영하도록 노력하여야 한다. 다만, 평가 결과를 반영하기 어려운 경우에는 그 사유를 서면으로 위원장에게 통지하고, 반영 여부를 협의하여 결정하여야 한다.

제11조(종합결과보고서 제출) 구청장은 위원회의 해당 연도 6월말까지 입법평가 종합결과보고서를 광주광역시 북구의회에 제출하여야 한다.

제12조(시행규칙) 이 조례 시행에 관하여 필요한 사항은 규칙으로 정한다.

5. 광주광역시 서구

광주광역시 서구 조례 입법 평가 조례
[시행 2021. 6. 22.] [광주광역시서구조례 제1542호, 2020. 12. 21., 제정]

제1조(목적) 이 조례는 광주광역시 서구 조례에 대하여 시행효과와 목표달성 등을 평가함으로써 조례의 실효성을 확보하여 주민의 삶의 질이 향상되도록 함을 목적으로 한다.

제2조(정의) 이 조례에서 사용하는 용어의 뜻은 다음과 같다.
1. “입법평가”란 시행되고 있는 조례에 대하여 입법목적의 실효성과 목표달성 등을 평가하여 개선하도록 하는 것을 말한다.
2. “주관부서”란 평가 대상 조례를 관리하고 그에 따른 업무를 수행하는 부서를 말한다.
3. “총괄부서”란 입법업무를 총괄하는 부서를 말한다.

제3조(구청장의 책무) 광주광역시 서구청장(이하 “구청장”이라 한다)은 조례의 집행기관으로서 조례를 실효성 있게 운영하고 사후 입법평가로 조례의 질적 향상과 입법목적을 실현하도록 노력하여야 한다.

제4조(평가대상) 사후 입법평가 대상은 광주광역시 서구 조례로 한다. 다만, 다음 각 호의 어느 하나에 해당하는 경우에는 제외한다.
1. 기구 및 정원 · 기관설치 · 조직운영 등 기관 운영에 관한 조례
2. 사무분장 · 문서관리 등 단순 기술적인 조례
3. 상위법령에서 위임한 조례
4. 시행일로부터 2년이 지나지 않은 조례

제5조(평가시기 및 기준) ① 사후 입법평가는 2년 마다 실시한다.
② 사후 입법평가는, 다음 각 호의 사항을 평가기준으로 실시한다.
1. 입법 목적의 실현성 및 실효성
2. 기본계획 및 시행계획 수립 여부
3. 예산 편성 및 집행 여부
4. 상위법령 제정 및 개정 사항 반영 등 법적 정합성
5. 조례 관련 위원회 구성 및 운영 실태
6. 그 밖에 입법평가 대상 조례의 규정에 따른 이행 여부

제6조(입법평가 기본자료의 제출 등) ① 제4조에 따라 평가 대상이 되는 조례의 주관부서의 장은 해당 조례에 대한 입법평가 기본자료를 작성하여 총괄부서의 장에게 제출한다.

② 총괄부서의 장은 제1항에 따라 주관부서의 장으로부터 제출받은 입법평가 기본자료를 정리하여 제7조에 따른 입법평가위원회에 제출하여야 한다.

제7조(입법평가위원회) 구청장은 다음 각 호의 사항을 심의하고 입법평가를 효율적으로 추진하기 위하여 광주광역시 서구 입법평가위원회(이하 "위원회"라고 한다)를 둔다.

1. 입법평가에 관한 사항
2. 입법평가 결과 개선안 마련에 관한 사항
3. 입법평가 제도개선에 관한 사항
4. 그 밖에 입법평가를 위하여 위원장이 필요하다고 인정하는 사항

제8조(위원회의 구성 · 운영) ① 위원회는 위원장 1명과 부위원장 1명을 포함한 9명 이내의 위원으로 구성한다.

② 위원회의 위원장과 부위원장은 위원 중에서 호선하며, 위원은 다음 각 호의 사람 중에서 구청장이 임명하거나 위촉하되, 위촉 위원의 수는 전체 위원의 2분의 1 이상이어야 한다.

1. 광주광역시 서구 소속 5급 이상 공무원
2. 광주광역시 서구의회에서 추천한 사람
3. 법률 분야 또는 입법평가에 관한 학식과 경험이 풍부한 사람

③ 위원의 임기는 위원으로 임명 또는 위촉된 날부터 제11조에 따른 사후 입법평가 종합결과보고서 제출이 완료된 날까지로 한다.

④ 위원회의 회의는 재적위원 과반수의 출석으로 개의하고, 출석위원 과반수의 찬성으로 의결한다.

⑤ 위원회의 사무를 처리할 간사 1명을 두며, 간사는 총괄부서의 입법업무평가 담당공무원으로 한다.

⑥ 위원회에 참석한 위촉 위원 및 관계 전문가 등에게 예산의 범위에서 수당과 여비를 지급할 수 있다. 다만, 공무원인 위원이 그 소관 업무와 직접적으로 관련되어 위원회에 출석하는 경우에는 그러하지 아니하다.

⑦ 이 조례에 정한 것 외에 위원회의 운영에 필요한 사항은 위원회의 의결을 거쳐 위원장이 정한다.

제9조(조사 및 의견청취 등) 위원회는 제7조에 따른 심의를 위하여 필요 하다고 인정하면 관계 공무원 등에게 설명 또는 자료 등의 제출을 요구할 수 있다.

제10조(평가결과 반영) 구청장은 위원회의 심의 결과 입법평가에 따른 개선사항이 있는 경우에는 이를 적극 반영하도록 노력하여야 한다.

제11조(종합결과보고서 제출) 구청장은 입법평가 완료후 30일 이내에 입법평가 종합결과보고서를 광주광역시 서구의회에 제출하여야 한다.

제12조(시행규칙) 이 조례 시행에 관하여 필요한 사항은 규칙으로 정한다.

6. 경기도 부천시

부천시 조례에 대한 입법평가 조례
[시행 2021. 1. 1.] [경기도부천시조례 제3555호, 2020. 7. 13., 제정]

제1조(목적) 이 조례는 부천시 조례에 대한 입법평가에 관한 사항을 규정하여 조례의 시행효과 및 목표달성 등을 분석 · 평가함으로써 조례의 실효성을 확보하고 시민의 삶의 질을 높이는데 이바지함을 목적으로 한다.

제2조(정의) 이 조례에서 사용하고 있는 용어의 뜻은 다음과 같다.
1. "입법평가"란 부천시(이하 "시"라 한다)에서 시행되고 있는 조례에 대하여 입법 목적의 실현여부, 시행효과 등을 분석 · 평가하는 것을 말한다.
2. "주관부서"란 평가 대상 조례를 관리하고 그에 따른 업무를 수행하는 부서를 말한다.
3. "총괄부서"란 시의 입법업무를 총괄하는 부서를 말한다.

제3조(시장의 책무) 부천시장(이하 "시장"이라 한다)은 조례를 실효성있게 운영하고, 입법평가를 실시하여 조례의 입법목적이 실현되도록 노력하여야 한다.

제4조(평가대상) 입법평가의 대상은 현재 시행되고 있는 시 조례로 한다. 다만, 다음 각 호의 어느 하나에 해당하는 경우에는 제외한다.
1. 기관설치 · 조직운영 등 기관 운영에 관한 조례
2. 사무분장 · 문서관리 등 단순 기술적인 조례
3. 상위법령에서 위임한 조례
4. 시행일로부터 5년이 지나지 않은 조례
5. 부천시의회 소관 조례

제5조(입법평가위원회) 시장은 다음 각 호의 사항을 심의하기 위하여 부천시입법평가위원회(이하 "평가위

원회"라 한다)를 둔다.
1. 입법평가에 관한 사항
2. 입법평가 결과 개선안 마련에 관한 사항
3. 입법평가 제도개선에 관한 사항
4. 그 밖에 입법평가를 위하여 위원장이 회의에 부치는 사항

제6조(구성) ① 평가위원회는 위원장 1명과 부위원장 1명을 포함한 13명 이내의 위원으로 구성한다.
② 위원회의 위원장은 부시장이 되고, 부위원장은 위촉직 위원 중에서 호선한다.
③ 위원은 다음 각 호의 사람 중에서 성별을 고려하여 시장이 임명하거나 위촉한다.
1. 부천시의회에서 추천하는 각 상임위원회별 부천시의원
2. 시 소속 5급 이상 공무원
3. 변호사, 교수, 법제관 등의 법률 또는 입법전문가
4. 그 밖에 입법평가와 관련한 분야의 학식과 경험이 풍부한 사람
④ 위원의 임기는 위원으로 임명 또는 위촉된 날부터 평가위원회에서 입법평가에 대한 심의를 마치는 날까지로 한다.

제7조(운영) ① 평가위원회의 회의는 위원장이 필요하다고 인정할 때 위원장이 소집한다.
② 평가위원회의 회의는 재적위원 과반수의 출석으로 개의하고 출석위원 과반수의 찬성으로 의결한다.
③ 평가위원회의 사무 처리를 위하여 간사 1명을 두되, 간사는 부천시 입법업무 총괄담당 팀장으로 한다.

제8조(위원의 위촉 해제) 위원의 위촉 헤제는 「부천시 지문기관 설치 및 운영에 관한 조례」 제6조의2제1항에 따른다.

제9조(평가시기 및 기준) ① 입법평가는 3년마다 실시하되, 다음 각 호의 사항을 기준으로 실시한다.
1. 입법의 근거 및 적법성
2. 입법의 실효성 및 공평성
3. 입법의 주민 수용성
4. 입법 내용의 적정성 및 현실 부합성
5. 위원회·협의회 등 구성 및 운영의 적정성
6. 그 밖에 평가 대상 조례의 규정에 따른 이행 여부
② 제1항에 따른 세부적인 평가기준은 별표와 같다.

제10조(자료제출 등) ① 평가대상이 되는 조례의 주관부서의 장은 해당 조례에 대해 별지 제1호서식의 입

법평가서를 작성하여 총괄부서의 장에게 제출하여야 한다.

② 총괄부서의 장은 제1항에서 제출받은 자료를 종합적으로 검토한 후 별지 제2호서식의 입법평가 검토보고서를 평가위원회에 제출하여야 한다.

③ 위원장은 입법평가를 위하여 주관부서 및 총괄부서의 의견을 듣거나 자료를 요구할 수 있고, 필요한 경우에는 회의에 출석할 것을 요청할 수 있다.

제11조(평가결과 반영) 시장은 제6조에 따른 평가위원회의 심의 결과 입법평가에 따른 개선사항이 있는 경우에는 이를 적극 반영하도록 노력하여야 한다.

제12조(종합결과보고서 제출) 시장은 입법평가 완료 후 30일 이내에 별지 제3호서식의 입법평가 종합결과보고서를 부천시의회에 제출하여야 한다.

제13조(시행규칙) 이 조례의 시행에 필요한 사항은 규칙으로 정한다.

[별표] 입법평가 기준표

입법영향 분석항목	세부항목	척도	의견 및 자료
1. 입법의 근거 및 적법성	1) 위임조례인가 자치사무에 관한 조례인가?	□ 위임조례 □ 자치사무에 관한 조례	
	2) 조례에서 규정하고 있는 위임근거가 올바른가?	□ 그렇다 □ 그렇지않다 □ 해당사항 없음	
	3) 조례가 위임범위에서 적절하게 제·개정되었는가?	□ 그렇다 □ 그렇지않다 □ 해당사항 없음	
	4) 조례 제·개정 이후 동일 또는 유사한 법령이나 제도가 만들어졌거나 근거법령이 개정 또는 폐지되었는가?	□ 그렇다 □ 그렇지않다 □ 해당사항 없음	
	5) 조례에서 주민의 권리제한, 의무부과, 벌칙 부과, 규제 사항에 대한 법률위임이 있는가?	□ 그렇다 □ 그렇지않다 □ 해당사항 없음	

입법영향 분석항목	세부항목	척도	의견 및 자료
2. 조례의 실효성	1) 조례의 시행과정에서 다른 조례와의 충돌이나 모순이 발생하고 있는가?	□ 그렇다 □ 그렇지않다 □ 해당사항 없음	
	2) 이 조례와 유사 또는 동일한 다른 조례가 제정 및 시행되고 있어 통합할 필요가 있는가?	□ 그렇다 □ 그렇지않다 □ 해당사항 없음	
	3) 조례에 따른 계획이 수립 · 시행 되고 있는가?	□ 그렇다 □ 그렇지않다 □ 해당사항 없음	- 계획 수립 사항 관련 자료 첨부
	4) 조례에서 집행기관 등에 책무를 부여하고 있는가?	□ 그렇다 □ 그렇지않다 □ 해당사항 없음	
	5) 조례에서 부여한 책무와 관련 사업을 집행기관이 잘 이행 하고 있는가?	□ 그렇다 □ 그렇지않다 □ 해당사항 없음	- 집행실적 관련 자료 첨부
3. 조례의 공평성	1) 조례에서 장애인, 성별 등의 특정 계층이나 특정지역을 차별하는 조항이 있는가?	□ 그렇다 □ 그렇지않다 □ 해당사항 없음	
	2) 조례에서 정한 차별이 합리적 인가?	□ 그렇다 □ 그렇지않다 □ 해당사항 없음	
4. 주민 수용성	1) 조례 제 · 개정 시 입법예고는 하였는가?	□ 그렇다 □ 그렇지않다 □ 해당사항 없음	
	2) 조례 제 · 개정 시 공청회, 세미나 등 이해관계인 및 주민에 대한 의견 수렴 과정이 있었는가?	□ 그렇다 □ 그렇지않다 □ 해당사항 없음	- 공청회, 세미나 등 의견수렴 사항 관련 자료 첨부
	3) 조례와 관련한 민원(청원, 진정, 소송 등)이 제기되거나 개정 또는 폐지 요구가 있었는가?	□ 그렇다 □ 그렇지않다 □ 해당사항 없음	

입법영향 분석항목	세부항목	척도	의견 및 자료
	4) 조례의 체계나 사용되어진 용어가 주민이 알기 쉽게 되어 있는가?	□ 그렇다 □ 그렇지않다 □ 해당사항 없음	
5. 조례 내용의 적정성	1) 조례에 재정지원 관련 규정이 있는가?	□ 그렇다 □ 그렇지않다 □ 해당사항 없음	
	2) 조례에 따른 지원대상이나 규모가 적정한가?	□ 그렇다 □ 그렇지않다 □ 해당사항 없음	
	3) 조례 시행에 필요한 예산 확보와 집행이 잘 이루어지고 있는가?	□ 그렇다 □ 그렇지않다 □ 해당사항 없음	- 예산 및 집행 관련자료 첨부
	4) 지원대상이 집행이 가능한 정도로 구체화 되어 있는가?	□ 그렇다 □ 그렇지않다 □ 해당사항 없음	
	5) 조례에 따른 민간위탁사무가 위탁대상으로 적정한가?	□ 그렇다 □ 그렇지않다 □ 해당사항 없음	
	6) 행정기관의 재량권의 범위는 적정한가?	□ 그렇다 □ 그렇지않다 □ 해당사항 없음	
6. 현실 부합성	1) 부천시의 현실과 조례가 부합하는가?	□ 그렇다 □ 그렇지않다 □ 해당사항 없음	
7. 위원회 운영의 적정성	1) 조례로 위원회를 구성하도록 되어 있는가?	□ 그렇다 □ 그렇지않다 □ 해당사항 없음	
	2) 위원회가 법정위원회인가 조례로 설치하도록 한 위원회 인가?	□ 법정위원회 □ 조례로 정한 위원회 □ 해당사항 없음	
	3) 위원회 위원 구성이 적정한가?	□ 그렇다 □ 그렇지않다 □ 해당사항 없음	위촉서류 첨부 (성별, 위촉.당연 구분, 임기 등)

입법영향 분석항목	세부항목	척도	의견 및 자료
	4) 위원회가 법령이나 조례에서 정한 회의개최 운영 실적이 있고 관련 회의록을 보존하고 있는가?	□ 그렇다 □ 그렇지않다 □ 해당사항 없음	- 회의 운영실적 자료 첨부
	5) 위원회를 계속 설치 · 운영 할 필요성이 있는가?	□ 그렇다 □ 그렇지않다 □ 해당사항 없음	
	6) 해당 위원회와 유사한 다른 위원회와의 기능적 통합이 필요한가?	□ 그렇다 □ 그렇지않다 □ 해당사항 없음	
8. 종합의견	1) 이 조례를 현행대로 유지할 필요가 있는가?	□ 그렇다 □ 그렇지않다	
	2) 이 조례를 개정할 이유가 있는가? (해당사항 모두 표기)	□ 위임근거에 불부합 □ 위임근거 불명확 □ 법령의 위임 없는 규제 정비 필요 □ 다른 조례와의 상충 및 모순 □ 조례 시행의 문제점 발생 □ 조례의 공평성 문제 □ 알기 쉬운 법령정비 기준에 따른 정비필요 □ 위원회 관련 규정 개정 필요 □ 그 밖의 사유	
	3) 이 조례를 폐지할 사유가 있는가? (해당사항 모두 표기)	□ 다른 유사한 조례와의 통합 운영 필요성 □ 조례 시행 불가능 □ 최근 3년간 조례 관련 운영 실적 전무 □ 기타	
	4) 그 밖의 이 조례와 관련된 의견이 있는가?	□ 있다 □ 없다	

7. 경기도 수원시

수원시 조례 입법평가 조례
[시행 2021. 1. 1.] [경기도수원시조례 제4051호, 2020. 7. 10., 제정]

제1조(목적) 이 조례는 수원시 조례에 대한 입법평가에 관한 사항을 규정하여 조례의 시행효과 및 목표달성 등을 평가함으로써 조례의 실효성을 확보하고 시민의 삶의 질을 높이는 데 이바지함을 목적으로 한다.

제2조(정의) 이 조례에서 사용하고 있는 용어의 뜻은 다음과 같다.
1. “입법평가”란 수원시 조례를 대상으로 제6조의 지표에 따라 평가하여 입법목적의 실효성 및 적합성 등을 사후에 판단하는 것을 말한다.
2. “주관부서”란 평가 대상 조례를 관리하고 그에 따른 업무를 수행하는 부서를 말한다.
3. “총괄부서”란 입법업무를 총괄하는 부서를 말한다.

제3조(시장의 책무) 수원시장(이하 “시장”이라 한다)은 수원시 조례(이하“조례”라 한다)의 집행기관으로서 조례를 실효성 있게 운영하고, 입법목적을 달성하도록 노력하여야 한다.

제4조(입법평가 추진계획 수립 등) 시장은 3년마다 다음 각 호의 사항이 포함된 수원시 입법평가 추진계획(이하 “추진계획”이라 한다)을 수립하고, 입법평가를 실시하여야 한다.
1. 입법평가 대상 조례
2. 입법평가 목표와 방향
3. 입법평가 실시에 관한 사항
4. 수원시 입법평가위원회(이하 “위원회”라 한다)에 설치 및 운영에 관한 사항
5. 그 밖에 입법평가를 추진하는 데 필요한 사항

제5조(입법평가 대상) 입법평가는 수원시(이하 “시”라 한다)에서 제정 또는 전부개정되어 시행된 조례를 대상으로 하되, 다음 각 호의 어느 하나에 해당하는 경우는 제외한다.
1. 기관설치·조직운영·업무분장·문서관리 등 기술적 내용의 조례
2. 조례 제정 또는 전부개정되어 시행된 지 3년이 지나지 아니한 조례
3. 입법평가를 받은 후 3년이 지나지 아니한 조례

제6조(입법평가 기준) ① 입법평가는 3년마다 실시하되, 다음 각 호와 별표의 입법평가 심사기준표를 그 평가기준으로 한다.

1. 입법 목적의 실현성·실효성
2. 상위법령 제정 및 개정 사항 반영 여부
3. 상위법령 위반 및 다른 조례와의 충돌 여부
4. 예산편성 및 집행의 적정성
5. 위원회 등 자문기구 구성 및 운영 실태
6. 그 밖에 입법평가 대상 조례의 이행 여부

② 입법평가 심사기준표는 위원회의 심의를 거쳐 수정할 수 있다.

제7조(입법평가 기본자료 제출 등) ① 제5조에 따른 평가대상 조례의 주관부서의 장은 해당 조례에 대한 입법평가 기본자료를 작성하여 총괄부서의 장에게 제출하여야 한다.

② 입법평가 기본자료를 제출받은 총괄부서의 장은 주관부서의 장에게 받은 입법평가 기본자료를 바탕으로 총괄자료를 작성하여 위원회에 제출하여야 한다.

제8조(입법평가위원회 설치 및 기능) 시장은 다음 각 호의 사항을 심의·자문하기 위하여 수원시 입법평가위원회를 구성하고, 위원회의 업무지원은 총괄부서가 담당한다.

1. 제4조에 따른 추진계획 수립에 관한 사항
2. 제6조에 따른 입법평가에 관한 사항
3. 입법평가 결과 개선안 마련에 관한 사항
4. 입법평가 제도개선에 관한 사항
5. 그 밖에 입법평가를 위하여 위원장이 회의에 부치는 사항

제9조(구성) ① 위원회는 위원장과 부위원장 각 1명씩을 포함하여 10명 이내의 위원으로 구성하고, 위원장과 부위원장은 위원 중에서 호선한다.

② 당연직 위원은 총괄부서의 장을 포함하여 5급이상 공무원 3명으로 하고, 위촉직 위원은 다음 각 호의 사람 중에서 시장이 위촉하되, 위촉직 위원의 경우에는 특정 성별이 위촉직 위원 수의 10분의 6을 초과하지 아니하도록 하여야 한다.

1. 수원시의회에서 추천하는 사람
2. 변호사, 교수, 법제관 등의 법률 또는 입법 전문가
3. 그 밖에 입법평가에 관한 학식과 경험이 풍부한 사람

③ 위원회 위원의 임기는 위원으로 임명 또는 위촉된 날부터 위원회에서 해당 입법평가에 대한 심의를 마치는 날까지로 한다.

④ 위원회에 위원회의 사무를 처리할 간사 1명을 두며, 간사는 총괄부서의 담당팀장으로 한다.

제10조(운영) ① 위원회의 회의는 재적위원 과반수의 출석으로 개의하고, 출석위원 과반수의 찬성으로 의결한다.
② 그 밖에 위원회를 운영하는데 필요한 사항은 위원회의 의결을 거쳐 위원장이 정한다.

제11조(수당) 위원회에 참석한 위원 및 관계전문가 등에게 예산의 범위에서 수당을 지급할 수 있다.

제12조(조사 및 의견청취 등) 위원회는 입법평가를 위하여 주관부서 및 총괄부서의 의견을 듣거나 자료의 제출을 요구할 수 있고, 필요한 경우에는 관계 전문가에게 자문할 수 있다.

제13조(평가결과의 반영) 시장은 위원회의 심의 결과 입법평가에 따른 개선사항이 있는 경우에는 이를 적극 반영하도록 노력하여야 한다.

제14조(종합결과보고서 작성) 시장은 입법평가를 한 후 종합평가 결과보고서를 작성하여 60일 이내에 의회에 제출하여야 한다.

제15조(시행규칙) 이 조례의 시행에 필요한 사항은 규칙으로 정한다.

[별표] 입법평가 심사기준표

연번	조례명	제정일 (전부개정일)	최종개정일
대항목	**세부항목**	**척도**	**의견 및 자료**
1. 입법 목적의 실현성·실효성	1) 해당 조례가 필요한가?	□ 필요하다 □ 필요하지 않다	
	2) 조례 제정·개정의 취지와 입법 목적대로 시행되고 있는가?	□ 그렇다 □ 그렇지 않다 □ 해당사항 없음	
2. 예산 편성 및 집행 적절성	1) 예산은 적정하게 편성·집행 되었는가?	□ 그렇다 □ 그렇지 않다 □ 해당사항 없음	
	2) 예상하지 못했던 비용의 발생은 있는가?	□ 그렇다 □ 그렇지 않다 □ 해당사항 없음	

3. 법적 적합성	1) 집행 시 다른 조례와의 충돌이나 모순이 발생하고 있는가?	□ 그렇다 □ 그렇지 않다 □ 해당사항 없음	
	2) 이 조례와 유사 또는 동일한 다른 조례가 제정 및 시행되고 있어 통합할 필요가 있는가?	□ 그렇다 □ 그렇지 않다 □ 해당사항 없음	
	3) 상위 법령의 개폐 등에 따른 적절한 조치를 취하였는가?	□ 그렇다 □ 그렇지 않다 □ 해당사항 없음	
4. 재정지원 및 위탁에 관한 사항의 적절성	1) 조례에 재정지원 관련 규정이 있는가?	□ 그렇다 □ 그렇지 않다 □ 해당사항 없음	
	2) 조례에 따른 지원대상이나 규모가 적정한가?	□ 그렇다 □ 그렇지 않다 □ 해당사항 없음	
	3) 조례에 따른 민간위탁사무가 위탁대상으로 적정한가?	□ 그렇다 □ 그렇지 않다 □ 해당사항 없음	
5. 위원회 운영의 적정성	1) 조례로 위원회를 구성하도록 되어 있는가?	□ 그렇다 □ 그렇지 않다 □ 해당사항 없음	
	2) 위원회는 구성과 운영에서 적절한가?	□ 그렇다 □ 그렇지 않다 □ 해당사항 없음	
	3) 위원회 위원의 성별 구성이 적정한가?	□ 그렇다 □ 그렇지 않다 □ 해당사항 없음	
	4) 위원회를 계속 설치·운영할 필요가 있는가?	□ 그렇다 □ 그렇지 않다 □ 해당사항 없음	
	5) 해당 위원회와 유사한 다른 위원회와의 기능적 통합이 필요한가?	□ 그렇다 □ 그렇지 않다 □ 해당사항 없음	

6. 종합의견	1) 이 조례를 현행대로 유지할 필요가 있는가?	□ 그렇다 □ 그렇지 않다	
	2) 이 조례를 개정할 이유가 있는가? (해당사항 모두 표기)	□ 위임근거 불부합 □ 위임근거 불명확 □ 법령의 위임 없는 규제정비 필요 □ 다른 조례와 상충 및 모순 □ 조례 시행의 문제점 발생 □ 조례의 공평성 문제 □ 알기 쉬운 법령 정비기준에 따른 정비 필요 □ 위원회 관련 규정 개정 필요 □ 그 밖의 사유	
	3) 이 조례를 폐지할 사유가 있는가? (해당사항 모두 표기)	□ 다른 유사한 조례 와의 통합 운영 필요성 □ 조례 시행 불가능 □ 최근 3년간 조례 관련 운영 실적 전무 □ 그 밖의 사유	
	4) 그 밖의 이 조례와 관련된 의견이 있는가?	□ 있다 □ 없다	
7. 그 외 의견			

8. 경기도 파주시

파주시 조례 입법평가에 관한 조례
[시행 2021. 1. 1.] [경기도파주시조례 제1635호, 2020. 9. 25., 제정]

제1조(목적) 이 조례는 파주시 조례에 대한 입법평가에 관한 사항을 규정하여 조례의 시행효과 및 목표달성 등을 평가함으로써 조례의 실효성을 확보하고 시민의 삶의 질을 높이는 데에 이바지함을 목적으로 한다.

제2조(정의) 이 조례에서 사용하고 있는 용어의 뜻은 다음과 같다.
1. "입법평가"란 파주시(이하 "시"라 한다)에서 시행되고 있는 조례를 대상으로 입법목적의 실현성 및 입법내용의 실효성·타당성 등을 분석·평가하고 그 개선에 필요한 조치를 취하는 일련의 과정을 말한다.
2. "주관부서"란 입법평가 대상 조례를 소관하고 그에 따른 업무를 수행하는 부서를 말한다.
3. "총괄부서"란 입법업무를 총괄하는 부서를 말한다.

제3조(시장의 책무) 파주시장(이하 "시장"이라 한다)은 파주시 조례(이하 "조례"라 한다)의 집행기관으로서 조례를 실효성 있게 운영하고 입법목적을 달성하도록 노력하여야 한다.

제4조(입법평가 추진계획의 수립 등) 시장은 3년마다 다음 각 호의 사항이 포함된 파주시 입법평가 추진계획(이하 "추진계획"이라 한다)을 수립하고, 입법평가를 실시하여야 한다.
1. 입법평가 대상 조례
2. 입빕평가 목표와 빙향
3. 입법평가 실시에 관한 사항
4. 제8조의 파주시 입법평가위원회의 운영
5. 그 밖에 입법평가를 추진하는 데에 필요한 사항

제5조(입법평가 대상) 입법평가의 대상은 조례로 한다. 다만, 다음 각 호의 어느 하나에 해당하는 조례는 제외한다.
1. 기관설치·조직운영·사무분장·문서관리 등 조직 운영에 관한 조례
2. 제정되거나 전부개정된 조례 중 시행일로부터 3년이 지나지 않은 조례
3. 번령이 위임에 따른 위임조례

제6조(입법평가 기준) ① 입법평가는 다음 각 호와 별표의 입법평가 심사기준표를 그 평가기준으로 한다.
1. 입법목적의 실현성 및 입법내용의 실효성·타당성

2. 상위법령의 위반 및 다른 조례와의 충돌 여부
3. 조례의 시행에 필요한 예산의 편성 및 집행의 적정성
4. 위원회 등 자문기구의 구성 및 운영 실태
5. 그 밖에 조례 규정 사항의 이행 여부

② 시장은 조례의 성격에 따라 입법평가 심사기준표를 제8조에 따른 입법평가위원회의 심의를 거쳐 조정할 수 있다.

제7조(기본자료의 제출 등) ① 제5조에 따른 입법평가 대상 조례의 주관부서의 장은 해당 조례에 대한 입법평가 기본자료를 작성하여 총괄부서의 장에게 제출하여야 한다.

② 총괄부서의 장은 제1항에 따라 제출된 입법평가 기본자료를 바탕으로 입법평가서를 작성하여 제8조의 입법평가위원회에 제출하여야 한다.

제8조(입법평가위원회의 구성 및 기능) 시장은 다음 각 호의 사항을 심의하기 위하여 파주시 입법평가위원회(이하 "위원회"라 한다)를 구성한다.

1. 추진계획의 수립
2. 입법평가의 기준
3. 입법평가의 결과에 관한 사항
4. 입법평가의 결과에 관한 개선안 마련
5. 입법평가의 제도개선
6. 그 밖에 입법평가를 위하여 시장이 회의에 부치는 사항

제9조(구성) ① 위원회는 위원장과 부위원장 각 1명을 포함하여 11명 이내의 위원으로 구성한다.

② 위원회의 위원장은 부시장이 되고, 부위원장은 위촉직 위원 중에서 호선한다.

③ 당연직 위원은 총괄부서의 장을 포함하여 5급 이상 공무원 3명을 시장이 임명하고, 위촉직 위원은 다음 각 호의 사람 중에서 시장이 위촉하되, 위촉직 위원의 경우에는 특정 성별이 위촉직 위원 수의 10분의 6을 초과하지 아니하도록 하여야 한다.

1. 파주시의회에서 추천하는 시의원
2. 변호사, 교수, 법제관 등의 법률 또는 입법 전문가
3. 그 밖에 입법평가에 관한 학식과 경험이 풍부한 사람

④ 위원회 위원의 임기는 위원으로 임명 또는 위촉된 날부터 위원회에서 해당 입법평가에 관한 심의를 마치는 날까지로 한다.

⑤ 위원회에 위원회의 사무를 처리할 간사 1명을 두되, 간사는 담당 팀장으로 한다.

제10조(운영) ① 위원회의 회의는 재적위원 과반수의 출석으로 개의하고, 출석위원 과반수의 찬성으로 의결한다.

② 이 조례에서 정한 사항 외에 위원회의 운영에 필요한 사항은「파주시 각종 위원회 설치 및 운영 조례」에 따른다.

제11조(조사 및 의견청취 등) 위원회는 제8조의 기능을 수행하기 위하여 주관부서 및 총괄부서의 의견을 듣거나 자료의 제출을 요구할 수 있으며, 필요한 경우에는 관계 전문가에게 자문할 수 있다.

제12조(평가결과의 반영) 시장은 위원회의 심의 결과 입법평가에 관한 개선사항이 있는 경우에는 이를 적극 반영하도록 노력하여야 한다.

제13조(종합평가 결과보고서의 의회 제출) 시장은 입법평가를 한 후 종합평가 결과보고서를 작성하여 60일 이내에 파주시의회에 제출하여야 한다.

제14조(시행규칙) 이 조례의 시행에 필요한 사항은 규칙으로 정한다.

[별표] 입법평가 심사기준표

연번	조례명	제정일 (전부개정일)	최종개정일
대항목	**세부항목**	**척도**	**의견 및 자료**
1. 입법 목적의 실현성·실효성	1) 해당 조례가 필요한가?	□ 필요하다 □ 필요하지 않다	
	2) 조례 제정·개정의 취지와 입법 목적대로 시행되고 있는가?	□ 그렇다 □ 그렇지 않다 □ 해당사항 없음	
2. 예산 편성 및 집행적절성	1) 예산은 적정하게 편성·집행 되었는가?	□ 그렇다 □ 그렇지 않다 □ 해당사항 없음	
	2) 예상하지 못했던 비용의 발생은 있는가?	□ 그렇다 □ 그렇지 않다 □ 해당사항 없음	

3. 법적 적합성	1) 집행 시 다른 조례와의 충돌이나 모순이 발생하고 있는가?	□ 그렇다 □ 그렇지 않다 □ 해당사항 없음	
	2) 이 조례와 유사 또는 동일한 다른 조례가 제정 및 시행되고 있어 통합할 필요가 있는가?	□ 그렇다 □ 그렇지 않다 □ 해당사항 없음	
	3) 상위 법령의 개폐 등에 따른 적절한 조치를 취하였는가?	□ 그렇다 □ 그렇지 않다 □ 해당사항 없음	
4. 재정지원 및 위탁에 관한 사항의 적절성	1) 조례에 재정지원 관련 규정이 있는가?	□ 그렇다 □ 그렇지 않다 □ 해당사항 없음	
	2) 조례에 따른 지원대상이나 규모가 적정한가?	□ 그렇다 □ 그렇지 않다 □ 해당사항 없음	
	3) 조례에 따른 민간위탁사무가 위탁대상으로 적정한가?	□ 그렇다 □ 그렇지 않다 □ 해당사항 없음	
5. 위원회 운영의 적정성	1) 조례로 위원회를 구성하도록 되어 있는가?	□ 그렇다 □ 그렇지 않다 □ 해당사항 없음	
	2) 위원회는 구성과 운영에서 적절한가?	□ 그렇다 □ 그렇지 않다 □ 해당사항 없음	
	3) 위원회 위원의 성별 구성이 적정 한가?	□ 그렇다 □ 그렇지 않다 □ 해당사항 없음	
	4) 위원회를 계속 설치·운영할 필요가 있는가?	□ 그렇다 □ 그렇지 않다 □ 해당사항 없음	
	5) 해당 위원회와 유사한 다른 위원회와의 기능적 통합이 필요한가?	□ 그렇다 □ 그렇지 않다 □ 해당사항 없음	

6. 종합의견	1) 이 조례를 현행대로 유지할 필요가 있는가?	□ 그렇다 □ 그렇지 않다	
	2) 이 조례를 개정할 이유가 있는가? (해당사항 모두 표기)	□ 위임근거 불부합 □ 위임근거 불명확 □ 법령의 위임 없는 규제 정비 필요 □ 다른 조례와 상충 및 모순 □ 조례 시행의 문제점 발생 □ 조례의 공평성 문제 □ 알기 쉬운 법령 정비 기준에 따른 정비 필요 □ 위원회 관련 규정 개정 필요 □ 그 밖의 사유	
	3) 이 조례를 폐지할 사유가 있는가? (해당사항 모두 표기)	□ 다른 유사한 조례 와의 통합 운영 필요성 □ 조례 시행 불가능 □ 최근 3년간 조례관련 운영실적 전무 □ 그 밖의 사유	
	4) 그 밖의 이 조례와 관련된 의견이 있는가?	□ 있다 □ 없다	
7. 그 외 의견			

9. 경기도 시흥시

시흥시의회 입법영향평가 조례
[시행 2023. 6. 29.] [경기도시흥시조례 제2257호, 2023. 6. 29., 제정]

제1조(목적) 이 조례는 시흥시 조례의 입법 목적과 목표가 실현되고 있는지를 분석 · 평가하여 개선하도록 하는 입법영향평가에 관한 기본적인 사항을 정하여 정책 실현 도구로써 조례의 실효성을 높여 시민의 삶의 질이 향상되도록 함을 목적으로 한다.

제2조(정의) 이 조례에서 "입법영향평가"란 시흥시(이하 "시"라 한다)에서 시행되고 있는 조례의 입법목적 달성 여부 및 조례의 효과 등을 종합적으로 분석·평가하는 것을 말한다.

제3조(입법영향평가 실시 및 대상) ① 시흥시의회 의장(이하 "의장"이라 한다)은 시가 시행 중인 조례에 대한 입법영향평가를 실시하여야 한다.

② 입법영향평가의 대상은 시 조례 중 제정 또는 전부개정 되어 시행된 지 4년이 경과하였거나, 입법영향평가를 실시한 지 4년이 경과한 조례로 한다.

③ 제2항의 입법영향평가 대상 조례 중 상위 법령에서 위임한 조례와 기관설치, 인사운영, 업무분장, 문서관리 등 기술적인 내용의 조례는 대상에서 제외한다.

제4조(입법영향평가 방법 등) ① 입법영향평가는 2년마다 정기적으로 실시하는 것을 원칙으로 하되, 필요한 경우 추가로 실시할 수 있다.

② 입법영향평가는 별표의 입법영향평가 기준표에 따른다.

③ 의장은 효율적인 입법영향평가를 위해 필요한 경우 예산의 범위에서 법률 전문가에게 의뢰하거나 전문기관에 용역을 실시할 수 있다.

제5조(입법영향평가위원회 구성 및 임기) ① 의장은 입법영향평가를 효율적으로 실시하기 위하여 시흥시의회 입법영향평가위원회(이하 "위원회"라 한다)를 둘 수 있다.

② 위원회는 위원장과 부위원장 각 1명을 포함한 10명 이내의 위원으로 구성한다.

③ 위원장은 의장이 되고, 부위원장은 위원 중에서 호선한다.

④ 위원은 다음 각 호의 어느 하나에 해당하는 사람 중에서 의장이 위촉한다.

1. 의회가 추천하는 시의원
2. 시흥시 소속 5급 이상 공무원
3. 변호사, 교수, 법률 또는 입법전문가
4. 그 밖에 입법영향평가에 관한 학식과 경험이 풍부한 사람

⑤ 위원의 임기는 위원으로 임명 또는 위촉된 날부터 위원회에서 입법영향평가에 대한 심의를 마치는 날까지로 한다.

제6조(위원회의 기능) 위원회는 다음 각 호의 사항을 심의한다.

1. 입법영향평가 결과에 관한 사항
2. 입법영향평가 제도 운영 및 개선에 관한 사항
3. 그 밖에 입법영향평가를 위하여 위원장이 회의에 부치는 사항

제7조(위원회의 운영) ① 위원회의 회의는 위원장이 필요하다고 인정하는 경우에 위원장이 소집한다.
② 위원회의 회의는 재적 위원 과반수의 출석으로 개의하고, 출석위원 과반수의 찬성으로 의결한다.
③ 위원회에 위원회의 사무를 처리하기 위하여 간사 1명을 두며, 간사는 입법영향평가 관련 업무 담당 팀장이 된다.
④ 이 조례에서 정한 사항 외에 위원회의 운영에 필요한 사항은 위원회의 의결을 거쳐 위원장이 정한다.
⑤ 위원회에 참석한 위원 또는 자문에 응한 관계 전문가 등에게 예산의 범위에서 수당과 여비를 지급할 수 있다.

제8조(위원의 해촉) ① 의장은 다음 각 호의 어느 하나에 해당하는 경우에는 위원을 해촉할 수 있다.
1. 위원 본인이 사퇴를 희망하는 경우
2. 위원으로서의 활동이 어렵거나 품위를 손상시켰다고 인정하는 경우
② 의장이 제1항에 따라 위원을 해촉한 경우에는 그 결과를 해당 위원에게 통보하여야 한다.

제9조(자료 요구 등) ① 의장은 입법영향평가를 위하여 시흥시장(이하 "시장"이라 한다)에게 자료 또는 의견의 제출을 요청할 수 있고, 필요한 경우에는 관계 전문가에게 자문할 수 있다.
② 제1항에 따라 자료 또는 의견 제출을 요청받은 경우, 시장은 특별한 사정이 없으면 이에 응하여야 한다.

제10조(결과의 공개 및 활용) ① 의장은 입법영향평가 결과를 의회 홈페이지에 공개할 수 있다.
② 해당 상임위원회는 입법영향평가 결과를 의정활동에 적극적으로 반영하도록 노력하여야 하며, 시장 및 관계기관에 적절한 조치의 이행을 촉구할 수 있다.

[별표] 입법영향평가 기준표(제4조제2항 관련)

입법영향 평가항목	세부항목	입법영향 분석지표	의견 및 자료
1. 입법의 근거 및 법적합성	1) 위임조례인가 자치사무에 관한 조례인가?	□ 위임조례 □ 자치사무에 관한 조례	
	2) 위임 조례의 경우 조례에서 규정한 위임근거가 올바른가?	□ 그렇다 □ 그렇지 않다 □ 해당사항 없음	
	3) 조례가 위임범위에서 적절하게 제·개정되었는가?	□ 그렇다 □ 그렇지 않다 □ 해당사항 없음	
	4) 조례 제·개정 이후 동일 또는 유사한 법령이나 제도가 만들어졌거나 근거법령이 개정 또는 폐지되었는가?	□ 그렇다 □ 그렇지 않다 □ 해당사항 없음	

입법영향 평가항목	세부항목	입법영향 분석지표	의견 및 자료
	5) 조례에서 주민의 권리제한, 의무부과, 벌칙 부과, 규제사항에 대한 법률위임이 있는가?	□ 그렇다 □ 그렇지 않다 □ 해당사항 없음	
	6) 상위법령에 위배 되거나 기본권을 침해하는 조항이 있는가?	□ 그렇다 □ 그렇지 않다 □ 해당사항 없음	
	7) 조례의 시행과정에서 다른 조례와의 충돌이나 모순이 발생하고 있는가?	□ 그렇다 □ 그렇지 않다 □ 해당사항 없음	
2. 조례의 실효성	1) 이 조례와 유사 또는 동일한 다른 조례가 제정 및 시행되고 있어 통합할 필요가 있는가?	□ 그렇다 □ 그렇지 않다 □ 해당사항 없음	
	2) 조례에 따른 계획이 수립·시행 되고 있는가?	□ 그렇다 □ 그렇지 않다 □ 해당사항 없음	
	3) 조례 시행에 필요한 예산 확보와 집행이 잘 이루어지고 있는가?	□ 그렇다 □ 그렇지 않다 □ 해당사항 없음	
	4) 조례에서 부여한 책무와 관련 사업을 집행기관이 잘 이행하고 있는가?	□ 그렇다 □ 그렇지 않다 □ 해당사항 없음	
3. 지원의 적정성	1) 조례에 지원 관련 규정이 있는가?	□ 그렇다 □ 그렇지 않다 □ 해당사항 없음	
	2) 조례에 따른 지원대상이나 규모, 범위가 적정한가?	□ 그렇다 □ 그렇지 않다 □ 해당사항 없음	
	3) 지원대상이 집행이 가능한 정도로 구체화 되어 있는가?	□ 그렇다 □ 그렇지 않다 □ 해당사항 없음	
	4) 조례에 따른 위탁사무의 대상으로 적정한가?	□ 그렇다 □ 그렇지 않다 □ 해당사항 없음	
	5) 행정기관의 재량권의 범위는 적정한가?	□ 그렇다 □ 그렇지 않다 □ 해당사항 없음	

입법영향 평가항목	세부항목	입법영향 분석지표	의견 및 자료
4. 조례의 공평성	1) 조례에서 장애인, 성별 등의 특정계층이나 특정지역을 차별 하는 조항이 있는가?	□ 그렇다 □ 그렇지 않다 □ 해당사항 없음	
	2) 조례에서 정한 차별이 합리적인가?	□ 그렇다 □ 그렇지 않다 □ 해당사항 없음	
5. 주민 수용성	1) 조례 제·개정 시 입법예고는 하였는가?	□ 그렇다 □ 그렇지 않다 □ 해당사항 없음	
	2) 조례 제·개정 시 공청회, 세미나 등 이해관계인 및 주민에 대한 의견 수렴 과정이 있었는가?	□ 그렇다 □ 그렇지 않다 □ 해당사항 없음	
	3) 조례와 관련한 민원(청원, 진정, 소송 등)이 제기되거나 개정 또는 폐지 요구가 있었는가?	□ 그렇다 □ 그렇지 않다 □ 해당사항 없음	
	4) 조례의 체계나 사용되어진 용어가 주민이 알기 쉽게 되어 있는가?	□ 그렇다 □ 그렇지 않다 □ 해당사항 없음	
6. 위원회 운영의 적정성	1) 조례로 위원회를 구성하도록 되어 있는가?	□ 그렇다 □ 그렇지 않다 □ 해당사항 없음	
	2) 위원회가 법정위원회인가 조례로 설치하도록 한 위원회인가?	□ 법정위원회 □ 조례로 정한 위원회 □ 해당사항 없음	
	3) 위원회 위원의 성별 구성이 적정한가?	□ 그렇다 □ 그렇지 않다 □ 해당사항 없음	
	4) 위원회가 법령이나 조례에서 정한 회의개최 운영 실적이 있고 관련 회의록을 보존하고 있는가?	□ 그렇다 □ 그렇지 않다 □ 해당사항 없음	
	5) 위원회를 계속 설치·운영 할 필요성이 있는가?	□ 그렇다 □ 그렇지 않다 □ 해당사항 없음	
	6) 해당 위원회와 유사한 다른 위원회와의 기능적 통합이 필요한가?	□ 그렇다 □ 그렇지 않다 □ 해당사항 없음	

입법영향 평가항목	세부항목	입법영향 분석지표	의견 및 자료
7. 종합의견	1) 이 조례를 현행대로 유지할 필요가 있는가?	□ 그렇다 □ 그렇지 않다	
	2) 이 조례를 개정할 이유가 있는가? (해당사항 모두 표기)	□ 위임근거에 불부합 □ 위임근거 불명확 □ 법령의 위임 없는 규제 정비 필요 □ 다른 조례와의 상충 및 모순 □ 조례 시행의 문제점 발생 □ 조례의 공평성 문제 □ 알기 쉬운 법령정비 기준에 따른 정비 필요 □ 위원회 관련 규정 개정 필요 □ 그 밖의 사유	
	3) 그 밖의 이 조례와 관련한 의견이 있는가?	□ 있다 □ 없다	

10. 경상남도 사천시

사천시 조례 사후 입법평가 조례
[시행 2023. 4. 27.] [경상남도사천시조례 제1940호, 2023. 4. 27., 제정]

제1조(목적) 이 조례는 사천시 조례에 대한 입법평가에 필요한 사항을 규정하여 입법의 실효성을 높이는 것을 목적으로 한다.

제2조(정의) 이 조례에서 사용하는 “사후 입법평가”란 시행되고 있는 조례에 대하여 입법 목적의 실현성, 실효성 등을 평가하고 그 개선에 필요한 적극적 조치를 취하는 일련의 과정을 말한다.

제3조(입법평가 대상) 입법평가의 대상은 사천시 조례로 한다. 다만, 다음 각 호의 어느 하나에 해당하는 경우에는 제외한다.
1. 「지방교육자치에 관한 법률」 제2조에 따른 교육 · 학예에 관한 조례
2. 상위법령에서 위임한 조례

3. 기관설치 · 조직운영 · 업무분장 · 문서관리 등 단순하고 기술적인 내용의 조례
4. 시행일부터 3년이 지나지 않은 조례
5. 입법평가 실시 후 4년이 지나지 않은 조례
6. 사천시의회 소관 조례

제4조(입법평가 기준 및 시기) ① 입법평가는 다음 각 호의 사항을 기준으로 실시한다.
1. 입법 목적의 타당성, 실현가능성
2. 기본계획 및 시행계획 등의 수립 여부
3. 예산 편성 및 집행의 적정성
4. 상위법령 제정 및 개정 사항 반영 등 법적 정합성
5. 인권 · 성평등 침해 또는 차별 여부
6. 위원회 등 자문기관 구성 및 운영 실태
7. 그 밖에 조례 규정의 실행에 관한 사항
② 입법평가 기준에 따른 입법평가 분석지표는 의장이 정한다.
③ 입법평가는 3년마다 실시한다.

제5조(입법평가 실시계획) 의장은 다음 각 호의 사항이 포함된 입법평가 실시계획을 3년마다 수립하고 시행하여야 한다.
1. 입법평가 실시 추진 계획
2. 제7조에 따른 사천시 입법평가위원회 구성 및 운영
3. 그 밖에 입법평가 실시에 필요한 사항

제6조(위원회 설치 등) ① 의장은 입법평가에 관한 다음 각 호의 사항을 자문하기 위하여 사천시의회 입법평가위원회(이하 "위원회"라 한다)를 설치한다.
1. 입법평가에 관한 사항
3. 입법평가 개선 권고안 마련
4. 입법평가 제도개선에 관한 사항
5. 그 밖에 입법평가를 위하여 위원장이 회의에 부치는 사항
② 위원회는 위원장은 의장이 되고, 부위원장 1명을 포함한 10명 이내의 위원으로 성별을 고려하여 구성한다.
③ 부위원장은 위원 중에서 호선하며, 위원회의 위원은 다음 각 호의 사람 중에서 의장이 임명하거나 위촉한다.

1. 사천시의회 의원
2. 사천시 소속 5급 이상 공무원
3. 변호사, 교수 등 법률 또는 입법 전문가
4. 행정 전문가
5. 그 밖에 입법평가에 관한 학식과 경험이 풍부한 사람

제7조(위원회 운영) ① 위원회의 회의는 재적위원 과반수의 출석으로 개의(開議)하고, 출석위원 과반수의 찬성으로 의결한다. 다만, 천재지변이나 감염병, 그 밖의 부득이한 사유가 있는 경우에는 서면으로 심의할 수 있다.
② 위원회의 사무를 처리할 간사 1명을 두며, 간사는 입법영향평가 관련 업무 담당 팀장이 된다.
③ 위원회에 참석하거나 의견을 제출하여 위원회 직무 수행을 지원한 전문가 등에게 예산의 범위에서 수당과 여비를 지급할 수 있다.

제8조(의견 청취 및 자료 요청) ① 위원회는 필요한 경우에는 업무담당부서의 의견을 듣거나 업무담당부서에 자료를 요청할 수 있다.
② 제1항에 따라 자료를 요청받은 업무담당부서는 위원회에 자료를 제출하여야 한다.

제9조(용역) 효율적인 입법평가를 위하여 필요한 경우 입법평가 전문 기관이나 단체 등에 입법평가 용역을 실시할 수 있다.

제10조(입법평가 결과의 제출 및 반영) ① 위원회는 입법평가 결과보고서를 작성하여 입법평가의 결과를 소관 상임위원회와 시장에게 통보하여야 한다.
② 제1항에 따라 통보를 받은 상임위원회와 시장은 이를 적극적으로 반영하도록 노력하여야 한다. 다만, 평가 결과를 반영하기 어려운 경우에는 그 사유를 90일 이내에 서면으로 위원회의 위원장에게 통지하고 반영 여부를 협의하여 결정하여야 한다.

제11조(입법평가 결과 공표) 의장은 입법평가 결과와 그 결과의 반영사항을 사천시의회 누리집에 공개할 수 있다.

11. 경상북도 예천군

예천군 조례에 대한 입법평가 조례
[시행 2021. 9. 27.] [경상북도예천군조례 제2454호, 2021. 9. 27., 제정]

제1조(목적) 이 조례는 예천군 조례의 입법 목적과 목표가 실현되고 있는지를 분석 · 평가하고 개선토록 하기 위하여 사후 입법평가에 관한 사항을 규정함으로써 조례의 실효성을 높여 군민의 삶의 질 향상에 기여함을 목적으로 한다.

제2조(정의) 이 조례에서 사용하고 있는 용어의 뜻은 다음과 같다.
1. "입법평가"란 시행되고 있는 조례에 대하여 예천군 입법평가위원회(이하 "위원회"라 한다)가 입법 목적의 실현성, 실효성 등을 평가하는 것을 말한다.
2. "주관부서"란 평가대상 조례를 관리하고 그에 따른 업무를 수행하는 부서를 말한다.
3. "총괄부서"란 입법업무를 총괄하는 부서를 말한다.

제3조(책무) 예천군수(이하 "군수"라 한다)는 예천군(이하 "군"이라 한다) 조례를 실효성 있게 운영하기 위하여 입법평가를 시행함으로써 시행 중인 조례의 입법목적이 실현되도록 노력하여야 한다.

제4조(추진계획 수립 · 시행) ① 군수는 입법평가를 실시하기 위하여 3년마다 입법평가 추진계획(이하 "추진계획"이라 한다)을 수립 · 시행하여야 한다.
② 추진계획에는 다음 각 호의 사항이 포함되어야 한다.
1. 입법평가 대상 조례의 선정에 관한 사항
2. 입법평가의 목표와 방향 설정에 관한 사항
3. 입법평가 실시 시기 및 방법에 관한 사항
4. 대상 조례와 관련한 각 위원회의 구성 및 운영에 관한 사항
5. 그 밖에 입법평가 추진을 위하여 필요한 사항

제5조(입법평가위원회 설치 등) 군수는 다음 각 호의 사항을 심의하기 위하여 예천군 입법평가위원회(이하 "위원회"라 한다)를 둔다.
1. 제4조에 관한 추진계획의 수립 및 시행계획의 적정 여부에 관한 사항
2. 입법평가에 관한 사항
3. 입법평가 결과 개선안 마련에 관한 사항
4. 입법평가 제도개선에 관한 사항

5. 그 밖에 입법평가를 위하여 위원장이 회의에 부치는 사항

제6조(구성 · 운영) ① 위원회는 위원장과 부위원장 각 1명을 포함하여 15명 이내의 위원으로 구성한다.
② 위원회의 위원장은 부군수가 되고, 부위원장은 위원 중에서 호선하며, 위원은 군수가 다음 각 호의 사람 중에서 임명하거나 위촉하되, 위촉직 위원 중 특정 성별이 위촉직 위원 수의 10분의 6을 초과하지 아니하도록 하여야 한다.
1. 군 소속 5급 이상 공무원
2. 예천군의회 의원
③ 위원의 임기는 위원으로 임명 또는 위촉된 날부터 위원회에서 입법평가에 대한 심의를 마치는 날까지로 한다.
④ 위원회의 회의는 재적위원 과반수의 출석으로 개의하고, 출석위원 과반수의 찬성으로 의결한다.
⑤ 위원회에 위원회의 사무를 처리할 간사 1명을 두되, 간사는 법무업무담당 팀장이 된다.
⑥ 위원회에 참석한 위촉 위원 및 제10조에 따른 관계 전문가 등에게 예산의 범위에서 수당과 여비를 지급할 수 있다.
⑦ 이 조례에 정한 것 외에 위원회의 운영에 필요한 사항은 위원회의 의결을 거쳐 위원장이 정한다.

제7조(평가대상) 입법평가의 대상은 군의 조례로 한다. 다만, 다음 각 호의 어느 하나에 해당하는 경우에는 제외한다.
1. 기구설치 · 조직운영 · 업무분장 · 문서관리 등 단순 기술적인 내용의 조례
2. 최초 제정일 또는 개정일로부터 3년이 지나지 않은 조례

제8조(평가시기 및 기준) 입법평가는 3년마다 실시하되, 다음 각 호의 사항을 기준으로 한다.
1. 입법 목적의 실현성 및 실효성 여부
2. 조례의 시행에 필요한 기본계획 또는 추진계획 등의 수립 여부
3. 예산편성 및 예산집행의 적정성
4. 상위법령 개정 및 폐지 내용의 반영 여부
5. 대상 조례와 관련한 각 위원회 · 협의회 등 구성 및 운영 실태
6. 그 밖에 평가 대상 조례의 규정에 따른 이행 여부

제9조(입법평가 기본자료 등의 제출) ① 제7조에 따라 평가대상이 되는 조례의 주관부서의 장은 해당 조례에 대한 입법평가 기본자료를 작성하여 군수에게 제출하여야 한다.
② 군수는 제1항에 따라 주관부서의 장으로부터 받은 입법평가 기본자료를 바탕으로 총괄자료를 작성하여 제5조에 따른 위원회에 제출하여야 한다.

제10조(조사 및 의견청취 등) 위원회는 안건의 심의를 위하여 필요하다고 인정하면 관계 공무원 등에게 설명 또는 자료 등의 제출을 요구할 수 있고, 필요한 경우에는 관계 전문가에게 자문 등을 구할 수 있다.

제11조(평가결과 반영) 군수는 제5조에 따른 위원회의 심의 결과 입법평가에 따른 개선사항이 있는 경우에는 이를 적극 반영하도록 노력하여야 한다.

제12조(종합결과보고서 제출) 군수는 입법평가 완료 후 30일 이내에 입법평가 종합결과보고서를 예천군의회에 제출하여야 한다.

12. 대구광역시 달서구

대구광역시달서구 조례 입법평가 조례
[시행 2021. 7. 12.] [대구광역시달서구조례 제1520호, 2021. 7. 12., 제정]

제1조(목적) 이 조례는 대구광역시 달서구 조례에 대한 입법평가에 관한 사항을 규정하여 조례의 시행효과 및 목표달성 등을 평가함으로써 조례의 실효성을 확보하고 대구광역시 달서구민의 삶의 질을 높이는데 이바지함을 목적으로 한다.

제2조(정의) 이 조례에서 사용하고 있는 용어의 뜻은 다음과 같다.

1. "입법평가"란 시행되고 있는 조례에 대하여 입법 목적의 실현성, 실효성 등을 평가하는 것을 말한다.
2. "수관부서"란 평가 대상 조례를 관리하고 그에 따른 업무를 수행하는 부서를 말한다.
3. "총괄부서"란 입법업무를 총괄하는 부서를 말한다.

제3조(책무) 대구광역시 달서구청장(이하 "구청장"이라 한다)은 조례를 실효성 있게 운영하고 입법평가로 조례의 입법목적이 실현되도록 노력하여야 한다.

제4조(추진계획 수립 · 시행) ① 구청장은 입법평가를 실시하기 위하여 4년마다 입법평가 추진계획(이하 "추진계획"이라 한다)을 수립 · 시행하여야 한다.

② 추진계획에는 다음 각 호의 사항이 포함되어야 한다.

1. 입법평가의 목표와 방향
2. 입법평가 실시에 관한 사항
3. 그 밖에 입법평가 추진을 위하여 필요한 사항

제5조(평가대상) 입법평가의 대상은 대구광역시 달서구(이하 "구"라 한다)의 조례로 한다. 다만, 다음 각 호의 어느 하나에 해당하는 경우에는 제외한다.

1. 기관설치 · 조직운영 · 업무분장 · 문서관리 등 단순 기술적인 조례
2. 상위법령에서 위임한 조례
3. 시행된 지 4년이 지나지 않은 조례
4. 대구광역시 달서구의회(이하 "구의회"라 한다) 소관 조례
5. 입법평가를 받은 후 4년이 지나지 않은 조례

제6조(평가시기 등) ① 입법평가는 4년마다 실시하되, 다음 각 호의 사항을 기준으로 실시한다.

1. 입법 목적의 실현성 · 실효성
2. 기본계획 또는 추진계획 등의 수립 여부
3. 예산편성 및 집행의 적정성
4. 상위법령 제정 및 개정 사항 반영 등 법적 적합성
5. 위원회 · 협의회 등 구성 및 운영 실태
6. 그 밖에 평가 대상 조례의 규정에 따른 이행 여부

② 제1항에 따른 평가시기 및 기준에 따른 세부적인 사항은 구청장이 따로 정한다.

제7조(입법평가 기본자료 제출 등) ① 제5조에 따라 평가대상이 되는 조례의 주관부서의 장은 해당 조례에 대한 입법평가 기본자료를 작성하여 총괄부서의 장에게 제출하여야 한다.

② 제1항에 따라 입법평가 기본자료를 제출받은 총괄부서의 장은 주관부서의 장으로부터 받은 입법평가 기본자료를 정리하여 제8조에 따른 대구광역시 달서구 입법평가위원회에 제출하여야 한다.

제8조(입법평가위원회의 설치) 구청장은 다음 각 호의 사항을 심의하기 위하여 대구광역시 달서구 입법평가위원회(이하 "위원회"라 한다)를 둘 수 있다.

1. 입법평가에 관한 사항
2. 입법평가 결과 개선안 마련에 관한 사항
3. 입법평가 제도개선에 관한 사항
4. 그 밖에 입법평가를 위하여 위원장이 회의에 부치는 사항

제9조(위원회의 구성 및 운영) ① 위원회는 위원장과 부위원장 각 1명을 포함하여 10명 이내의 위원으로 구성한다.

② 위원회의 위원장은 부구청장이 되고, 부위원장은 위원 중에서 호선한다.

③ 위원은 다음 각 호의 사람 중에서 성별을 고려하여 구청장이 임명 또는 위촉한다.

1. 구 소속 5급 이상 공무원
2. 구의회에서 추천하는 구의원
3. 그 밖에 법률 또는 입법에 관한 학식과 경험이 풍부한 사람

④ 위원의 임기는 위원으로 임명 또는 위촉된 날부터 위원회에서 입법평가에 대한 심의를 마치는 날까지로 한다.

⑤ 위원회의 회의는 재적위원 과반수의 출석으로 개의하고, 출석위원 과반수의 찬성으로 의결한다.

⑥ 위원회에 위원회의 사무를 처리할 간사 1명을 두며, 간사는 총괄부서의 법제업무 담당 팀장으로 한다.

⑦ 위원회에 참석한 위촉위원 및 관계 전문가 등에게 예산의 범위에서 수당과 여비를 지급할 수 있다.

⑧ 이 조례에 정한 것 외에 위원회의 운영에 필요한 사항은 위원회의 의결을 거쳐 위원장이 정한다.

제10조(조사 및 의견청취 등) 위원회는 안건의 심의를 위하여 필요하다고 인정하면 관계 공무원 등에게 설명 또는 자료 등의 제출을 요구할 수 있다.

제11조(평가결과 반영) 구청장은 제8조에 따른 위원회의 심의 결과 입법평가에 따른 개선사항이 있는 경우에는 이를 적극 반영하도록 노력하여야 한다.

제12조(종합결과보고서 제출) 구청장은 입법평가 완료 후 30일 이내에 입법평가 종합결과보고서를 구의회에 제출하여야 한다.

13. 대구광역시 달성군

대구광역시 달성군 조례 입법평가 조례
[시행 2020. 1. 1.] [대구광역시달성군조례 제2645호, 2019. 10. 10., 제정]

제1조(목적) 이 조례는 대구광역시 달성군 조례의 입법 목적과 목표가 실현되고 있는 지를 분석·평가하여 개선하도록 하는 사후 입법평가에 관한 사항을 규정함으로써 조례의 실효성을 높여 군민의 삶의 질이 향상되도록 함을 목적으로 한다.

제2조(정의) 이 조례에서 사용하고 있는 용어의 뜻은 다음과 같다.

1. "입법평가"란 시행되고 있는 조례에 대하여 입법 목적의 실현성, 실효성 등을 평가하는 것을 말한다.
2. "주관부서"란 평가 대상 조례를 관리하고 그에 따른 업무를 수행하는 부서를 말한다.
3. "총괄부서"란 입법업무를 총괄하는 부서를 말한다.

제3조(군수 책무) 대구광역시 달성군수(이하 “군수”라 한다)는 조례를 실효성 있게 운영하며 입법평가를 실시하여 조례의 입법목적이 실현되도록 노력하여야 한다.

제4조(추진계획 수립 · 시행) ① 군수는 입법평가를 실시하기 위하여 4년 마다 입법평가 추진계획(이하“추진계획”이라 한다)을 수립 · 시행하여야 한다.

② 추진계획에는 다음 각 호의 사항이 포함되어야 한다.

1. 입법평가의 목표와 방향
2. 입법평가 실시에 관한 사항
3. 그 밖에 입법평가 추진을 위하여 필요한 사항

제5조(평가대상) 입법평가의 대상은 대구광역시 달성군의 조례로 한다.다만, 다음 각 호의 어느 하나에 해당하는 경우에는 제외한다.

1. 기관설치, 조직운영, 업무분장, 문서관리 등 단순 기술적인 조례
2. 상위법령에서 위임한 조례
3. 시행일로부터 2년이 지나지 않은 조례
4. 대구광역시 달성군의회(이하 “군의회”라 한다) 소관 조례

제6조(평가시기 등) ① 입법평가는 4년마다 실시하되, 다음 각 호의 사항을 기준으로 실시한다.

1. 입법목적의 실현성
2. 조례에서 정한 기본계획 또는 추진계획 수립 여부
3. 예산편성 및 집행 여부
4. 상위법령 제정 및 개정 사항 반영 등 법적 적합성
5. 위원회 · 협의회 등 구성 및 운영 실태
6. 그 밖에 평가 대상 조례의 규정에 따른 이행 여부

② 제1항에 따른 평가시기 및 기준에 따른 세부적인 사항은 군수가 따로 정한다.

제7조(입법평가 실시 등) ① 평가대상이 되는 조례의 주관부서의 장은 해당 조례에 대해 입법평가를 실시하고 관련 자료를 총괄부서의 장에게 제출하여야 한다.

② 총괄부서의 장은 제출받은 입법평가 자료를 종합적으로 검토한 후 입법평가 결과 개선이 필요한 경우에는 개선방향 등을 주관부서의 장에게 통보하여야 한다.

③ 제2항의 통보를 받은 주관부서의 장은 특별한 사유가 없는 한 소관 조례에 대한 개선계획을 수립하여 추진하고 그 결과를 총괄부서의 장에게 통보하여야 한다.

제8조(종합결과보고서 제출) 군수는 입법평가 완료 후 30일 이내에 입법평가 종합결과보고서를 군의회에 제출하여야 한다.

제9조(시행규칙) 이 조례의 시행에 필요한 사항은 규칙으로 정할 수 있다

14. 대구광역시 수성구

대구광역시 수성구 조례 사후 입법평가 조례
[시행 2020. 6. 1.] [대구광역시수성구조례 제1391호, 2020. 6. 1., 일부개정]

제1조(목적) 이 조례는 대구광역시 수성구 조례의 입법 목적이 제대로 실현되고 있는지를 분석·평가하고 필요시 개선하도록 하는 사후 입법평가에 관한 기본적인 사항을 정하여 정책 실현 도구로써 조례의 실효성을 높여 대구광역시 수성구민의 삶의 질이 향상되도록 함을 목적으로 한다.<개정 2020.6.1.>

제2조(정의) 이 조례에서 "사후 입법평가"란 시행되고 있는 조례의 입법목적의 실현성, 실효성 등을 평가하고 그 개선에 필요한 적극적 조치를 취하는 일련의 과정을 말한다.<개정 2020.6.1.>

제3조(구청장의 책무) 대구광역시 수성구청장(이하 "구청장"이라 한다)은 조례의 집행기관으로서 조례를 실효성 있게 운영하고 사후 입법평가로 조례의 질적 향상과 입법목적을 실현하도록 노력하여야 한다.<개정 2020.6.1.>

제4조(평가 대상) 사후 입법평가 대상은 시행일로부터 3년 이상 시난 대구광역시 수성구의 조례로 한다. 다만, 다음 각 호의 어느 하나에 해당하는 경우에는 평가대상에서 제외한다.
1. 상위법령의 위임에 따른 조례
2. 행정기구, 정원, 사무전결 등 조직 운영에 관한 조례
3. 선언적 규정의 조례
4. 일상업무의 절차 등 매뉴얼 성격의 조례
5. 피해보상 등 사후발생적 사업이나 보조적 사업의 조례
6. 의회 소관 조례[본조 전문개정 2020.6.1.]

제5조(평가 기준 및 시기) ① 사후 입법평가는 아래의 사항을 기준으로 실시한다.
1. 입법 목적의 실현성

2. 공익의 효율성
3. 기본계획 및 시행계획 수립 여부
4. 예산 편성 및 집행 여부
5. 상위법령 제정 및 개정 사항 반영 등 법적 적합성
6. 인권·성평등 침해 또는 차별 여부
7. 위원회 구성 및 운영 실태
② 사후 입법평가는 3년마다 실시한다.

제6조(입법평가서의 작성) 제4조에 따라 평가 대상이 되는 조례의 소관 부서의 장은 해당 조례를 검토하여 사후 입법평가 기본자료를 작성하여 입법 주관부서의 장에게 제출한다.

제7조(입법평가위원회 구성) ① 구청장은 사후 입법평가를 효율적으로 추진하기 위하여 대구광역시 수성구 입법평가위원회(이하 "위원회"라 한다)를 구성한다. <개정 2020.6.1.>
② 위원회는 위원장과 부위원장 각 1명을 포함한 10명 이내의 위원으로 구성하고 법제업무 부서장을 당연직 위원으로 포함하여 의회에서 추천하는 사람, 법률 전문가, 시민단체 대표 등에서 구청장이 임명 또는 위촉한다. <개정 2020.6.1.>
③ 위원장과 부위원장은 위원 중에서 호선한다.
④ 위원의 임기는 사후 입법평가 결과보고서 작성이 완료되면 자동으로 해촉되며 한 차례에 한정하여 연임할 수 있다. <개정 2020.6.1.>
⑤ 위원회에서 사무를 처리하기 위하여 간사를 두며, 간사는 법제업무 팀장이 된다. <개정 2020.6.1.>

제8조(기능) 위원회는 아래사항을 심의·조정한다.
1. 사후 입법평가 결과의 반영 및 개선안 마련에 관한 사항
2. 사후 입법평가 결과통보서 작성 및 통보에 관한사항
3. 그 밖에 구청장이 위원회의 심의·조정이 필요하다고 인정하는 사항 <개정 2020.6.1.>

제9조(조사 및 의견청취 등) 위원회는 제8조에 따른 기능을 수행할 때 필요하다고 인정하면 관계공무원 등에게 설명 또는 자료 등의 제출을 요구할 수 있다.

제10조(평가결과 반영) 주관부서의 장은 위원장으로부터 받은 사후 입법평가 결과통보서에 개선권고 사항이 있는 경우에는 이를 반영하여야 한다. 다만, 주관부서의 장은 평가 결과를 반영하기 어려운 경우에는 그 사유를 서면으로 위원장에게 통지하고, 반영 여부를 협의하여 결정하여야 한다.

제11조(수당 등) 공무원이 아닌 위원에게는 예산의 범위에서 수당, 여비 등을 지급할 수 있다.<개정 2020.6.1.>

제12조(결과보고서 제출) 구청장은 위원회의 사후 입법평가 결과통보서와 소관 부서의 개선권고안 반영 계획 등을 포함한 사후 입법평가 결과 보고서를 해당 연도 내에서 평가 완료 30일 이내에 의회에 제출하여야 한다.<개정 2020.6.1.>

제13조(규칙) 이 조례 시행에 관한 사항은 규칙으로 정한다.

[별지 제1호 서식]

※관리 번호	사후 입법평가 기본자료(실·과 작성용)
조례명	
관계법령 (위임 법령, 관련 조례명 등 기재)	(위임 법령, 시행 관련 조례 명 등을 기재)
평가기간	20 . . . 부터 20 . . . 까지(일 간)
평가 의견 ('사후 입법평가기준표'를 토대로 한 평가의견 서술)	
첨부자료	1. 조례, 관계법령 발췌본 2. 사후 입법평가기준표 3. 예산 편성 및 집행 내역 4. 그 밖의 참고자료(계획서, 보고전, 위원회 구성 및 운영 현황 등 증빙자료)

작성자	부서명	직급	성명	전화번호

[별지 제2호서식] 사후 입법평가 기준표

기 준	세 부 항 목	여부	문제점	개선안
입법 목적의 실현성	· 조례 제정·개정의 취지와 입법 목적대로 시행되고 있는가?			
공익의 효율성	· 공익에 반하지 않은가?			
	· 의무부과 또는 권리제한 근거 및 정도는 정한가?			
계획 수립	· 기본계획 및 시행계획이 수립되어 있는가?			
예산 편성 및 집행	· 예산은 적정하게 편성 및 집행되고 있는가?			
법 적 적합성	· 상위 법령 내용을 제대로 반영하고 있는가?			
	· 각 규정 간에 모순되는 점은 없는가?			
인권·성평등 준수	· 인권·성평등 침해 또는 차별은 없는가?			
위원회 구성 및 운영 실태	· 위원회의 구성과 운영 내용은 적절한가?			
	· 위원회 위원의 성비는 적정한가?			

15. 대전광역시 대덕구

대전광역시 대덕구 조례 입법평가 조례
[시행 2019. 5. 17.] [대전광역시대덕구조례 제1341호, 2019. 5. 17., 제정]

제1조(목적) 이 조례는 대전광역시 대덕구 조례에 대한 입법평가에 관한 사항을 규정하여 조례의 시행효과 및 목표달성 등을 평가함으로써 조례의 실효성을 확보하고 구민의 삶의 질을 높이는데 이바지함을 목적으로 한다.

제2조(정의) 이 조례에서 사용하고 있는 용어의 뜻은 다음과 같다.
1. “입법평가”란 시행되고 있는 조례에 대하여 입법 목적의 실현성, 실효성 등을 평가하는 것을 말한다.
2. “주관부서”란 평가 대상 조례를 관리하고 그에 따른 업무를 수행하는 부서를 말한다.
3. “총괄부서”란 입법업무를 총괄하는 부서를 말한다.

제3조(구청장의 책무) 대전광역시 대덕구청장(이하 “구청장”이라 한다)은 조례를 실효성 있게 운영하고 입법평가로 조례의 입법목적이 실현되도록 노력하여야 한다.

제4조(추진계획 수립 · 시행) ① 구청장은 입법평가를 실시하기 위하여 3년마다 입법평가 추진계획(이하 “추진계획”이라 한다)을 수립 · 시행하여야 한다.
② 제1항에 따른 추진계획에는 다음 각 호의 사항이 포함되어야 한다.
1. 입법평가의 목표와 방향
2. 입법평가 실시에 관한 사항
3. 제8조에 따른 대전광역시 대덕구 입법평가위원회에 관한 사항
4. 그 밖에 입법평가 추진을 위하여 필요한 사항

제5조(평가대상) 입법평가의 대상은 대전광역시 대덕구(이하 “대덕구”라 한다)의 조례로 한다. 다만, 다음 각 호의 어느 하나에 해당하는 경우에는 제외한다.
1. 기관설치 · 조직운영 · 업무분장 · 문서관리 등 단순 기술적인 조례
2. 상위법령에서 위임한 조례
3. 시행일로부터 2년이 지나지 않은 조례

제6조(평가시기 등) ① 입법평가는 3년마다 실시하되, 다음 각 호의 사항을 기준으로 실시한다.
1. 입법 목적의 실현성
2. 기본계획 또는 추진계획 등의 수립 여부
3. 예산편성 및 집행의 적정성
4. 상위법령 제정 및 개정 사항 반영 여부
5. 위원회 · 협의회 등 구성 및 운영 실태
6. 그 밖에 평가 대상 조례의 규정에 따른 이행 여부
② 제1항에 따른 평가시기 및 기준에 따른 세부적인 사항은 구청장이 따로 정한다.

제7조(입법평가 기본자료 제출 등) ① 제5조에 따라 평가대상이 되는 조례의 주관부서의 장은 해당 조례에 대한 입법평가 기본자료를 작성하여 총괄부서의 장에게 제출하여야 한다.

② 제1항에 따라 입법평가 기본자료를 제출받은 총괄부서의 장은 주관부서의 장으로부터 받은 입법평가 기본자료를 정리하여 제8조에 따른 대전광역시 대덕구 입법평가위원회에 제출하여야 한다.

제8조(입법평가위원회의 설치 및 기능) 구청장은 다음 각 호의 사항을 심의하기 위하여 대전광역시 대덕구 입법평가위원회(이하 "위원회"라 한다)를 둘 수 있다.
1. 제4조에 따른 추진계획에 관한 사항
2. 입법평가에 관한 사항
3. 입법평가 결과 개선안 마련에 관한 사항
4. 입법평가 제도개선에 관한 사항
5. 그 밖에 입법평가를 위하여 위원장이 회의에 부치는 사항

제9조(위원회의 구성) ① 위원회는 위원장과 부위원장 각 1명을 포함하여 15명 이내의 위원으로 구성한다.
② 위원회의 위원장과 부위원장은 위원 중에서 호선한다.
③ 위원은 다음 각 호의 사람 중에서 성별을 고려하여 구청장이 임명 또는 위촉한다.
1. 대덕구 소속 5급 이상 공무원
2. 대전광역시 대덕구의회에서 추천하는 구의원
3. 그 밖에 입법평가에 관한 학식과 경험이 풍부한 사람
④ 위원의 임기는 위원으로 임명 또는 위촉된 날부터 위원회에서 입법평가에 대한 심의를 마치는 날까지로 한다.

제10조(위원회의 운영) ① 위원장은 위원회의 회의를 소집하고, 그 의장이 된다.
② 위원회의 회의는 위원장이 필요하다고 인정하는 경우에 위원장이 소집한다.
③ 위원회의 회의는 재적위원 과반수의 출석으로 개의하고, 출석위원 과반수의 찬성으로 의결한다.
④ 위원회에 위원회의 사무를 처리하기 위하여 간사 1명을 두며, 간사는 입법평가 관련 업무 담당 공무원 중에서 구청장이 지명한다.
⑤ 이 조례에서 정한 사항 외에 위원회의 운영에 필요한 사항은 위원회의 의결을 거쳐 위원장이 정한다.

제11조(의견청취 등 협조요청) 위원회의 직무수행을 위하여 필요한 경우에는 관계 공무원 등에게 설명 또는 자료 등의 제출을 요청할 수 있다.

제12조(평가결과 반영) 구청장은 제8조에 따른 위원회의 심의 결과 입법평가에 따른 개선사항이 있는 경우에는 이를 적극 반영하도록 노력하여야 한다.

제13조(종합결과보고서 제출) 구청장은 입법평가 완료 후 30일 이내에 입법평가 종합결과보고서를 대전광역시 대덕구의회에 제출하여야 한다.

16. 대전광역시 유성구

대전광역시 유성구 조례 입법평가 조례
[시행 2022. 4. 15.] [대전광역시유성구조례 제1740호, 2022. 4. 15., 일부개정]

제1조(목적) 이 조례는 대전광역시 유성구 조례에 대한 입법평가에 관한 사항을 규정하여 조례의 시행효과 및 목표달성 등을 평가함으로써 조례의 실효성을 확보하고 구민의 삶의 질을 높이는데 이바지함을 목적으로 한다.

제2조(정의) 이 조례에서 사용하고 있는 용어의 뜻은 다음과 같다.
1. "입법평가"란 시행되고 있는 조례에 대하여 입법 목적의 실현성, 실효성 등을 평가하는 것을 말한다.
2. "주관부서"란 평가 대상 조례를 관리하고 그에 따른 업무를 수행하는 부서를 말한다.
3. "총괄부서"란 입법업무를 총괄하는 부서를 말한다.

제3조(책무) 대전광역시 유성구(이하 "구"라 한다)는 조례를 실효성 있게 운영하고 입법평가로 조례의 입법목적이 실현되도록 노력하여야 한다.

제4조(추진계획 수립 · 시행) ① 대전광역시 유성구청장(이하 "구청장"이라 한다)은 입법평가를 실시하기 위하여 3년마다 입법평가 추진계획(이하 "추진계획"이라 한다)을 수립 · 시행하여야 한다.
② 추진계획에는 다음 각 호의 사항이 포함되어야 한다.
1. 입법평가의 목표와 방향
2. 입법평가 실시에 관한 사항
3. 제8조에 따른 대전광역시 유성구 입법평가위원회에 관한 사항
4. 그 밖에 입법평가 추진을 위하여 필요한 사항

제5조(평가대상) 입법평가의 대상은 구의 조례로 한다. 다만, 다음 각 호의 어느 하나에 해당하는 경우에는 제외한다.
1. 기관설치 · 조직운영 · 업무분장 · 문서관리 등 단순 기술적인 조례
2. 상위법령에서 위임한 조례

3. 시행일로부터 2년이 지나지 않은 조례

제6조(평가시기 등) ① 입법평가는 3년마다 실시하되, 다음 각 호의 사항을 기준으로 실시한다.
1. 입법 목적의 실현성
2. 기본계획 또는 추진계획 등의 수립 여부
3. 예산편성 및 집행의 적정성
4. 상위법령 제정 및 개정 사항 반영 여부
5. 위원회 · 협의회 등 구성 및 운영 실태
6. 그 밖에 평가 대상 조례의 규정에 따른 이행 여부
② 제1항에 따른 평가시기 및 기준에 따른 세부적인 사항은 구청장이 따로 정한다.

제7조(입법평가 기본자료 제출 등) ① 제5조에 따라 평가대상이 되는 조례의 주관부서의 장은 해당 조례에 대한 입법평가 기본자료를 작성하여 총괄부서의 장에게 제출하여야 한다.
② 제1항에 따라 입법평가 기본자료를 제출받은 총괄부서의 장은 주관부서의 장으로부터 받은 입법평가 기본자료를 정리하여 제8조에 따른 대전광역시 유성구 입법평가위원회에 제출하여야 한다.

제8조(입법평가위원회의 설치) 구청장은 다음 각 호의 사항을 심의하기 위하여 대전광역시 유성구 입법평가위원회(이하 “위원회”라 한다)를 둔다.
1. 제4조에 따른 추진계획에 관한 사항
2. 입법평가에 관한 사항
3. 입법평가 결과 개선안 마련에 관한 사항
4. 입법평가 제도개선에 관한 사항
5. 그 밖에 입법평가를 위하여 위원장이 회의에 부치는 사항

제9조(위원회의 구성 및 운영) ① 위원회는 위원장과 부위원장 각 1명을 포함하여 15명 이내의 위원으로 구성한다.
② 위원회의 위원장은 부구청장이 되고, 부위원장은 위원 중에서 호선한다
③ 위원은 다음 각 호의 사람 중에서 성별을 고려하여 구청장이 임명 또는 위촉한다.
1. 구 소속 5급 이상 공무원
2. 대전광역시 유성구의회에서 추천하는 구의원
3. 그 밖에 입법평가에 관한 학식과 경험이 풍부한 사람
④ 위원의 임기는 위원으로 임명 또는 위촉된 날부터 위원회에서 입법평가에 대한 심의를 마치는 날까지로 한다. <개정 2022.04.15.>

⑤ 위원회의 회의는 재적위원 과반수의 출석으로 개의하고, 출석위원 과반수의 찬성으로 의결한다. <개정 2022.04.15.>

⑥ 위원회에 위원회의 사무를 처리할 간사 1명을 두며, 간사는 법무규제개혁팀장이 된다. <개정 2022.04.15.>

⑦ 위원회에 참석한 위촉위원 및 관계 전문가 등에게 「대전광역시 유성구 위원회 구성 및 운영에 관한 조례」에 따라 예산의 범위에서 수당과 여비를 지급할 수 있다. <개정 2022.04.15.>

⑧ 이 조례에 정한 것 외에 위원회의 운영에 필요한 사항은 위원회의 의결을 거쳐 위원장이 정한다. <개정 2022.04.15.>

제10조(조사 및 의견청취 등) 위원회는 안건의 심의를 위하여 필요하다고 인정하면 관계 공무원 등에게 설명 또는 자료 등의 제출을 요구할 수 있다.

제11조(평가결과 반영) 구청장은 제8조에 따른 위원회의 심의 결과 입법평가에 따른 개선사항이 있는 경우에는 이를 적극 반영하도록 노력하여야 한다.

제12조(종합결과보고서 제출) 구청장은 입법평가 완료 후 30일 이내에 입법평가 종합결과보고서를 대전광역시 유성구의회에 제출하여야 한다.

17. 대전광역시 중구

대전광역시 중구 조례 입법평가 조례
[시행 2022. 11. 1.] [대전광역시중구조례 제1499호, 2022. 10. 28., 일부개정]

제1조(목적) 이 조례는 대전광역시 중구 조례에 대한 입법평가에 관한 사항을 규정하여 조례의 시행효과 및 목표달성 등을 평가함으로써 조례의 실효성을 확보하고 구민의 삶의 질을 높이는데 이바지함을 목적으로 한다.

제2조(정의) 이 조례에서 사용하고 있는 용어의 뜻은 다음과 같다.

1. “입법평가”란 시행되고 있는 조례에 대하여 입법 목적의 실현성, 실효성 등을 평가하는 것을 말한다.
2. “주관부서”란 평가 대상 조례를 관리하고 그에 따른 업무를 수행하는 부서를 말한다.
3. “총괄부서”란 입법업무를 총괄하는 부서를 말한다.

제3조(구청장의 책무) 대전광역시 중구청장(이하 "구청장"이라 한다)은 조례를 실효성 있게 운영하고 입법평가로 조례의 입법목적이 실현되도록 노력하여야 한다.

제4조(추진계획 수립 및 시행) ① 구청장은 입법평가를 실시하기 위하여 3년마다 입법평가 추진계획(이하 "추진계획"이라 한다)을 수립 · 시행하여야 한다.

② 제1항에 따른 추진계획에는 다음 각 호의 사항이 포함되어야 한다.

1. 입법평가의 목표와 방향
2. 입법평가 실시에 관한 사항
3. 제8조에 따른 대전광역시 중구 입법평가위원회에 관한 사항
4. 그 밖에 입법평가 추진을 위하여 필요한 사항

제5조(평가대상) 입법평가의 대상은 대전광역시 중구(이하 "중구"라 한다)의 조례로 한다. 다만, 다음 각 호의 어느 하나에 해당하는 경우에는 제외한다.

1. 기관설치 · 조직운영 · 업무분장 · 문서관리 등 단순 기술적인 조례
2. 상위법령에서 위임한 조례
3. 시행일로부터 2년이 지나지 않은 조례

제6조(평가시기 등) ① 입법평가는 3년마다 실시하되, 다음 각 호의 사항을 기준으로 실시한다.

1. 입법 목적의 실현성
2. 기본계획 또는 추진계획 등의 수립 여부
3. 예산편성 및 집행의 적정성
4. 상위법령 제정 및 개정 사항 반영 여부
5. 위원회 · 협의회 등 구성 및 운영 실태
6. 그 밖에 평가 대상 조례의 규정에 따른 이행 여부

② 제1항에 따른 평가시기 및 기준에 따른 세부적인 사항은 구청장이 따로 정한다.

제7조(입법평가 기본자료 제출 등) ① 제5조에 따라 평가대상이 되는 조례의 주관부서의 장은 해당 조례에 대한 입법평가 기본자료를 작성하여 총괄부서의 장에게 제출하여야 한다.

② 제1항에 따라 입법평가 기본자료를 제출받은 총괄부서의 장은 주관부서의 장으로부터 받은 입법평가 기본자료를 정리하여 제8조에 따른 대전광역시 중구 입법평가위원회에 제출하여야 한다.

제8조(입법평가위원회의 설치 및 기능) 구청장은 다음 각 호의 사항을 심의하기 위하여 대전광역시 중구 입법평가위원회(이하 "위원회"라 한다)를 둔다.

1. 제4조에 따른 추진계획에 관한 사항
2. 입법평가에 관한 사항
3. 입법평가 결과 개선안 마련에 관한 사항
4. 입법평가 제도개선에 관한 사항
5. 그 밖에 입법평가를 위하여 위원장이 회의에 부치는 사항

제9조(위원회의 구성) ① 위원회는 위원장과 부위원장 각 1명을 포함하여 15명 이내의 위원으로 구성한다.
② 위원회의 위원장은 부구청장이 되고, 부위원장은 위원 중에서 호선한다.
③ 위원은 다음 각 호의 사람 중에서 성별을 고려하여 구청장이 위촉한다.
1. 중구 소속 5급 이상 공무원
2. 대전광역시 중구의회에서 추천하는 구의원
3. 그 밖에 입법평가에 관한 학식과 경험이 풍부한 사람
④ 위원의 임기는 위원으로 임명 또는 위촉된 날부터 위원회에서 입법평가에 대한 심의를 마치는 날까지로 한다.

제10조(위원회의 운영) ① 위원장은 위원회의 회의를 소집하고, 그 의장이 된다.
② 위원회의 회의는 위원장이 필요하다고 인정하는 경우에 위원장이 소집한다.
③ 위원회의 회의는 재적위원 과반수의 출석으로 개의하고, 출석위원 과반수의 찬성으로 의결한다.
④ 위원회에 위원회의 사무를 처리하기 위하여 간사1명을 두며, 간사는 법제업무 담당 팀장이 된다. <개정 2022.10.28>
⑤ 이 조례에서 정한 사항 외에 위원회의 운영에 필요한 사항은 위원회의 의결을 거쳐 위원장이 정한다.

제11조(의견청취 등 협조요청) 위원회의 직무수행을 위하여 필요한 경우에는 관계공무원 등에게 설명 또는 자료 등의 제출을 요청할 수 있다.

제12조(평가결과 반영) 구청장은 제8조에 따른 위원회의 심의 결과 입법평가에 따른 개선사항이 있는 경우에는 이를 적극 반영하도록 노력하여야 한다.

제13조(종합결과보고서 제출) 구청장은 입법평가 완료 후 해당연도 12월말까지 입법평가 종합결과보고서를 대전광역시 중구의회에 제출하여야 한다.

18. 부산광역시 금정구

부산광역시 금정구 조례 입법평가 조례
[시행 2016. 1. 1.] [부산광역시금정구조례 제1128호, 2015. 10. 30., 제정]

제1조(목적) 이 조례는 부산광역시 금정구 조례의 입법 목적과 목표가 실현되고 있는 지를 분석·평가하고 개선하도록 하기 위하여 사후 입법평가에 관한 사항을 규정함으로써 조례의 실효성을 높여 구민의 삶의 질이 향상되도록 함을 목적으로 한다.

제2조(정의) 이 조례에서 사용하고 있는 용어의 뜻은 다음과 같다.
1. "입법평가"란 시행되고 있는 조례에 대하여 입법 목적의 실현성, 실효성 등을 평가하는 것을 말한다.
2. "주관부서"란 평가 대상 조례를 관리하고 그에 따른 업무를 수행하는 부서를 말한다.
3. "총괄부서"란 입법업무를 총괄하는 부서를 말한다.

제3조(책무) 부산광역시 금정구청장(이하 "구청장"이라 한다)은 조례를 실효성 있게 운영하고, 입법평가를 실시하여 조례의 입법목적이 실현되도록 노력하여야 한다.

제4조(추진계획 수립·시행) ① 구청장은 입법평가를 실시하기 위하여 3년 마다 입법평가 추진계획(이하 "추진계획"이라한다)을 수립·시행하여야 한다.
② 추진계획에는 다음 각 호의 사항이 포함되어야 한다.
1. 입법평가의 목표와 방향
2. 입법평가 실시에 관한 사항
3. 그 밖에 입법평가 추진을 위하여 필요한 사항

제5조(평가대상) 입법평가의 대상은 부산광역시 금정구의 조례로 한다. 다만, 다음 각 호의 어느 하나에 해당하는 경우에는 제외한다.
1. 기관설치, 조직운영, 업무분장 등 단순 기술적인 조례
2. 상위법령에서 위임한 조례
3. 시행일로부터 2년이 지나지 않은 조례
4. 부산광역시 금정구의회(이하 "구의회"라 한다) 소관 조례

제6조(평가시기 등) ① 입법평가는 3년마다 실시하되, 다음 각 호의 사항을 기준으로 실시한다.
1. 입법목적의 실현성

2. 조례에서 정한 기본계획 또는 추진계획 수립 여부
3. 예산편성 및 집행 여부 (예산 편성과 집행의 적정성 여부)
4. 상위법령 제정 및 개정 사항 반영 등 법적 적합성
5. 위원회·협의회 등 구성 및 운영 실태
6. 그 밖에 평가 대상 조례의 규정에 따른 이행 여부

② 제1항에 따른 평가시기 및 기준에 따른 세부적인 사항은 구청장이 따로 정한다.

부산광역시 금정구 조례 입법평가 조례 시행규칙
[시행 2016.5.10.] [부산광역시금정구규칙 제819호, 2016.5.10., 제정]

[별지 제1호 서식]

※관리 번호	입 법 평 가 서(주관부서 작성용)
조 례 명	
관계법령	※ 위임 법령 명 등을 기재
평가기간	20 . . . ~ 20 . . . 까지(일 간)
평가 의견	※ 입법평가 기준표를 토대로 평가의견 서술

첨부자료	1. 조례, 관계법령 발췌본 2. 입법평가기준표 [별지 제2호] 3. 예산 편성 및 집행 내역 4. 그 밖의 참고자료(계획서, 보고서, 위원회 구성 및 운영 현황 등 증명자료)			
작성자	부서명/팀명	직급	성 명	전화번호

[별지 제2호 서식] 입법평가 기준표

연번	구 분	세 부 항 목	문 제 점	개 선 안
1	입법 목적의 실현성	· 조례 제정·개정의 취지와 입법 목적대로 시행되고 있는가		
2	계획 수립	· 기본계획 및 시행계획이 수립되어 있는가		
3	예산 편성 및 집행	· 예산은 적정하게 편성되고 집행되었는가		
4	법적 적합성	· 상위 법령의 개정·폐지 등에 따른 적절한 소치를 하였는가		
5	위원회 구성	· 위원회 구성은 적절한가		
		· 위원회는 적정하게 운영되고 있는가		
6	그 밖의 이행사항	· 그 밖에 조례의 규정에서 정한 사항을 이행하였는가		

부산광역시 금정구 조례 입법평가 조례 시행규칙
[시행 2016. 5. 10.] [부산광역시금정구규칙 제819호, 2016. 5. 10., 제정]

제1조(목적) 이 규칙은「부산광역시 금정구 조례 입법평가 조례」의 시행에 필요한 사항을 규정함으로써 체계적인 입법평가를 통해 조례의 실효성을 높이는 것을 목적으로 한다.

제2조(정의) 이 규칙에서 사용하는 용어의 뜻은 다음과 같다.
1. “주관부서”란 평가 대상 조례를 관리하고 그에 따른 업무를 수행하는 부서를 말한다.
2. “총괄부서”란 법제 업무를 총괄하는 부서를 말한다.

제3조(평가대상 조례) 「부산광역시 금정구 조례 입법평가 조례」(이하 “조례”라 한다) 제5조제3호의 ‘시행일로부터 2년이 지나지 않은 조례’란 평가실시 연도의 전전년도 1월 1일 이후 공포된 제·개정 조례를 말한다.

제4조(입법평가) 주관부서의 장은 조례 제7조제1항에 따라 입법평가를 실시할 때에는 별지 제1호서식 및 별지 제2호서식으로 사후 입법평가 기본자료를 작성하여 총괄부서에 제출하여야 한다.

제5조(입법평가 검토) ① 총괄부서의 장은 조례 제7조제2항에 따라 입법평가 검토결과를 주관부서에 통보할 때에는 별지 제3호서식에 따른다.

② 제1항에 따라 개선 권고를 받은 주관부서의 장은 개선계획을 수립하고 그 결과를 20일 이내에 총괄부서의 장에게 통보하여야 한다.

제6조(종합결과보고서) 조례 제8조에 따라 의회에 결과보고서를 제출할 때에는 별지 제4호 서식에 따른다.

[별지 제1호 서식]

<table>
<tr><td>※관리 번호</td><td rowspan="2">입 법 평 가 서(주관부서 작성용)</td></tr>
<tr><td></td></tr>
<tr><td>조 례 명</td><td></td></tr>
<tr><td>관계법령</td><td>※ 위임 법령 명 등을 기재</td></tr>
<tr><td>평가기간</td><td>20 . . . ~ 20 . . . 까지(일 간)</td></tr>
<tr><td>평가 의견</td><td>※ 입법평가 기준표를 토대로 평가의견 서술</td></tr>
<tr><td>첨부자료</td><td>1. 조례, 관계법령 발췌본
2. 입법평가기준표 [별지 제2호]
3. 예산 편성 및 집행 내역
4. 그 밖의 참고자료(계획서, 보고서, 위원회 구성 및 운영 현황 등 증명자료)</td></tr>
</table>

<table>
<tr><td rowspan="2">작성자</td><td>부서명/팀명</td><td>직급</td><td>성 명</td><td>전화번호</td></tr>
<tr><td></td><td></td><td></td><td></td></tr>
</table>

※ 「관리번호」란은 법제업무 부서에서 기재

[별지 제2호 서식] 입법평가 기준표

연번	구 분	세 부 항 목	문 제 점	개 선 안
1	입법 목적의 실현성	· 조례 제정 · 개정의 취지와 입법 목적대로 시행되고 있는가		
2	계획 수립	· 기본계획 및 시행계획이 수립되어 있는가		
3	예산 편성 및 집행	· 예산은 적정하게 편성되고 집행되었는가		
4	법적 적합성	· 상위 법령의 개정 · 폐지 등에 따른 적절한 조치를 하였는가		
5	위원회 구성	· 위원회 구성은 적절한가		
		· 위원회는 적정하게 운영되고 있는가		
6	그 밖의 이행사항	· 그 밖에 조례의 규정에서 정한 사항을 이행하였는가		

19. 부산광역시 동구

부산광역시 동구 조례 입법평가 조례
[시행 2022. 12. 19.] [부산광역시동구조례 제1381호, 2022. 12. 19., 제정]

제1조(목적) 이 조례는 부산광역시 동구 조례의 입법평가에 관한 사항을 규정하여 조례의 시행효과 및 목표달성 등을 평가함으로써 조례의 실효성을 확보하고 구민의 삶의 질을 높이는 데 이바지함을 목적으로 한다.

제2조(정의) 이 조례에서 사용하고 있는 용어의 뜻은 다음과 같다.

1. “입법평가”란 부산광역시 동구(이하 “구”라 한다)에서 시행되고 있는 조례에 대하여 입법 목적의 실현성, 실효성 등을 평가하는 것을 말한다.
2. “주관부서”란 평가대상 조례를 관리하고 그에 따른 업무를 수행하는 부서를 말한다.
3. “총괄부서”란 입법업무를 총괄하는 부서를 말한다.

제3조(책무) 부산광역시 동구청장(이하 "구청장"이라 한다)은 조례를 실효성 있게 운영하고, 입법평가를 통한 조례의 입법 목적이 실현되도록 노력하여야 한다.

제4조(추진계획 수립 · 시행) ① 구청장은 입법평가를 실시하기 위하여 3년마다 입법평가 추진계획(이하 "추진계획"이라 한다)을 수립 · 시행하여야 한다.
② 추진계획에는 다음 각 호의 사항이 포함되어야 한다.
1. 입법평가의 목표와 방향
2. 입법평가 기준 및 평가대상 등 입법평가 실시에 관한 사항
3. 제8조에 따른 부산광역시 동구 입법평가위원회에 관한 사항
4. 그 밖에 입법평가 추진을 위하여 필요한 사항

제5조(평가대상) 입법평가의 대상은 구의 조례로 한다. 다만, 다음 각 호의 어느 하나에 해당하는 경우는 제외한다.
1. 기관설치 · 조직운영 등 기관 운영에 관한 조례
2. 사무분장 · 문서관리 등 단순 기술적인 조례
3. 상위법령에서 위임한 조례
4. 최초 제정일 또는 시행일로부터 3년이 지나지 않은 조례
5. 부산광역시 동구의회(이하 "구의회"라 한다) 소관 조례

제6조(평가시기 및 기준) ① 입법평가는 3년마다 실시하되, 다음 각 호의 사항을 기준으로 실시한다.
1. 입법의 근거 및 적법성
2. 입법의 실효성 및 공평성
3. 입법의 주민 수용성
4. 입법 내용의 적정성 및 현실 부합성
5. 위원회 · 협의회 등 구성 및 운영의 적정성
6. 그 밖에 평가대상 조례에 따른 이행 여부
② 제1항에 따른 평가시기 및 기준에 따른 세부적인 사항은 구청장이 따로 정한다.

제7조(입법평가 기본자료 제출 등) ① 제5조에 따라 평가대상이 되는 조례의 주관부서의 장은 해당 조례에 대한 입법평가 기본자료를 작성하여 총괄부서의 장에게 제출하여야 한다.
② 제1항에 따라 입법평가 기본자료를 제출받은 총괄부서의 장은 주관부서의 장으로부터 받은 입법평가 기본자료를 정리하여 제8조에 따른 부산광역시 동구 입법평가위원회에 제출하여야 한다.

제8조(입법평가위원회) 구청장은 다음 각 호의 사항을 심의하기 위하여 부산광역시 동구 입법평가위원회(이하 "위원회"라 한다)를 둔다.
1. 제4조에 따른 추진계획에 관한 사항
2. 입법평가에 관한 사항
3. 입법평가 결과 개선안 마련에 관한 사항
4. 입법평가 제도개선에 관한 사항
5. 그 밖에 입법평가를 위하여 위원장이 회의에 부치는 사항

제9조(위원회의 구성) ① 위원회는 위원장과 부위원장 각 1명을 포함하여 15명 이내의 위원으로 구성한다.
② 위원회의 위원장은 부구청장이 되고, 부위원장은 위촉직 위원 중에서 호선한다.
③ 위원은 다음 각 호의 사람 중에서 성별을 고려하여 구청장이 임명 또는 위촉한다.
1. 구 소속 5급 이상 공무원
2. 구의회에서 추천하는 사람
3. 그 밖에 입법평가에 관한 학식과 경험이 풍부한 사람
④ 위원의 임기는 위원으로 임명 또는 위촉된 날부터 위원회에서 입법평가에 대한 심의를 마치는 날까지로 한다.

제10조(위원장의 직무) ① 위원장은 위원회를 대표하고, 위원회의 업무를 총괄한다.
② 위원장이 부득이한 사유로 직무를 수행할 수 없을 때에는 부위원장이 그 직무를 대행하며, 위원장과 부위원장이 모두 부득이한 사유로 그 직무를 수행할 수 없을 때에는 위원장이 미리 지명한 위원이 그 직무를 대행한다.

제11조(위원회의 운영) ① 위원회의 회의는 재적위원 과반수의 출석으로 개의하고, 출석위원 과반수의 찬성으로 의결한다.
② 위원회에 위원회의 사무를 처리할 간사 1명을 두며, 간사는 법제업무 담당 계장이 된다.
③ 이 조례에 정한 것 외에 위원회의 운영에 필요한 사항은 위원회의 의결을 거쳐 위원장이 정한다.

제12조(조사 및 의견청취 등) 위원회는 안건의 심의를 위하여 필요하다고 인정하면 관계 공무원 등에게 설명 또는 자료 등의 제출을 요구할 수 있다.

제13조(평가결과 등) ① 총괄부서의 장은 제8조에 따른 위원회의 심의 결과 및 개선사항을 주관부서의 장에게 통보하여야 한다.
② 제1항의 통보를 받은 주관부서의 장은 소관 조례에 대한 개선계획을 수립하여 총괄부서의 장에게 제출

하여야 하며, 개선사항이 있는 경우에는 이를 반영하기 위하여 적극적으로 노력하여야 한다.

제14조(종합결과보고서 제출) 구청장은 입법평가 완료 후 30일 이내에 입법평가 종합결과보고서를 구의회에 제출하여야 한다.

20. 부산광역시 부산진구

부산광역시 부산진구 조례 입법평가 조례
[시행 2021. 11. 3.] [부산광역시부산진구조례 제1414호, 2021. 11. 3., 제정]

제1조(목적) 이 조례는 부산광역시 부산진구 조례에 대한 입법평가에 관한 사항을 규정하여 조례의 시행효과 및 목표달성 등을 분석 · 평가함으로써 조례의 실효성을 높여 구민의 삶의 질을 향상시키는데 이바지함을 목적으로 한다.

제2조(정의) 이 조례에서 사용하고 있는 용어의 뜻은 다음과 같다.
1. "입법평가"란 부산광역시 부산진구(이하 "구"라 한다)에서 시행되고 있는 조례에 대하여 입법목적의 실현여부, 시행효과 등을 분석 · 평가하는 것을 말한다.
2. "주관부서"란 평가 대상 조례를 관리하고 그에 따른 업무를 수행하는 부서를 말한다.
3. "총괄부서"란 구의 입법업무를 총괄하는 부서를 말한다.

제3조(구청장의 책무) 부산광역시 부산진구청장(이하 "구청장"이라 한다)은 조례를 실효성 있게 운영하고, 입법평가를 통해 조례의 입법목적이 실현되도록 노력하여야 한다.

제4조(추진계획 수립 · 시행) 구청장은 입법평가를 실시하기 위하여 입법평가 추진계획(이하 "추진계획"이라 한다)을 수립 · 시행하여야 한다.

제5조(평가대상) 입법평가의 대상은 현재 시행되고 있는 구 조례로 한다. 다만, 다음 각 호의 어느 하나에 해당하는 경우에는 제외한다.
1. 기관설치 · 조직운영 등 기관 운영에 관한 조례
2. 사무분장 · 문서관리 등 단순 기술적인 조례
3. 상위법령에서 위임한 조례
4. 시행한 날부터 2년이 지나지 않은 조례

5. 부산광역시 부산진구의회(이하 “구의회”라 한다) 소관 조례

제6조(평가시기 및 기준) ① 입법평가는 2년마다 실시하되, 다음 각 호의 사항을 기준으로 실시한다.
1. 입법의 근거 및 적법성
2. 입법의 실효성 및 공평성
3. 입법의 주민 수용성
4. 입법 내용의 적정성 및 현실 부합성
5. 위원회 · 협의회 등 구성 및 운영의 적정성
6. 그 밖에 평가 대상 조례의 규정에 따른 이행 여부
② 제1항에 따른 평가시기 및 기준 등 세부적인 사항은 구청장이 따로 정한다.

제7조(입법평가 실시) ① 평가대상이 되는 조례의 주관부서의 장은 해당 조례에 대해 입법평가를 실시하고 관련자료를 총괄부서의 장에게 제출하여야 한다.
② 총괄부서의 장은 제1항에 따라 제출받은 자료를 종합적으로 검토한 후 개선이 필요한 경우에는 개선방향 등을 주관부서의 장에게 통보하여야 한다.
③ 제2항의 통보를 받은 주관부서의 장은 특별한 사유가 없는 한 소관 조례에 대한 개선계획을 수립하여 추진하고 그 결과를 총괄부서의 장에게 통보하여야 한다.

제8조(종합결과보고서 제출) 구청장은 입법평가 완료 후 30일 이내에 입법평가 종합결과보고서를 구의회에 제출하여야 한다.

21. 부산광역시 북구

부산광역시 북구 조례 입법평가 조례
[시행 2019. 7. 1.] [부산광역시북구조례 제1324호, 2019. 5. 29., 일부개정]

제1조(목적) 이 조례는 부산광역시 북구 조례의 입법 목적과 목표가 실현되고 있는 지를 분석 · 평가하여 개선하도록 하는 사후 입법평가에 관한 사항을 규정함으로써 조례의 실효성을 높여 구민의 삶의 질이 향상되도록 함을 목적으로 한다.

제2조(정의) 이 조례에서 사용하고 있는 용어의 뜻은 다음과 같다.
1. “입법평가”란 시행되고 있는 조례에 대하여 입법 목적의 실현성, 실효성 등을 평가하는 것을 말한다.

2. "주관부서"란 평가 대상 조례를 관리하고 그에 따른 업무를 수행하는 부서를 말한다.
3. "총괄부서"란 입법업무를 총괄하는 기획감사실을 말한다. <개정 2019.5.29>

제3조(책무) 부산광역시 북구청장(이하 "구청장"이라 한다)은 조례를 실효성 있게 운영하며 입법평가를 실시하여 조례의 입법목적이 실현되도록 노력하여야 한다.

제4조(추진계획 수립·시행) ① 구청장은 입법평가를 실시하기 위하여 3년 마다 입법평가 추진계획(이하 "추진계획"이라한다)을 수립·시행하여야 한다.
② 추진계획에는 다음 각 호의 사항이 포함되어야 한다.
1. 입법평가의 목표와 방향
2. 입법평가 실시에 관한 사항
3. 그 밖에 입법평가 추진을 위하여 필요한 사항

제5조(평가대상) 입법평가의 대상은 부산광역시 북구의 조례로 한다.다만, 다음 각 호의 어느 하나에 해당하는 경우에는 제외한다.
1. 기관설치, 조직운영, 업무분장, 문서관리 등 단순 기술적인 조례
2. 상위법령에서 위임한 조례
3. 시행일로부터 2년이 지나지 않은 조례
4. 부산광역시 북구의회(이하 "구의회"라 한다) 소관 조례

제6조(평가시기 등) ① 입법평가는 3년마다 실시하되, 다음 각 호의 사항을 기준으로 실시한다.
1. 입법목적의 실현성
2. 조례에서 정한 기본계획 또는 추진계획 수립 여부
3. 예산편성 및 집행 여부
4. 상위법령 제정 및 개정 사항 반영 등 법적 적합성
5. 위원회·협의회 등 구성 및 운영 실태
6. 그 밖에 평가 대상 조례의 규정에 따른 이행 여부
② 제1항에 따른 평가시기 및 기준에 따른 세부적인 사항은 구청장이 따로 정한다.

제7조(입법평가 실시 등) ① 평가대상이 되는 조례의 주관부서의 장은 해당 조례에 대해 입법평가를 실시하고 관련 자료를 총괄부서의 장에게 제출하여야 한다.
② 총괄부서의 장은 제출받은 입법평가 자료를 종합적으로 검토한 후 입법평가 결과 개선이 필요한 경우에는 개선방향 등을 주관부서의 장에게 통보하여야 한다.

③ 제2항의 통보를 받은 주관부서의 장은 특별한 사유가 없는 한 소관 조례에 대한 개선계획을 수립하여 추진하고 그 결과를 총괄부서의 장에게 통보하여야 한다.

제8조(종합결과보고서 제출) 구청장은 입법평가 완료 후 30일 이내에 입법평가 종합결과보고서를 구의회에 제출하여야 한다.

22. 부산광역시 사상구

부산광역시 사상구 조례 입법평가 조례
[시행 2015. 10. 9.] [부산광역시사상구조례 제720호, 2015. 4. 9., 제정]

제1조(목적) 이 조례는 부산광역시 사상구 조례의 입법 목적과 목표가 실현되고 있는 지를 분석·평가하여 개선하도록 하는 사후 입법평가에 관한 사항을 규정함으로써 조례의 실효성을 높여 구민의 삶의 질이 향상되도록 함을 목적으로 한다.

제2조(정의) 이 조례에서 사용하고 있는 용어의 뜻은 다음과 같다.
1. “입법평가”란 시행되고 있는 조례에 대하여 입법 목적의 실현성, 실효성 등을 평가하는 것을 말한다.
2. “주관부서”란 평가 대상 조례를 관리하고 그에 따른 업무를 수행하는 부서를 말한다.
3. “총괄부서”란 입법업무를 총괄하는 부서를 말한다.

제3조(책무) 부산광역시 사상구청장(이하 “구청장”이라 한다)은 조례를 실효성 있게 운영하여야 하고 입법평가를 실시하여 조례의 입법목적이 실현되도록 노력하여야 한다.

제4조(추진계획 수립·시행) ① 구청장은 입법평가를 실시하기 위하여 3년마다 입법평가 추진계획(이하 “추진계획”이라한다)을 수립·시행하여야 한다.
② 추진계획에는 다음 각 호의 사항이 포함되어야 한다.
1. 입법평가의 목표와 방향
2. 입법평가 실시에 관한 사항
3. 그 밖에 입법평가 추진을 위하여 필요한 사항

제5조(평가대상) 입법평가의 대상은 부산광역시 사상구의 조례로 한다.다만, 다음 각 호의 어느 하나에 해당하는 경우에는 제외한다.

1. 기관설치, 조직운영, 업무분장, 문서관리 등 단순 기술적인 조례
2. 상위법령에서 위임한 조례
3. 시행일로부터 2년이 지나지 않은 조례
4. 부산광역시 사상구의회(이하 "구의회"라 한다) 소관 조례

第6조(평가시기 등) ① 입법평가는 3년마다 실시하되, 다음 각 호의 사항을 기준으로 실시한다.
1. 입법목적의 실현성
2. 조례에서 정한 기본계획 또는 추진계획 수립 여부
3. 예산편성 및 집행 여부
4. 상위법령 제정 및 개정 사항 반영 등 법적 적합성
5. 위원회·협의회 등 구성 및 운영 실태
6. 그 밖에 평가 대상 조례의 규정에 따른 이행 여부
② 제1항에 따른 평가시기 및 기준에 따른 세부적인 사항은 구청장이 따로 정한다.

第7조(입법평가 실시 등) ① 평가대상이 되는 조례의 주관부서의 장은 해당 조례에 대해 입법평가를 실시하고 관련 자료를 총괄부서의 장에게 제출하여야 한다.
② 총괄부서의 장은 제출받은 입법평가 자료를 종합적으로 검토한 후 입법평가 결과 개선이 필요한 경우에는 개선방향 등을 주관부서의 장에게 통보하여야 한다.
③ 제2항의 통보를 받은 주관부서의 장은 특별한 사유가 없는 한 소관 조례에 대한 개선계획을 수립하여 추진하고 그 결과를 총괄부서의 장에게 통보하여야 한다.

第8조(종합결과보고서 제출) 구청장은 입법평가 완료 후 30일 이내에 입법평가 종합결과보고서를 구의회에 제출하여야 한다.

23. 부산광역시 사하구

부산광역시 사하구 조례 입법평가 조례
[시행 2021. 11. 1.] [부산광역시사하구조례 제1386호, 2021. 11. 1., 제정]

第1조(목적) 이 조례는 부산광역시 사하구 조례에 대한 입법평가에 관한 사항을 규정하여 조례의 입법 목적과 목표가 실현되고 있는 지를 분석·평가함으로써 조례의 실효성을 확보하고 구민의 삶의 질을 높이는데 이바지함을 목적으로 한다.

제2조(정의) 이 조례에서 사용하고 있는 용어의 뜻은 다음과 같다.

1. "입법평가"란 부산광역시 사하구(이하 "구"라 한다)에서 시행되고 있는 조례에 대하여 입법 목적의 실현여부, 시행효과 등을 분석 · 평가하는 것을 말한다.
2. "주관부서"란 평가 대상 조례를 관리하고 그에 따른 업무를 수행하는 부서를 말한다.
3. "총괄부서"란 구의 입법업무를 총괄하는 부서를 말한다.

제3조(구청장의 책무) 부산광역시 사하구청장(이하 "구청장"이라 한다)은 조례를 실효성 있게 운영하고, 입법평가를 통해 조례의 입법목적이 실현되도록 노력하여야 한다.

제4조(평가대상) 입법평가의 대상은 현재 시행되고 있는 구 조례로 한다. 다만, 다음 각 호의 어느 하나에 해당하는 경우에는 제외한다.

1. 기관설치 · 조직운영 등 기관 운영에 관한 조례
2. 사무분장 · 문서관리 등 단순 기술적인 조례
3. 상위법령에서 위임한 조례
4. 시행한 날부터 3년이 지나지 않은 조례
5. 부산광역시 사하구의회(이하 "구의회"라 한다) 소관 조례

제5조(입법평가위원회) 구청장은 다음 각 호의 사항을 심의하기 위하여 부산광역시 사하구입법평가위원회(이하 "평가위원회"라 한다)를 둘 수 있다.

1. 입법평가에 관한 사항
2. 입법평가 결과 개선안 마련에 관한 사항
3. 입법평가 제도개선에 관한 사항
4. 그 밖에 입법평가를 위하여 위원장이 회의에 부치는 사항

제6조(구성) ① 평가위원회는 위원장 1명과 부위원장 1명을 포함한 13명 이내의 위원으로 구성한다.

② 위원회의 위원장은 부구청장이 되고, 부위원장은 위촉직 위원 중에서 호선한다.

③ 위원은 다음 각 호의 사람 중에서 성별을 고려하여 구청장이 임명하거나 위촉한다.

1. 구의회에서 추천하는 각 상임위원회별 구의원
2. 구 소속 5급 이상 공무원
3. 변호사, 교수, 법제관 등의 법률 또는 입법전문가
4. 그 밖에 입법평가와 관련한 분야의 학식과 경험이 풍부한 사람

④ 위원의 임기는 위원으로 임명 또는 위촉된 날부터 평가위원회에서 입법평가에 대한 심의를 마치는 날까지로 한다.

제7조(운영) ① 평가위원회의 회의는 위원장이 필요하다고 인정할 때 위원장이 소집한다.
② 회의는 재적위원 과반수의 출석으로 개의하고 출석위원 과반수의 찬성으로 의결한다.
③ 평가위원회의 사무 처리를 위하여 간사 1명을 두며, 간사는 총괄부서의 법제업무 담당으로 한다.

제8조(위원의 해촉) 위원의 해촉은 「부산광역시 사하구 소속 위원회 구성 및 운영에 관한 조례」 제5조에 따른다.

제9조(평가시기 및 기준) ① 입법평가는 3년마다 실시하되, 다음 각 호의 사항을 기준으로 실시한다.
1. 입법의 근거 및 적법성
2. 입법의 실효성 및 공평성
3. 예산집행의 적정성 및 현실 부합성
4. 위원회 · 협의회 등 구성 및 운영의 적정성
5. 그 밖에 평가 대상 조례의 규정에 따른 이행 여부
② 제1항에 따른 평가시기 및 기준에 따른 세부적인 사항은 구청장이 따로 정한다.

제10조(자료제출 등) ① 평가대상이 되는 조례의 주관부서 장은 해당 조례에 대해 별지 제1호서식의 입법평가서를 작성하여 총괄부서 장에게 제출하여야 한다.
② 위원장은 입법평가를 위해 주관부서 및 총괄부서의 의견을 듣거나 자료를 요구할 수 있고, 필요한 경우에는 회의에 출석할 것을 요청할 수 있다.
③ 주관부서 장은 위원장으로부터 받은 별지 제2호서식의 입법평가 검토결과 통보서에 개선권고 사항이 있는 경우 이를 반영히여야 한다.

제11조(평가결과 반영) 구청장은 제5조에 따른 평가위원회의 심의 결과 개선사항이 있는 경우에는 이를 적극 반영하도록 노력하여야 한다.

제12조(종합결과보고서 제출) 구청장은 입법평가 완료 후 30일 이내에 별지 제3호서식의 입법평가 종합결과보고서를 구의회에 제출하여야 한다.

제13조(시행규칙) 이 조례의 시행에 필요한 사항은 규칙으로 정한다.

24. 부산광역시 서구

부산광역시 서구 조례에 대한 입법평가 조례
[시행 2017. 1. 1.] [부산광역시서구조례 제1068호, 2016. 6. 1., 제정]

제1조(목적) 이 조례는 부산광역시 서구 조례의 입법 목적과 목표가 실현되고 있는지를 분석·평가하고 개선토록 하기 위하여 사후 입법 평가에 관한 사항을 규정함으로써 조례의 실효성을 높여 구민의 삶의 질이 향상되도록 함을 목적으로 한다.

제2조(정의) 이 조례에서 사용하고 있는 용어의 뜻은 다음과 같다.
1. "입법평가"란 시행되고 있는 조례에 대하여 부산광역시 서구 입법평가위원회(이하 "위원회"라 한다)가 입법 목적의 실현성, 실효성 등을 평가하는 것을 말한다.
2. "주관부서"란 평가 대상 조례를 관리하고 그에 따른 업무를 수행하는 부서를 말한다.
3. "총괄부서"란 입법업무를 총괄하는 부서를 말한다.

제3조(책무) 부산광역시 서구(이하 "구"라 한다)는 조례를 실효성 있게 운영하기 위하여 입법평가를 시행함으로써 시행중인 조례의 입법목적이 실현되도록 노력하여야 한다.

제4조(추진계획 수립·시행) ① 부산광역시 서구청장(이하 "구청장"이라 한다)은 입법평가를 실시하기 위하여 2년마다 입법평가 추진계획(이하 "추진계획"이라 한다)을 수립·시행하여야 한다.
② 추진계획에는 다음 각 호의 사항이 포함되어야 한다.
1. 입법평가 대상 조례의 선정에 관한 사항
2. 입법평가의 목표와 방향 설정에 관한 사항
3. 입법평가 실시 시기 및 방법에 관한 사항
4. 대상 조례와 관련한 각 위원회의 구성 및 운영에 관한 사항
5. 그 밖에 입법평가 추진을 위하여 필요한 사항

제5조(입법평가위원회) 구청장은 다음 각 호의 사항을 심의하기 위하여 위원회를 둔다.
1. 제4조에 관한 추진계획의 수립 및 시행계획의 적정여부에 관한 사항
2. 제8조제1항에 관한 사항
3. 입법평가 결과 개선안 마련에 관한 사항
4. 입법평가 제도개선에 관한 사항
5. 그 밖에 입법평가를 위하여 위원장이 회의에 부치는 사항

제6조(구성 · 운영) ① 위원회는 위원장과 부위원장 각 1명을 포함하여 15명 이내의 위원으로 구성한다.

② 위원회의 위원장은 부구청장이 되고, 부위원장은 위촉직 위원 중에서 호선하며, 위원은 다음 각 호의 사람 중에서 성별을 고려하여 구청장이 임명하거나 위촉하되, 위촉위원의 수는 전체 위원의 2분의 1 이상이어야 한다.

1. 구 소속 5급 이상 공무원
2. 부산광역시 서구의회에서 추천하는 사람
3. 그 밖에 입법에 관한 학식과 경험이 풍부한 사람

③ 위원의 임기는 위원으로 임명 또는 위촉된 날부터 위원회에서 입법평가에 대한 심의를 마치는 날까지로 한다.

④ 위원회의 회의는 재적위원 과반수의 출석으로 개의하고, 출석위원 과반수의 찬성으로 의결한다.

⑤ 위원회에 위원회의 사무를 처리할 간사 1명을 두며, 간사는 법무업무담당 주사가 된다.

⑥ 위원회에 참석한 위촉 위원 및 제10조에 따른 관계 전문가 등에게 예산의 범위에서 수당과 여비를 지급할 수 있다.

⑦ 이 조례에 정한 것 외에 위원회의 운영에 필요한 사항은 위원회의 의결을 거쳐 위원장이 정한다.

제7조(평가대상) 입법평가의 대상은 구의 조례로 한다. 다만, 다음 각 호의 어느 하나에 해당하는 경우에는 제외한다.

1. 기구 · 기관설치 · 조직운영에 관한 조례
2. 사무분장 · 문서관리 등 단순 기술적인 조례
3. 최초 제정일 또는 개정일로부터 3년이 지나지 않은 조례

제8조(평가기준) ① 입법평가는 제4조의 추진계획에 따라서 실시하되, 다음 각 호의 사항을 기준으로 한다.

1. 입법 목적의 실현성 및 실효성 여부
2. 조례의 시행에 필요한 기본계획 또는 추진계획 등의 수립 여부
3. 예산편성 및 예산집행의 적정성
4. 상위법령 제정 및 개정 내용의 반영 여부
5. 대상 조례와 관련한 각 위원회 · 협의회 등 구성 및 운영 실태
6. 그 밖에 평가 대상 조례에 따른 이행 여부

② 제1항에 따른 평가시기 및 기준에 따른 세부적인 사항은 구청장이 따로 정한다.

제9조(입법평가 기본자료 등의 제출) ① 제7조에 따라 평가대상이 되는 조례의 주관부서의 장은 해당 조례에 대한 입법평가 기본자료를 작성하여 총괄부서의 장에게 제출하여야 한다.

② 제1항에 따라 입법평가 기본자료를 제출받은 총괄부서의 장은 주관부서의 장으로부터 받은 입법평가

기본자료를 바탕으로 총괄자료를 작성하여 제5조에 따른 위원회에 제출하여야 한다.

제10조(조사 및 의견청취 등) 위원회는 안건의 심의를 위하여 필요하다고 인정하면 관계 공무원 등에게 설명 또는 자료 등의 제출을 요구할 수 있고, 필요한 경우에는 관계 전문가에게 자문 등을 구할 수 있다.

제11조(평가결과 반영) 구청장은 제5조에 따른 위원회의 심의 결과 입법평가에 따른 개선사항이 있는 경우에는 이를 적극 반영하도록 노력하여야 한다.

제12조(종합결과보고서 제출) 구청장은 입법평가 완료 후 30일 이내에 입법평가 종합결과보고서를 부산광역시 서구의회에 제출하여야 한다.

25. 부산광역시 수영구

부산광역시 수영구 자치법규의 입법에 관한 조례
[시행 2023. 3. 20.] [부산광역시수영구조례 제1179호, 2023. 3. 20., 제정]

제1장 총 칙

제1조(목적) 이 조례는 「지방자치법 시행령」 제32조에서 위임된 사항과 부산광역시 수영구 자치법규 입법에 필요한 사항을 규정함을 목적으로 한다.

제2조(정의) 이 조례에서 사용하는 용어의 뜻은 다음과 같다.
1. "자치법규"란 부산광역시 수영구(이하 "구"라 한다)의 조례와 규칙을 말한다.
2. "입법"이란 자치법규의 제정·개정 또는 폐지를 말한다.
3. "입법예고"란 구민의 입법참여 기회를 확대하기 위하여 구민의 일상생활과 관련되는 자치법규의 제정·개정 또는 폐지 시 입법취지와 주요내용을 미리 구민에게 알리는 것을 말한다.
4. "입법평가"란 현행 조례에 대해 입법 목적의 실현성, 실효성 등을 평가하는 것을 말한다.
5. "주관부서"란 자치법규의 입법을 추진하고 자치법규에 따라 업무를 수행하는 부서를 말한다.
6. "총괄부서"란 입법업무 및 입법평가를 총괄하는 부서를 말한다.

제3조(적용범위) 자치법규의 입법에 관련하여 법령 또는 다른 조례에 특별한 규정이 있는 경우를 제외하고는 이 조례에서 정하는 바에 따른다.

제2장 입법예고 등

제4조(입법예고) ① 부산광역시 수영구청장(이하 "구청장"이라 한다)은 자치법규를 입법하고자 할 때에는 「행정절차법」 제43조에 따라 20일 이상 입법예고하여야 한다.

② 제1항에도 불구하고 「행정절차법」 제41조제1항에 따라 다음 각 호의 어느 하나에 해당하여 입법예고를 생략하거나 예고기간을 단축하려고 하는 경우에는 총괄부서의 장과 협의해야 한다.

1. 신속한 구민의 권리 보호 또는 예측 곤란한 특별한 사정의 발생 등으로 입법이 긴급을 요하는 경우
2. 상위 법령 등의 단순한 집행을 위한 경우
3. 입법내용이 구민의 권리·의무 또는 일상생활과 관련이 없는 경우
4. 단순한 표현·자구를 변경하는 경우 등 입법내용의 성질상 예고의 필요가 없거나 곤란하다고 판단되는 경우
5. 예고함이 공공의 안전 또는 복리를 현저히 해칠 우려가 있는 경우

③ 구청장은 입법안의 주요내용 등이 변경되거나 구민의 권리·의무 또는 구민생활과 직접적으로 관련되는 내용이 추가 또는 변경되는 경우에는 「행정절차법」 제41조제4항에 따라 입법예고를 다시 하여야 한다.

제5조(예고방법) ① 입법예고는 입법예고의 주요 내용(이하 "입법예고문"이라 한다)을 구 홈페이지에 게재하는 방법 등으로 공고하되, 추가로 신문, 방송 등을 통하여 공고할 수 있다.

② 구청장은 해당 입법안과 직접적인 이해관계가 있다고 인정되는 기관·단체 등에게 예고사항을 통지하고 의견을 제출하게 할 수 있다.

제6조(입법예고문) 입법예고문에는 다음 각 호의 사항을 포함하여 입법취지와 그 주요내용 등을 구민이 알기 쉽게 작성해야 한다.

1. 자치법규의 제명
2. 입법취지 및 주요내용
3. 의견제출 기간 및 방법
4. 입법안 전문(신·구조문대비표 포함)
5. 공청회 개최 여부 등 그 밖에 필요한 사항

제7조(입법예고의 의견 처리 등) ① 누구든지 예고된 입법안에 대해 구청장에게 의견을 제출할 수 있다.

② 구청장은 제출된 의견에 대해 검토·반영 여부를 결정하고 그 처리 결과 및 이유 등을 의견을 제출한 자에게 지체 없이 통지해야 한다.

제8조(공청회) 구청장은 입법안에 대해 필요할 경우 「행정절차법」 제45조에 따라 공청회를 개최할 수 있다.

제9조(조례안의 비용추계) 구청장은 예산상 또는 기금상 조치가 필요한 조례를 입법할 경우에는 「부산광역시 수영구 의안의 비용추계에 관한 조례」에 따라 비용추계서를 작성하여야 한다.

제3장 자치법규 공포 및 시행

제10조(자치법규의 공포) ① 자치법규의 공포 절차는 「지방자치법 시행령」 제29조에 따른다.
② 자치법규는 조례와 규칙별로 각각의 누년 일련번호를 사용하여 구보에 게재하는 방법으로 공포한다.

제11조(시행일) ① 자치법규는 특별한 규정이 없으면 공포한 날부터 20일이 지나면 효력을 발생한다.
② 구민의 권리제한이나 의무부과와 직접 관련된 내용이 포함된 자치법규는 공포일부터 30일이 경과한 날부터 시행되도록 하여야 한다. 다만, 긴급히 시행되어야 할 특별한 사유가 있는 경우는 제외한다.

제4장 입법평가

제12조(입법평가의 추진) ① 구청장은 시행 중인 조례의 입법목적 달성 평가를 위해 3년마다 입법평가를 추진해야 한다.
② 제1항에 따라 입법평가를 추진할 때에는 다음 각 호의 사항이 포함된 입법평가 추진계획을 수립·시행해야 한다.
1. 입법평가의 목표와 방향
2. 입법평가 실시에 관한 사항
3. 그 밖에 입법평가 추진을 위하여 필요한 사항

제13조(입법평가위원회) 구청장은 입법평가의 다음 각 호의 사항을 심의하기 위해 부산광역시 수영구 입법평가위원회(이하 "위원회"라 한다)를 둔다.
1. 입법평가에 관한 사항
2. 입법평가 제도개선에 관한 사항
3. 입법평가 결과 개선안 마련에 관한 사항
4. 그 밖에 입법평가를 위해 위원회 위원장이 회의에 부치는 사항

제14조(위원회 구성 및 운영) ① 위원회는 위원장과 부위원장 각 1명을 포함하여 15명 이내의 위원으로 구성한다.
② 위원회의 위원장은 부구청장이 되고, 부위원장은 위촉된 위원 중에서 호선한다.
③ 위원은 다음 각 호의 사람 중에서 성별을 고려하여 구청장이 임명 또는 위촉하되, 위촉위원의 수는 전체위원 수의 2분의 1 이상으로 한다.

1. 구 소속 5급 이상 공무원
2. 부산광역시 수영구의회에서 추천하는 의원
3. 변호사, 법관, 교수 등 입법에 관한 학식과 경험이 풍부한 사람

④ 위원의 임기는 위원으로 임명 또는 위촉된 날부터 위원회에서 입법평가에 대한 심의를 마치는 날까지로 한다.

⑤ 위원회에 위원회의 사무를 처리할 간사 1명을 두며, 간사는 법제업무 담당주사가 된다.

⑥ 위원회에 참석한 위촉위원에 대한 수당 등의 지급과 그 밖에 위원회의 구성 및 운영에 필요한 사항은 「부산광역시 수영구 소속 위원회 설치 및 운영 조례」에 따른다.

제15조(평가대상) 입법평가 대상은 구의 조례로 한다. 다만, 다음 각 호의 어느 하나에 해당하는 조례는 제외한다.

1. 구의 행정기구 · 기관 · 조직운영에 관한 조례
2. 사무분장 · 문서관리 등 단순 기술적인 조례
3. 상위법령에 따른 위임조례
4. 제정 또는 전부개정된 후 2년이 지나지 않은 조례
5. 부산광역시 수영구의회 소관 조례

제16조(평가기준) 입법평가는 다음 각 호의 사항을 기준으로 한다.

1. 입법 목적의 실현성
2. 기본계획 또는 추진계획 등의 수립 여부
3. 예산편성 및 집행의 적정성
4. 상위법령 제정 및 개정 시항 반영 여부
5. 위원회 · 협의회 등 구성 및 운영 실태
6. 그 밖에 평가대상 조례의 규정에 따른 이행 여부

제17조(평가방법 및 평가결과 반영) ① 주관부서의 장은 총괄부서의 장의 요청에 따라 평가대상 조례의 입법평가 기본자료를 작성하여 제출하여야 한다.

② 입법평가 기본자료를 제출받은 총괄부서의 장은 입법평가 기본자료를 정리하여 위원회에 제출해야 한다.

③ 주관부서의 장은 위원회 심의를 거친 입법평가 결과에 개선사항이 있을 경우에는 이를 적극 반영하도록 노력해야 한다.

제18조(종합결과보고서의 제출) 구청장은 입법평가 완료 후 30일 이내 입법평가 종합결과보고서를 부산광역시 수영구의회에 제출해야 한다.

26. 부산광역시 연제구

부산광역시 연제구 조례에 대한 입법평가 조례
[시행 2021. 4. 1.] [부산광역시연제구조례 제978호, 2021. 4. 1., 제정]

제1조(목적) 이 조례는 부산광역시 연제구 조례에 대한 입법평가에 관한 사항을 규정하여 조례의 시행효과 및 목표달성 등을 분석 · 평가함으로써 조례의 실효성을 확보하고 구민의 삶의 질을 높이는데 이바지함을 목적으로 한다.

제2조(정의) 이 조례에서 사용하고 있는 용어의 뜻은 다음과 같다.
1. "입법평가"란 부산광역시 연제구(이하 "구"라 한다)에서 시행되고 있는 조례에 대하여 입법 목적의 실현여부, 시행효과 등을 분석 · 평가하는 것을 말한다.
2. "주관부서"란 평가 대상 조례를 관리하고 그에 따른 업무를 수행하는 부서를 말한다.
3. "총괄부서"란 구의 입법업무를 총괄하는 부서를 말한다.

제3조(구청장의 책무) 부산광역시 연제구청장(이하 "구청장"이라 한다)은 조례를 실효성 있게 운영하고, 입법평가를 통해 조례의 입법목적이 실현되도록 노력하여야 한다.

제4조(평가대상) 입법평가의 대상은 현재 시행되고 있는 구 조례로 한다. 다만, 다음 각 호의 어느 하나에 해당하는 경우에는 제외한다.
1. 기관설치 · 조직운영 등 기관 운영에 관한 조례
2. 사무분장 · 문서관리 등 단순 기술적인 조례
3. 상위법령에서 위임한 조례
4. 시행한 날부터 3년이 지나지 않은 조례
5. 부산광역시 연제구의회(이하 "구의회"라 한다) 소관 조례

제5조(입법평가위원회) 구청장은 다음 각 호의 사항을 심의하기 위하여 부산광역시 연제구입법평가위원회(이하 "평가위원회"라 한다)를 둘 수 있다.
1. 입법평가에 관한 사항
2. 입법평가 결과 개선안 마련에 관한 사항
3. 입법평가 제도개선에 관한 사항
4. 그 밖에 입법평가를 위하여 위원장이 회의에 부치는 사항

제6조(구성) ① 평가위원회는 위원장 1명과 부위원장 1명을 포함한 13명 이내의 위원으로 구성한다.
② 위원회의 위원장은 부구청장이 되고, 부위원장은 위촉직 위원 중에서 선출한다.
③ 위원은 다음 각 호의 사람 중에서 성별을 고려하여 구청장이 임명하거나 위촉한다.
1. 구의회에서 추천하는 각 상임위원회별 구의원
2. 구 소속 5급 이상 공무원
3. 변호사, 교수, 법제관 등의 법률 또는 입법전문가
4. 그 밖에 입법평가와 관련한 분야의 학식과 경험이 풍부한 사람
④ 위원의 임기는 위원으로 임명 또는 위촉된 날부터 평가위원회에서 입법평가에 대한 심의를 마치는 날까지로 한다.

제7조(운영) ① 평가위원회의 회의는 위원장이 필요하다고 인정할 때 위원장이 소집한다.
② 회의는 재적위원 과반수의 출석으로 개의하고 출석위원 과반수의 찬성으로 의결한다.
③ 평가위원회의 사무 처리를 위하여 간사 1명을 두며, 간사는 총괄부서의 법제업무 담당계장으로 한다.

제8조(위원의 해촉) 위원의 해촉은「부산광역시 연제구 각종 위원회 설치 및 운영 조례」제11조에 따른다.

제9조(평가시기 및 기준) ① 입법평가는 3년마다 실시하되, 다음 각 호의 사항을 기준으로 실시한다.
1. 입법의 근거 및 적법성
2. 입법의 실효성 및 공평성
3. 입법의 주민 수용성
4. 입법 내용의 적정성 및 현실 부합성
5. 위원회 · 협의회 등 구성 및 운영의 적정성
6. 그 밖에 평가 대상 조례의 규정에 따른 이행 여부
② 제1항에 따른 세부적인 평가기준은 별표와 같다.

제10조(자료제출 등) ① 평가대상이 되는 조례의 주관부서 장은 해당 조례에 대해 별지 제1호서식의 입법평가서를 작성하여 총괄부서 장에게 제출하여야 한다.
② 총괄부서 장은 제1항에 따라 제출받은 자료를 종합적으로 검토한 후 별지 제2호서식의 입법평가 검토보고서를 평가위원회에 제출하여야 한다.
③ 위원장은 입법평가를 위해 주관부서 및 총괄부서의 의견을 듣거나 자료를 요구할 수 있고, 필요한 경우에는 회의에 출석할 것을 요청할 수 있다.

제11조(평가결과 반영) 구청장은 제5조에 따른 평가위원회의 심의 결과 개선사항이 있는 경우에는 이를 적극 반영하도록 노력하여야 한다.

제12조(종합결과보고서 제출) 구청장은 입법평가 완료 후 30일 이내에 별지 제3호서식의 입법평가 종합결과보고서를 구의회에 제출하여야 한다.

제13조(시행규칙) 이 조례의 시행에 필요한 사항은 규칙으로 정한다.

■ 부산광역시 연제구 조례에 대한 입법평가 조례 제9조 제2항

[별표] < 입법평가 기준표 >

입법영향 분석항목	세부항목	척도	의견 및 자료
1. 입법의 근거 및 적법성	1) 위임조례인가 자치사무에 관한 조례인가?	□ 위임조례 □ 자치사무에 관한 조례	
	2) 조례에서 규정하고 있는 위임근거가 올바른가?	□ 그렇다 □ 그렇지않다 □ 해당사항 없음	
	3) 조례가 위임범위에서 적절하게 제·개정되었는가?	□ 그렇다 □ 그렇지않다 □ 해당사항 없음	
	4) 조례 제·개정 이후 동일 또는 유사한 법령이나 제도가 만들어졌거나 근거법령이 개정 또는 폐지되었는가?	□ 그렇다 □ 그렇지않다 □ 해당사항 없음	
	5) 조례에서 주민의 권리제한, 의무부과, 벌칙 부과, 규제 사항에 대한 법률위임이 있는가?	□ 그렇다 □ 그렇지않다 □ 해당사항 없음	
2. 조례의 실효성	1) 조례의 시행과정에서 다른 조례와의 충돌이나 모순이 발생하고 있는가?	□ 그렇다 □ 그렇지않다 □ 해당사항 없음	
	2) 이 조례와 유사 또는 동일한 다른 조례가 제정 및 시행 되고 있어 통합할 필요가 있는가?	□ 그렇다 □ 그렇지않다 □ 해당사항 없음	

입법영향 분석항목	세부항목	척도	의견 및 자료
	3) 조례에 따른 계획이 수립 · 시행 되고 있는가?	□ 그렇다 □ 그렇지않다 □ 해당사항 없음	- 계획 수립 사항 관련 자료 첨부
	4) 조례에서 집행기관 등에 책무를 부여하고 있는가?	□ 그렇다 □ 그렇지않다 □ 해당사항 없음	
	5) 조례에서 부여한 책무와 관련 사업을 집행기관이 잘 이행하고 있는가?	□ 그렇다 □ 그렇지않다 □ 해당사항 없음	- 집행실적 관련 자료 첨부
3. 조례의 공평성	1) 조례에서 장애인, 성별 등의 특정 계층이나 특정지역을 차별하는 조항이 있는가?	□ 그렇다 □ 그렇지않다 □ 해당사항 없음	
	2) 조례에서 정한 차별이 합리적인가?	□ 그렇다 □ 그렇지않다 □ 해당사항 없음	
4. 주민 수용성	1) 조례 제 · 개정 시 입법예고는 하였는가?	□ 그렇다 □ 그렇지않다 □ 해당사항 없음	
	2) 조례 제 · 개정 시 공청회, 세미나 등 이해관계인 및 주민에 대한 의견수렴 과정이 있었는가?	□ 그렇다 □ 그렇지않다 □ 해당사항 없음	- 공청회, 세미나 등 의견수렴 사항 관련 자료 첨부
	3) 조례와 관련한 민원(청원, 진정, 소송 등)이 제기되거나 개정 또는 폐지 요구가 있었는가?	□ 그렇다 □ 그렇지않다 □ 해당사항 없음	
	4) 조례의 체계나 사용되어진 용어가 주민이 알기 쉽게 되어 있는가?	□ 그렇다 □ 그렇지않다 □ 해당사항 없음	
5. 조례 내용의 적정성	1) 조례에 재정지원 관련 규정이 있는가?	□ 그렇다 □ 그렇지않다 □ 해당사항 없음	
	2) 조례에 따른 지원대상이나 규모가 적정한가?	□ 그렇다 □ 그렇지않다 □ 해당사항 없음	

입법영향 분석항목	세부항목	척도	의견 및 자료
	3) 조례 시행에 필요한 예산 확보와 집행이 잘 이루어지고 있는가?	□ 그렇다 □ 그렇지않다 □ 해당사항 없음	- 예산 및 집행 관련자료 첨부
	4) 지원대상이 집행이 가능한 정도로 구체화 되어 있는가?	□ 그렇다 □ 그렇지않다 □ 해당사항 없음	
	5) 조례에 따른 민간위탁사무가 위탁대상으로 적정한가?	□ 그렇다 □ 그렇지않다 □ 해당사항 없음	
	6) 행정기관의 재량권의 범위는 적정한가?	□ 그렇다 □ 그렇지않다 □ 해당사항 없음	
6. 현실 부합성	1) 연제구의 현실과 조례가 부합하는가?	□ 그렇다 □ 그렇지않다 □ 해당사항 없음	
7. 위원회 운영의 적정성	1) 조례로 위원회를 구성하도록 되어 있는가?	□ 그렇다 □ 그렇지않다 □ 해당사항 없음	
	2) 위원회가 법정위원회인가 조례로 설치하도록 한 위원회인가?	□ 법정위원회 □ 조례로 정한 위원회 □ 해당사항 없음	
	3) 위원회 위원 구성이 적정한가?	□ 그렇다 □ 그렇지않다 □ 해당사항 없음	위촉서류 첨부 (성별, 위촉.당연 구분, 임기 등)
	4) 위원회가 법령이나 조례에서 정한 회의개최 운영 실적이 있고 관련 회의록을 보존하고 있는가?	□ 그렇다 □ 그렇지않다 □ 해당사항 없음	- 회의 운영실적 자료 첨부
	5) 위원회를 계속 설치·운영할 필요성이 있는가?	□ 그렇다 □ 그렇지않다 □ 해당사항 없음	
	6) 해당 위원회와 유사한 다른 위원회와의 기능적 통합이 필요한가?	□ 그렇다 □ 그렇지않다 □ 해당사항 없음	

입법영향 분석항목	세부항목	척도	의견 및 자료
8. 종합의견	1) 이 조례를 현행대로 유지할 필요가 있는가?	□ 그렇다 □ 그렇지않다	
	2) 이 조례를 개정할 이유가 있는가? (해당사항 모두 표기)	□ 위임근거에 불부합 □ 위임근거 불명확 □ 법령의 위임 없는 규제 정비 필요 □ 다른 조례와의 상충 및 모순 □ 조례 시행의 문제점 발생 □ 조례의 공평성 문제 □ 알기 쉬운 법령정비 기준에 따른 정비 필요 □ 위원회 관련 규정 개정 필요 □ 그 밖의 사유	
	3) 이 조례를 폐지할 사유가 있는가? (해당사항 모두 표기)	□ 다른 유사한 조례와의 통합 운영 필요성 □ 조례 시행 불가능 □ 최근 3년간 조례 관련 운영 실적 전무 □ 기타	
	4) 그 밖의 이 조례와 관련된 의견이 있는가?	□ 있다 □ 없다	

27. 부산광역시 영도구

부산광역시 영도구 조례 입법평가 조례
[시행 2020. 7. 31.] [부산광역시영도구조례 제1384호, 2020. 7. 31., 제정]

제1조(목적) 이 조례는 부산광역시 영도구 조례의 입법 목적과 목표가 실현되고 있는 지를 분석 · 평가하고 필요시 개선하도록 하기 위하여 사후 입법평가에 관한 사항을 규정함으로써 조례의 실효성을 확보함을 목적으로 한다.

제2조(정의) 이 조례에서 사용하고 있는 용어의 뜻은 다음과 같다.
1. “입법평가”란 시행되고 있는 조례에 대하여 입법 목적의 실현성, 실효성 등을 평가하는 것을 말한다.
2. “주관부서”란 평가 대상 조례를 관리하고 그에 따른 업무를 수행하는 부서를 말한다.
3. “총괄부서”란 입법업무를 총괄하는 부서를 말한다.

제3조(책무) 부산광역시 영도구청장(이하 “구청장”이라 한다)은 조례를 실효성 있게 운영하고, 입법평가를 실시하여 조례의 입법목적이 실현되도록 노력하여야 한다.
제4조(추진계획 수립 · 시행) ① 구청장은 입법평가를 실시하기 위하여 2년 마다 입법평가 추진계획(이하 “추진계획”이라한다)을 수립 · 시행하여야 한다.
② 추진계획에는 다음 각 호의 사항이 포함되어야 한다.
1. 입법평가의 목표와 방향에 관한 사항
2. 입법평가 실시에 관한 사항
3. 그 밖에 입법평가 추진을 위하여 필요한 사항

제5조(평가대상) 입법평가의 대상은 부산광역시 영도구의 조례로 한다. 다만, 다음 각 호의 어느 하나에 해당하는 경우에는 제외한다.
1. 상위법령에서 위임한 조례
2. 기구,기관설치,조직운영에 관한 조례
3. 업무분장 · 문서관리 등 단순 기술적인 조례
4. 부산광역시 영도구의회(이하 “구의회”라 한다) 소관 조례
5. 시행일로부터 2년이 지나지 않은 조례

제6조(평가기준) ① 입법평가는 제4조의 추진계획에 따라 실시하되, 다음 각 호의 사항을 기준으로 실시한다.
1. 입법 목적의 실현성 및 실효성 여부
2. 기본계획 또는 추진계획 등의 수립 여부
3. 예산편성 및 예산집행의 적정성 여부
4. 상위법령 제정 및 개정 내용의 반영 등 법적 적합성 여부
5. 위원회 · 협의회 등 구성 및 운영 실태
6. 그 밖에 평가 대상 조례의 규정에 따른 이행 여부
② 제1항에 따른 평가시기 및 기준에 따른 세부적인 사항은 구청장이 따로 정한다.

제7조(입법평가 실시 등) ① 제5조에 따라 평가대상이 되는 조례의 주관부서의 장은 해당 조례에 대해 입법평가를 실시하고 관련 자료를 총괄부서의 장에게 제출하여야 한다.

② 제1항에 따라 관련 자료를 제출받은 총괄부서의 장은 입법평가 자료를 종합적으로 검토한 후 개선이 필요한 경우에는 개선방향 등을 주관부서의 장에게 통보하여야 한다.

③ 제2항의 통보를 받은 주관부서의 장은 특별한 사유가 없는 한 소관 조례에 대한 개선계획을 수립하여 추진하고 그 결과를 총괄부서의 장에게 통보하여야 한다.

제8조(종합결과보고서 제출) 구청장은 입법평가 완료 후 30일 이내에 입법평가 종합결과보고서를 구의회에 제출하여야 한다.

28. 부산광역시 중구

부산광역시 중구 조례에 대한 입법평가 조례
[시행 2021. 10. 1.] [부산광역시중구조례 제1303호, 2021. 10. 1., 제정]

제1조(목적) 이 조례는 부산광역시 중구 조례에 대한 입법평가에 관한 사항을 규정하여 조례의 시행효과 및 목표달성 등을 분석 · 평가함으로써 조례의 실효성을 확보하고 구민의 삶의 질을 높이는데 이바지함을 목적으로 한다.

제2조(정의) 이 조례에서 사용하고 있는 용어의 뜻은 다음과 같다.

1. “입법평가”란 부산광역시 중구(이하 “구”라 한다)에서 시행되고 있는 조례에 대하여 입법 목적의 실현 여부, 시행효과 등을 분석 · 평가하는 것을 말한다.
2. “주관부서”란 평가 대상 조례를 관리하고 그에 따른 업무를 수행하는 부서를 말한다.
3. “총괄부서”란 구의 입법업무를 총괄하는 부서를 말한다.

제3조(구청장의 책무) 부산광역시 중구청장(이하 “구청장”이라 한다)은 조례를 실효성 있게 운영하고, 입법평가를 통해 조례의 입법목적이 실현되도록 노력하여야 한다.

제4조(평가대상) 입법평가의 대상은 현재 시행되고 있는 구 조례로 한다. 다만, 다음 각 호의 어느 하나에 해당하는 경우에는 제외한다.

1. 기관설치 · 조직운영 등 기관 운영에 관한 조례
2. 사무분장 · 문서관리 등 단순 기술적인 조례
3. 상위법령에서 위임한 조례
4. 시행한 날부터 3년이 지나지 않은 조례

5. 부산광역시 중구의회(이하 “구의회”라 한다) 소관 조례

제5조(입법평가위원회) 구청장은 다음 각 호의 사항을 심의하기 위하여 부산광역시 중구입법평가위원회(이하 “평가위원회”라 한다)를 둘 수 있다.
1. 입법평가에 관한 사항
2. 입법평가 결과 개선안 마련에 관한 사항
3. 입법평가 제도개선에 관한 사항
4. 그 밖에 입법평가를 위하여 위원장이 회의에 부치는 사항

제6조(구성) ① 평가위원회는 위원장 1명과 부위원장 1명을 포함한 13명 이내의 위원으로 구성한다.
② 위원회의 위원장은 부구청장이 되고, 부위원장은 위촉직 위원 중에서 선출한다.
③ 위원은 다음 각 호의 사람 중에서 성별을 고려하여 구청장이 임명하거나 위촉한다.
1. 구의회에서 추천하는 각 상임위원회별 구의원
2. 구 소속 5급 이상 공무원
3. 변호사, 교수, 법제관 등의 법률 또는 입법전문가
4. 그 밖에 입법평가와 관련한 분야의 학식과 경험이 풍부한 사람
④ 위원의 임기는 위원으로 임명 또는 위촉된 날부터 평가위원회에서 입법평가에 대한 심의를 마치는 날까지로 한다.

제7조(운영) ① 평가위원회의 회의는 위원장이 필요하다고 인정할 때 위원장이 소집한다.
② 회의는 재적위원 과반수의 출석으로 개의하고 출석위원 과반수의 찬성으로 의결한다.
③ 평가위원회의 사무 처리를 위하여 간사 1명을 두며, 간사는 총괄부서의 법제업무 담당주사로 한다.

제8조(평가시기 및 기준) ① 입법평가는 3년마다 실시하되, 다음 각 호의 사항을 기준으로 실시한다.
1. 입법의 근거 및 적법성
2. 입법의 실효성 및 공평성
3. 입법의 주민 수용성
4. 입법 내용의 적정성 및 현실 부합성
5. 위원회 · 협의회 등 구성 및 운영의 적정성
6. 그 밖에 평가 대상 조례의 규정에 따른 이행 여부
② 제1항에 따른 세부적인 평가기준은 별표와 같다.

제9조(자료제출 등) ① 평가대상이 되는 조례의 주관부서 장은 해당 조례에 대해 별지 제1호서식의 입법

평가서를 작성하여 총괄부서 장에게 제출하여야 한다.

② 총괄부서 장은 제1항에 따라 제출받은 자료를 종합적으로 검토한 후 별지 제2호서식의 입법평가 검토보고서를 평가위원회에 제출하여야 한다.

③ 위원장은 입법평가를 위해 주관부서 및 총괄부서의 의견을 듣거나 자료를 요구할 수 있고, 필요한 경우에는 회의에 출석할 것을 요청할 수 있다.

제10조(평가결과 반영) 구청장은 제5조에 따른 평가위원회의 심의 결과 개선사항이 있는 경우에는 이를 적극 반영하도록 노력하여야 한다.

제11조(종합결과보고서 제출) 구청장은 입법평가 완료 후 30일 이내에 별지 제3호서식의 입법평가 종합결과보고서를 구의회에 제출하여야 한다.

제12조(시행규칙) 이 조례의 시행에 필요한 사항은 규칙으로 정한다.

29. 부산광역시 해운대구

부산광역시 해운대구 조례에 대한 입법평가 조례
[시행 2022. 5. 4.] [부산광역시해운대구조례 제1521호, 2021. 11. 3., 제정]

제1조(목적) 이 조례는 부산광역시 해운대구 조례의 입법 목적과 목표가 실현되고 있는지를 분석·평가하고 개선토록 하기 위해 사후 입법평가에 관한 사항을 규정하여 조례의 실효성을 높이고 구민의 삶의 질이 향상되도록 함을 목적으로 한다.

제2조(정의) 이 조례에서 사용하고 있는 용어의 뜻은 다음과 같다.

1. "입법평가"란 시행되고 있는 조례에 대하여 부산광역시 해운대구 입법평가위원회(이하 "위원회"라 한다)가 입법 목적의 실현성, 실효성 등을 평가하는 것을 말한다.
2. "주관부서"란 평가 대상 조례를 관리하고 그에 따른 업무를 수행하는 부서를 말한다.
3. "총괄부서"란 입법업무를 총괄하는 부서를 말한다.

제3조(책무) 부산광역시 해운대구청장(이하 "구청장"이라 한다)은 조례를 실효성 있게 운영하기 위하여 입법평가를 시행하여 시행중인 조례의 입법목적이 실현되도록 노력하여야 한다.

제4조(추진계획 수립·시행) ① 구청장은 입법평가를 실시하기 위하여 3년마다 입법평가 추진계획(이하 "추진계획"이라 한다)을 수립·시행하여야 한다.

② 추진계획에는 다음 각 호의 사항이 포함되어야 한다.

1. 입법평가의 목표와 방향
2. 입법평가 실시 시기 및 방법
3. 입법평가 대상 조례
4. 제5조에 따른 위원회의 구성 및 운영
5. 그 밖에 입법평가 추진을 위하여 필요한 사항

제5조(입법평가위원회의 설치 및 기능) 구청장은 다음 각 호의 사항을 심의하기 위하여 위원회를 둔다.

1. 제4조에 따른 추진계획
2. 제12조에 따른 평가기준 및 시기
3. 입법평가
4. 입법평가 결과 개선안 마련
5. 입법평가 제도개선
6. 그 밖에 입법평가를 위하여 위원장이 회의에 부치는 사항

제6조(위원회의 구성) ① 위원회는 위원장과 부위원장 각 1명을 포함하여 15명 이내의 위원으로 구성한다.

② 위원회의 위원장은 부구청장이 되고, 부위원장은 위촉직 위원 중에서 선출하며, 위원은 다음 각 호의 사람 중에서 성별을 고려하여 구청장이 임명 또는 위촉하되, 위촉위원의 수는 전체 위원의 2분의 1 이상이어야 한다.

1. 구 소속 5급 이상 공무원
2. 부산광역시 해운대구의회(이하 "구의회"라 한다)에서 추천하는 사람
3. 그 밖에 입법평가와 관련한 분야의 학식과 경험이 풍부한 사람

제7조(위원의 임기) 위원의 임기는 위원으로 임명 또는 위촉된 날부터 위원회에서 입법평가에 대한 심의를 마치는 날까지로 한다.

제8조(위원의 해촉) 구청장은 위원이 「부산광역시 해운대구 각종 위원회 설치 및 운영 조례」 제9조의 각 호에 해당하는 경우 해당 위원을 해촉할 수 있다.

제9조(위원장의 직무) 위원장은 위원회를 대표하고, 위원회의 업무를 총괄한다. 위원장이 부득이한 사유로 직무를 수행할 수 없을 때에는 부위원장이 그 직무를 대행하며, 위원장과 부위원장이 모두 부득이한 사유로

그 직무를 수행할 수 없을 때에는 위원장이 미리 지명한 위원이 그 직무를 대행한다.

제10조(위원회의 운영) ① 위원회의 회의는 재적위원 과반수의 출석으로 개의하고, 출석위원 과반수의 찬성으로 의결한다. 다만, 다음 각 호의 사유가 있는 경우에는 서면으로 심의·의결할 수 있다.

1. 안건의 내용이 경미한 경우
2. 긴급한 사유로 위원이 출석하는 회의를 개최할 시간적 여유가 없는 경우
3. 천재지변, 감염병이나 그 밖의 부득이한 사유로 인하여 위원의 출석에 의한 의사정족수를 채우기 어려운 경우

② 위원회에 위원회의 사무를 처리할 간사 1명을 두며, 간사는 법무업무담당 주사가 된다.

③ 이 조례에 정한 것 외에 위원회의 운영에 필요한 사항은 위원회의 의결을 거쳐 위원장이 정한다.

제11조(평가대상) 입법평가의 대상은 구의 조례로 한다. 다만, 다음 각 호의 어느 하나에 해당하는 경우에는 제외한다.

1. 기구·기관설치·조직운영에 관한 조례
2. 사무분장·문서관리 등 단순 기술적인 조례
3. 상위법령에서 위임한 조례
4. 최초 제정일 또는 개정일로부터 3년이 지나지 않은 조례
5. 구의회 소관 조례

제12조(평가기준 및 시기) ① 입법평가는 제4조의 추진계획에 따라 3년마다 실시하되, 다음 각 호의 사항을 기준으로 한다.

1. 입법의 근기 및 적법성
2. 입법의 실효성 및 공평성
3. 입법의 주민 수용성
4. 입법 내용의 적정성 및 현실 부합성
5. 위원회·협의회 등 구성 및 운영의 적정성
6. 그 밖에 평가 대상 조례에 따른 이행 여부

② 제1항에 따른 세부적인 평가기준은 별표와 같다.

제13조(입법평가서 등의 제출) ① 제11조에 따라 평가대상이 되는 조례의 주관부서의 장은 해당 조례에 대한 별지 제1호서식의 입법평가서를 작성하여 총괄부서의 장에게 제출하여야 한다.

② 총괄부서의 장은 제1항에 따라 제출받은 입법평가서를 종합적으로 검토한 후 별지 제2호서식의 입법평가 검토보고서를 작성하여 제5조에 따른 위원회에 제출하여야 한다.

제14조(조사 및 의견청취 등) 위원회는 안건의 심의를 위하여 필요하다고 인정하면 관계 공무원 등에게 설명 또는 자료 등의 제출을 요구할 수 있고, 필요한 경우에는 관계 전문가에게 자문 등을 구할 수 있다.

제15조(수당) 제14조에 따른 관계 전문가 등에게 예산의 범위에서 수당과 여비를 지급할 수 있다.

제16조(평가결과 반영) 구청장은 제5조에 따른 위원회의 심의 결과 입법평가에 따른 개선사항이 있는 경우에는 이를 적극 반영하도록 노력하여야 한다.

제17조(종합결과보고서 제출) 구청장은 입법평가 완료 후 30일 이내에 별지 제3호서식의 입법평가 종합결과보고서를 구의회에 제출하여야 한다.

[별표] 입법평가 기준표(제12조 관련)

입법영향 분석항목	세부항목	척도	의견 및 자료
1. 입법의 근거 및 적법성	1) 조례 제·개정 이후 동일 또는 유사한 법령이나 제도가 만들어졌거나 근거법령이 개정 또는 폐지되었는가?	□ 그렇다 □ 그렇지않다 □ 해당사항 없음	
	2) 조례에서 주민의 권리제한, 의무부과, 벌칙 부과, 규제 사항에 대한 법률위임이 있는가?	□ 그렇다 □ 그렇지않다 □ 해당사항 없음	
2. 조례의 실효성	1) 조례의 시행과정에서 다른 조례와의 충돌이나 모순이 발생하고 있는가?	□ 그렇다 □ 그렇지않다 □ 해당사항 없음	
	2) 이 조례와 유사 또는 동일한 다른 조례가 제정 및 시행 되고 있어 통합할 필요가 있는가?	□ 그렇다 □ 그렇지않다 □ 해당사항 없음	
	3) 조례에 따른 계획이 수립·시행되고 있는가?	□ 그렇다 □ 그렇지않다 □ 해당사항 없음	- 계획 수립 사항 관련 자료 첨부
	4) 조례에서 집행기관 등에 책무를 부여하고 있는가?	□ 그렇다 □ 그렇지않다 □ 해당사항 없음	
	5) 조례에서 부여한 책무와 관련 사업을 집행기관이 잘 이행하고 있는가?	□ 그렇다 □ 그렇지않다 □ 해당사항 없음	- 집행실적 관련 자료 첨부

입법영향 분석항목	세부항목	척도	의견 및 자료
3. 조례의 공평성	1) 조례에서 장애인, 성별 등의 특정 계층이나 특정지역을 차별하는 조항이 있는가?	□ 그렇다 □ 그렇지않다 □ 해당사항 없음	
	2) 조례에서 정한 차별이 합리적인가?	□ 그렇다 □ 그렇지않다 □ 해당사항 없음	
4. 주민 수용성	1) 조례 제·개정 시 입법예고는 하였는가?	□ 그렇다 □ 그렇지않다 □ 해당사항 없음	
	2) 조례 제·개정 시 공청회, 세미나 등 이해관계인 및 주민에 대한 의견수렴 과정이 있었는가?	□ 그렇다 □ 그렇지않다 □ 해당사항 없음	- 공청회, 세미나 등 의견수렴 사항 관련 자료 첨부
	3) 조례와 관련한 민원(청원, 진정, 소송 등)이 제기되거나 개정 또는 폐지 요구가 있었는가?	□ 그렇다 □ 그렇지않다 □ 해당사항 없음	
	4) 조례의 체계나 사용되어진 용어가 주민이 일기 쉽게 되어 있는가?	□ 그렇다 □ 그렇지않다 □ 해당사항 없음	
5. 조례 내용의 적정성	1) 조례에 재정지원 관련 규정이 있는가?	□ 그렇다 □ 그렇지않다 □ 해당사항 없음	
	2) 조례에 따른 지원대상이나 규모가 적정한가?	□ 그렇다 □ 그렇지않다 □ 해당사항 없음	
	3) 조례 시행에 필요한 예산 확보와 집행이 잘 이루어지고 있는가?	□ 그렇다 □ 그렇지않다 □ 해당사항 없음	- 예산 및 집행 관련자료 첨부
	4) 지원대상이 집행이 가능한 정도로 구체화 되어 있는가?	□ 그렇다 □ 그렇지않다 □ 해당사항 없음	
	5) 조례에 따른 민간위탁사무가 위탁대상으로 적정한가?	□ 그렇다 □ 그렇지않다 □ 해당사항 없음	

입법영향 분석항목	세부항목	척도	의견 및 자료
	6) 행정기관의 재량권의 범위는 적정한가?	□ 그렇다 □ 그렇지않다 □ 해당사항 없음	
6. 현실 부합성	1) 해운대구의 현실과 조례가 부합하는가?	□ 그렇다 □ 그렇지않다 □ 해당사항 없음	
7. 위원회 운영의 적정성	1) 조례로 위원회를 구성하도록 되어 있는가?	□ 그렇다 □ 그렇지않다 □ 해당사항 없음	
	2) 위원회가 법정위원회인가 조례로 설치하도록 한 위원회인가?	□ 법정위원회 □ 조례로 정한 위원회 □ 해당사항 없음	
	3) 위원회 위원 구성이 적정한가?	□ 그렇다 □ 그렇지않다 □ 해당사항 없음	위촉서류 첨부 (성별, 위촉.당연 구분, 임기 등)
	4) 위원회가 법령이나 조례에서 정한 회의개최 운영 실적이 있고 관련 회의록을 보존하고 있는가?	□ 그렇다 □ 그렇지않다 □ 해당사항 없음	- 회의 운영실적 자료 첨부
	5) 위원회를 계속 설치·운영 할 필요성이 있는가?	□ 그렇다 □ 그렇지않다 □ 해당사항 없음	
	6) 해당 위원회와 유사한 다른 위원회와의 기능적 통합이 필요한가?	□ 그렇다 □ 그렇지않다 □ 해당사항 없음	
8. 종합의견	1) 이 조례를 현행대로 유지할 필요가 있는가?	□ 그렇다 □ 그렇지않다	
	2) 이 조례를 개정할 이유가 있는가? (해당사항 모두 표기)	□ 법령의 위임 없는 규제 정비 필요 □ 다른 조례와의 상충 및 모순 □ 조례 시행의 문제점 발생 □ 조례의 공평성 문제 □ 알기 쉬운 법령정비 기준에 따른 정비 필요 □ 위원회 관련 규정 개정 필요 □ 그 밖의 사유	

입법영향 분석항목	세부항목	척도	의견 및 자료
	3) 이 조례를 폐지할 사유가 있는가? (해당사항 모두 표기)	□ 다른 유사한 조례와의 통합 운영 필요성 □ 조례 시행 불가능 □ 최근 3년간 조례 관련 운영 실적 전무 □ 기타	
	4) 그 밖의 이 조례와 관련된 의견이 있는가?	□ 있다 □ 없다	

30. 서울특별시 강서구

서울특별시 강서구 조례 입법평가 조례
[시행 2023. 7. 1.] [서울특별시강서구조례 제1525호, 2023. 3. 20., 제정]

제1조(목적) 이 조례는 서울특별시 강서구에서 시행 중인 조례에 관하여 입법목적 등이 제대로 실현되고 있는지를 분석 · 평가함으로써 조례의 실효성을 제고함을 목적으로 한다.

제2조(정의) 이 조례에서 "입법평가"란 서울특별시 강서구에서 시행되고 있는 조례에 관하여 입법 목적의 실현성 · 실효성 등을 분석 · 평가하여 개선하는 일련의 과정을 말한다.

제3조(의장의 책무) 서울특별시 강서구의회 의장(이하 "의장"이라 한다)은 정기적으로 입법평가를 실시하여 조례의 입법 목적을 실현하도록 노력하여야 한다.

제4조(입법평가 대상) 입법평가 대상은 서울특별시 강서구 조례로 한다. 다만, 다음 각 호의 어느 하나에 해당하는 경우에는 제외한다.
1. 시행된 날로부터 3년이 지나지 않은 조례
2. 입법평가를 실시 후 4년이 지나지 않은 조례
3. 기관설치 · 조직운영 · 업무분장 · 문서관리 등 단순하고 기술적인 내용의 조례

제5조(입법평가 기준 및 시기) ① 입법평가는 2년마다 실시하되, 다음 각호의 사항을 기준으로 실시한다.
1. 입법 목적의 실현성 · 실효성

2. 조례 내용의 적정성·공평성, 주민 수용성
3. 상위법령의 변동 사항 반영 여부
4. 위원회·협의회 등 구성 및 운영 실태
5. 그 밖에 입법평가 대상 조례의 규정에 따른 이행 여부
② 제1항에 따른 세부적인 평가기준은 별표의 입법평가 기준표에 따른다.

제6조(입법평가위원회의 구성 및 운영) ① 의장은 입법평가를 효율적으로 실시하기 위하여 서울특별시 강서구의회 입법평가위원회(이하 "위원회"라 한다)를 둔다.
② 위원회의 회의는 재적위원 과반수의 출석으로 개의하고 출석위원 과반수의 찬성으로 의결한다. 다만, 천재지변이나 감염병, 그 밖의 부득이한 사유가 있는 경우에는 서면으로 심의할 수 있다.
③ 위원회는 위원장과 부위원장 각 1명을 포함한 10명 이내의 위원으로 구성하고, 서울특별시 강서구의회(이하 "의회"라 한다) 입법평가 담당직원은 간사로서 위원회 사무를 처리한다.
④ 위원회의 위원장과 부위원장은 위원 중에서 호선한다.
⑤ 위원은 다음 각 호의 어느 하나에 해당하는 사람 중에서 성별을 고려하여 의장이 위촉한다.
1. 의회 의원
2. 변호사, 교수 등의 법률 또는 입법전문가
3. 그 밖에 입법평가에 관한 학식과 경험이 풍부한 사람
⑥ 위원의 임기는 2년으로 하되, 한 차례만 연임할 수 있다.
⑦ 제5항제1호의 위원은 의원직을 상실하는 경우 위원의 임기가 종료된 것으로 본다.
⑧ 위원회에 참석하거나 의견을 제출한 위원 또는 위원회의 요청으로 회의에 참여한 전문가 등에게는 예산의 범위에서 수당 및 여비 등을 지급할 수 있다.
⑨ 그 밖에 위원회의 구성 및 운영에 관한 사항은 「서울특별시 강서구 각종 위원회 구성 및 운영에 관한 조례」를 준용한다.

제7조(위원회의 기능) 위원회는 다음 각 호의 사항을 심의·조정한다.
1. 입법평가 시행 전반에 관한 사항
2. 제8조의 입법평가 용역 시행에 관한 사항
3. 그 밖에 입법평가를 위하여 위원장이 필요하다고 인정하는 사항

제8조(용역의 실시) 의장은 효율적인 입법평가를 위하여 필요한 경우 예산의 범위에서 입법평가 관련 전문기관이나 단체 등에 입법평가 용역을 실시할 수 있다.

제9조(자료요구 및 의견청취) ① 위원회는 안건의 심의를 위하여 평가대상이 되는 조례의 소관 상임위원

회와 집행부서의 의견을 듣거나 자료요구를 할 수 있다.

② 위원회는 제1항에 따라 자료 또는 의견 제출을 요청하는 경우 의장을 경유하여야 하며, 상임위원회와 집행부서는 특별한 사정이 없는 한 요청에 응하여야 한다.

제10조(입법평가 결과의 공표 및 활용) ① 의장은 입법평가 완료 후 30일 이내에 입법평가 종합결과보고서를 의회 홈페이지에 공표하여야 한다.

② 의장은 입법평가 결과를 의회 상임위원회와 소관 집행부서에 통보하여야 한다.

③ 제2항에 따라 평가결과를 통보받은 의회 상임위원회는 그 결과를 반영하도록 노력하여야 한다.

제11조(시행규칙) 이 조례의 시행에 필요한 사항은 규칙으로 정한다.

[별표] 입법평가 기준표(제5조 관련)

평가항목	세부항목	척도	의견 및 자료
1. 입법의 근거 및 적법성	1) 위임조례인가 자치사무에 관한 조례인가?	□ 위임조례 □ 자치사무에 관한 조례	
	2) 조례에서 규정하고 있는 위임근거가 올바른가?	□ 그렇다 □ 그렇지않다 □ 해당사항 없음	
	3) 조례가 위임범위에서 적절하게 제·개정되었는가?	□ 그렇다 □ 그렇지않다 □ 해당사항 있음	
	4) 조례 제·개정 이후 동일 또는 유사한 법령이나 제도가 만들어졌거나 근거 법령이 개정 또는 폐지되었는가?	□ 그렇다 □ 그렇지않다 □ 해당사항 없음	
	5) 조례에서 주민의 권리제한, 의무부과, 벌칙 부과, 규제사항에 대한 법률위임이 있는가?	□ 그렇다 □ 그렇지않다 □ 해당사항 없음	
	6) 헌법에 위배되거나 기본권을 침해하는 조항이 있는가?	□ 그렇다 □ 그렇지않다 □ 해당사항 없음	
	7) 상위법령에 위배되는 조항이 있는가?	□ 그렇다 □ 그렇지않다 □ 해당사항 없음	

평가항목	세부항목	척도	의견 및 자료
2. 조례의 실효성	1) 조례의 시행과정에서 다른 조례와의 충돌이나 모순이 발생하고 있는가?	□ 그렇다 □ 그렇지않다 □ 해당사항 없음	
	2) 이 조례와 유사 또는 동일한 다른 조례가 제정 및 시행되고 있어 통합할 필요가 있는가?	□ 그렇다 □ 그렇지않다 □ 해당사항 없음	
	3) 조례에 따른 계획이 수립 · 시행 되고 있는가?	□ 그렇다 □ 그렇지않다 □ 해당사항 없음	
	4) 조례에서 집행기관 등에 책무를 부여하고 있는가?	□ 그렇다 □ 그렇지않다 □ 해당사항 없음	
	5) 조례에서 부여한 책무와 관련 사업을 집행기관이 잘 이행하고 있는가?	□ 그렇다 □ 그렇지않다 □ 해당사항 없음	
3. 조례 내용의 적정성	1) 조례에 재정지원 관련 규정이 있는가?	□ 그렇다 □ 그렇지않다 □ 해당사항 없음	
	2) 조례에 따른 지원대상이나 규모가 적정한가?	□ 그렇다 □ 그렇지않다 □ 해당사항 없음	
	3) 조례 시행에 필요한 예산확보와 집행이 잘 이루어지고 있는가?	□ 그렇다 □ 그렇지않다 □ 해당사항 없음	
	4) 지원대상이 집행이 가능한 정도로 구체화 되어 있는가?	□ 그렇다 □ 그렇지않다 □ 해당사항 없음	
	5) 조례에 따른 민간위탁사무가 위탁대상으로 적정한가?	□ 그렇다 □ 그렇지않다 □ 해당사항 없음	
	6) 행정기관의 재량권의 범위는 적정한가?	□ 그렇다 □ 그렇지않다 □ 해당사항 없음	
4. 조례의 공평성	1) 조례에서 장애인, 성별 등의 특정계층이나 특정지역을 차별하는 조항이 있는가?	□ 그렇다 □ 그렇지않다 □ 해당사항 없음	
	2) 조례에서 정한 차별이 합리적인가?	□ 그렇다 □ 그렇지않다 □ 해당사항 없음	

평가항목	세부항목	척도	의견 및 자료
5. 주민 수용성	1) 조례 제·개정 시 입법예고는 하였는가?	□ 그렇다 □ 그렇지않다 □ 해당사항 없음	
	2) 조례 제·개정 시 공청회, 세미나 등 이해관계인 및 주민에 대한 의견 수렴 과정이 있었는가?	□ 그렇다 □ 그렇지않다 □ 해당사항 없음	
	3) 조례와 관련한 민원(청원, 진정, 소송 등)이 제기되거나 개정 또는 폐지 요구가 있었는가?	□ 그렇다 □ 그렇지않다 □ 해당사항 없음	
	4) 조례의 체계나 사용되어진용어가 주민이 알기 쉽게 되어있는가?	□ 그렇다 □ 그렇지않다 □ 해당사항 없음	
6. 현실 부합성	1) 강서구의 현실과 조례가부합하는가?	□ 그렇다 □ 그렇지않다 □ 해당사항 없음	
7. 위원회 운영의 적정성	1) 조례로 위원회를 구성하도록 되어 있는가?	□ 그렇다 □ 그렇지않다 □ 해당사항 없음	
	2) 위원회가 법정위원회인가 조례로 설치하도록 한 위원회인가?	□ 법정위원회 □ 조례로 정한 위원회 □ 해딩사힝 없음	
	3) 위원회 위원의 성별 구성이 적정한가?	□ 그렇다 □ 그렇지않다 □ 해당사항 없음	
	4) 위원회가 법령이나 조례에서 정한 회의개최 운영 실적이 있고 관련 회의록을 보존하고 있는가?	□ 그렇다 □ 그렇지않다 □ 해당사항 없음	
	5) 위원회를 계속 설치·운영 할 필요성이 있는가?	□ 그렇다 □ 그렇지않다 □ 해당사항 없음	
	6) 해당 위원회와 유사한 다른 위원회와의 기능적 통합이 필요한가?	□ 그렇다 □ 그렇지않다 □ 해당사항 없음	
8. 종합의견	1) 이 조례를 현행대로 유지할 필요가 있는가?	□ 그렇다 □ 그렇지않다	
	2) 이 조례를 개정할 이유가 있는가? (해당사항 모두 표기)	□ 위임근거에 불부합 □ 위임근거 불명확 □ 법령의 위임 없는 규제 정비 필요 □ 다른 조례와의 상충	

평가항목	세부항목	척도	의견 및 자료
		및 모순 □ 조례 시행의 문제점 발생 □ 조례의 공평성 문제 □ 알기 쉬운 법령정비 기준에 따른 정비 필요 □ 위원회 관련 규정 개 필요 □ 그 밖의 사유	
	3) 이 조례를 폐지할 사유가 있는가? (해당사항 모두 표기)	□ 다른 유사한 조례와의 통합 운영 필요성 □ 조례 시행 불가능 □ 최근 3년간 조례 관련 운영 실적 전무 □ 기타	
	4) 그 밖의 이 조례와 관련된 의견이 있는가?	□ 있다 □ 없다	

31. 서울특별시 동작구

서울특별시 동작구의회 입법영향평가 조례
[시행 2024. 1. 1.] [서울특별시동작구조례 제1741호, 2023. 3. 9., 제정]

제1조(목적) 이 조례는 서울특별시 동작구 조례의 시행효과 및 목표달성 등을 분석·평가함으로써 조례의 실효성을 확보하고 구민의 삶의 질 향상에 이바지함을 목적으로 한다.

제2조(정의) 이 조례에서 "입법영향평가"란 서울특별시 동작구에서 시행되고 있는 조례의 입법목적 달성 여부 및 조례의 효과 등을 종합적으로 분석·평가하는 것을 말한다.

제3조(입법영향평가 실시 및 대상) ① 서울특별시 동작구의회 의장(이하 "의장"이라 한다)은 시행 중인 조례에 관하여 입법영향평가를 실시하여야 한다.

② 입법영향평가의 대상은 서울특별시 동작구 조례 중 제정 또는 전부개정 되어 시행된 지 2년이 지났거나, 입법영향평가를 실시한지 4년이 경과한 조례로 한다. 다만, 다음 각 호에 해당하는 경우에는 그 대상에서 제외할 수 있다.

1. 상위 법령에서 위임한 조례

2. 기관설치 · 인사운영 · 업무분담 · 문서관리 등 단순하고 기술적인 내용의 조례
3. 서울특별시 동작구의회(이하 "의회"라 한다) 소관 조례
③ 의장은 조례 시행과 관련한 규칙 등에 대하여 필요한 경우 입법영향평가를 할 수 있다.

제4조(입법영향평가 기준) ① 입법영향평가는 다음 각 호의 사항을 기준으로 실시한다.
1. 입법 목적의 적합성 · 실효성
2. 기본계획 또는 추진계획 등의 수립 여부
3. 상위법령 제정 및 개정 사항 반영 여부
4. 위원회 · 협의회 등 구성 및 운영 실태
5. 그 밖에 평가 대상 조례의 규정에 따른 이행 여부
② 제1항에 따른 세부적인 평가기준은 별표 1의 입법영향평가 기준에 따라 시행한다.

제5조(입법영향평가위원회 설치 등) ① 의장은 입법영향평가를 효율적으로 실시하기 위하여 서울특별시 동작구의회 입법영향평가위원회(이하 "위원회"라 한다)를 둔다.
② 위원회는 위원장과 부위원장 각 1명을 포함한 10명 이내의 위원으로 구성한다.
③ 위원장은 의장이 되고, 부위원장은 위원 중에서 호선한다.
④ 위원은 다음 각 호의 어느 하나에 해당하는 사람 중에서 성별을 고려하여 의장이 위촉한다.
1. 의회가 추천하는 구의원 4명 이상
2. 서울특별시 동작구 법무 업무 담당 소관 국장 · 과장 각 1명
3. 변호사, 교수, 법률 또는 입법전문가 2명
⑤ 위원의 임기는 2년으로 하되, 한 차례만 연임할 수 있다. 다만, 위원의 사임 등으로 새로 위촉된 위원의 임기는 전임위원 임기의 남은 기간으로 한다.

제6조(위원회의 기능) 위원회는 다음 각 호의 사항을 심의한다.
1. 입법영향평가 결과에 관한 사항
2. 입법영향평가 제도 운영 및 개선에 관한 사항
3. 그 밖에 입법영향평가를 위하여 위원장이 회의에 부치는 사항

제7조(위원회의 운영) ① 위원회의 회의는 위원장이 필요하다고 인정하는 경우에 위원장이 소집한다.
② 위원회의 회의는 재적 위원 과반수의 출석으로 개의하고, 출석위원 과반수의 찬성으로 의결한다.
③ 위원회에 위원회의 사무를 처리하기 위하여 간사 1명을 두며, 간사는 입법영향평가 관련 업무 담당 팀장이 된다.
④ 이 조례에서 정한 사항 외에 위원회의 운영에 필요한 사항은 위원회의 의결을 거쳐 위원장이 정한다.

⑤ 위원회에 참석한 위원 또는 자문에 응한 관계 전문가 등에게 예산의 범위에서 수당과 여비를 지급할 수 있다.

제8조(위원의 해촉) ① 의장은 다음 각 호의 어느 하나에 해당하는 경우에는 위원을 해촉할 수 있다.
1. 위원 본인이 사퇴를 희망하는 경우
2. 위원으로서의 활동이 어렵거나 품위를 손상시켰다고 인정하는 경우
② 의장이 제1항에 따라 위원을 해촉한 경우에는 그 결과를 해당 위원에게 통보하여야 한다.

제9조(용역실시) 의장은 효율적인 입법영향평가를 위하여 필요한 경우 예산의 범위에서 입법영향평가 전문기관이나 단체 등에 입법영향평가 용역을 실시할 수 있다.

제10조(자료 요구 등) ① 의장은 입법영향평가를 위하여 서울특별시 동작구청장(이하 "구청장"이라 한다)에게 자료 또는 의견의 제출을 요청할 수 있고, 필요한 경우에는 관계 전문가에게 자문할 수 있다.
② 제1항에 따라 자료 또는 의견 제출을 요청받은 경우, 구청장은 특별한 사정이 없으면 이에 응하여야 한다.

제11조(결과의 공개 및 활용) ① 의장은 입법영향평가 결과를 의회 홈페이지에 공개할 수 있다.
② 해당 상임위원회는 입법영향평가 결과를 의정활동에 적극적으로 반영하도록 노력하여야 하며, 구청장 및 관계 기관에 적절한 조치의 이행을 촉구할 수 있다.

[별표 1]

입법영향평가 기준표(제4조제2항 관련)

입법영향 평가항목	세부항목	입법영향 분석지표	의견 및 자료
1. 입법의 근거 및 법적합성	1) 위임조례인가 자치사무에 관한 조례인가?	□ 위임조례 □ 자치사무에 관한 조례	
	2) 위임 조례의 경우 조례에서 규정한 위임근거가 올바른가?	□ 그렇다 □ 그렇지않다 □ 해당사항 없음	
	3) 조례가 위임범위에서 적절하게 제·개정되었는가?	□ 그렇다 □ 그렇지않다 □ 해당사항 없음	
	4) 조례 제·개정 이후 동일 또는 유사한 법령이나 제도가 만들어졌거나 근거 법령이 개정 또는 폐지되었는가?	□ 그렇다 □ 그렇지않다 □ 해당사항 없음	

입법영향 평가항목	세부항목	입법영향 분석지표	의견 및 자료
	5) 조례에서 주민의 권리제한, 의무부과, 벌칙 부과, 규제사항에 대한 법률위임이 있는가?	□ 그렇다 □ 그렇지않다 □ 해당사항 없음	
	6) 상위법령에 위배 되거나 기본권을 침해하는 조항이 있는가?	□ 그렇다 □ 그렇지않다 □ 해당사항 없음	
	7) 조례의 시행과정에서 다른 조례와의 충돌이나 모순이 발생하고 있는가?	□ 그렇다 □ 그렇지않다 □ 해당사항 없음	
2. 조례의 실효성	1) 이 조례와 유사 또는 동일한 다른 조례가 제정 및 시행되고 있어 통합할 필요가 있는가?	□ 그렇다 □ 그렇지않다 □ 해당사항 없음	
	2) 조례에 따른 계획이 수립·시행 되고 있는가?	□ 그렇다 □ 그렇지않다 □ 해당사항 없음	
	3) 조례 시행에 필요한 예산 확보와 집행이 잘 이루어지고 있는가?	□ 그렇다 □ 그렇지않다 □ 해당사항 없음	
	4) 조례에서 부여한 책무와 관련 사업을 집행기관이 잘 이행하고 있는가?	□ 그렇다 □ 그렇지않다 □ 해당사항 없음	
3. 지원의 적정성	1) 조례에 지원 관련 규정이 있는가?	□ 그렇다 □ 그렇지않다 □ 해당사항 없음	
	2) 조례에 따른 지원대상이나 규모, 범위가 적정한가?	□ 그렇다 □ 그렇지않다 □ 해당사항 없음	
	3) 지원대상이 집행이 가능한 정도로 구체화 되어 있는가?	□ 그렇다 □ 그렇지않다 □ 해당사항 없음	
	4) 조례에 따른 위탁사무의 대상으로 적정한가?	□ 그렇다 □ 그렇지않다 □ 해당사항 없음	
	5) 행정기관의 재량권의 범위는 적정한가?	□ 그렇다 □ 그렇지않다 □ 해당사항 없음	

입법영향 평가항목	세부항목	입법영향 분석지표	의견 및 자료
4. 조례의 공평성	1) 조례에서 장애인, 성별 등의 특정계층이나 특정지역을 차별하는 조항이 있는가?	□ 그렇다 □ 그렇지않다 □ 해당사항 없음	
	2) 조례에서 정한 차별이 합리적인가?	□ 그렇다 □ 그렇지않다 □ 해당사항 없음	
5. 주민 수용성	1) 조례 제·개정 시 입법예고는 하였는가?	□ 그렇다 □ 그렇지않다 □ 해당사항 없음	
	2) 조례 제·개정 시 공청회, 세미나 등 이해관계인 및 주민에 대한 의견 수렴 과정이 있었는가?	□ 그렇다 □ 그렇지않다 □ 해당사항 없음	
	3) 조례와 관련한 민원(청원, 진정, 소송 등)이 제기되거나 개정 또는 폐지 요구가 있었는가?	□ 그렇다 □ 그렇지않다 □ 해당사항 없음	
	4) 조례의 체계나 사용되어진 용어가 주민이 알기 쉽게 되어 있는가?	□ 그렇다 □ 그렇지않다 □ 해당사항 없음	
7. 위원회 운영의 적정성	1) 조례로 위원회를 구성하도록 되어 있는가?	□ 그렇다 □ 그렇지않다 □ 해당사항 없음	
	2) 위원회가 법정위원회인가 조례로 설치하도록 한 위원회인가?	□ 법정위원회 □ 조례로 정한 위원회 □ 해당사항 없음	
	3) 위원회 위원의 성별 구성이 적정한가?	□ 그렇다 □ 그렇지않다 □ 해당사항 없음	
	4) 위원회가 법령이나 조례에서 정한 회의개최 운영 실적이 있고 관련 회의록을 보존하고 있는가?	□ 그렇다 □ 그렇지않다 □ 해당사항 없음	
	5) 위원회를 계속 설치·운영할 필요성이 있는가?	□ 그렇다 □ 그렇지않다 □ 해당사항 없음	

입법영향 평가항목	세부항목	입법영향 분석지표	의견 및 자료
	6) 해당 위원회와 유사한 다른 위원회와의 기능적 통합이 필요한가?	□ 그렇다 □ 그렇지않다 □ 해당사항 없음	
8. 종합의견	1) 이 조례를 현행대로 유지할 필요가 있는가?	□ 그렇다 □ 그렇지않다	
	2) 이 조례를 개정할 이유가 있는가? (해당사항 모두 표기)	□ 위임근거에 불부합 □ 위임근거 불명확 □ 법령의 위임 없는 규제 정비 필요 □ 다른 조례와의 상충 및 모순 □ 조례 시행의 문제점 발생 □ 조례의 공평성 문제 □ 알기 쉬운 법령정비 기준에 따른 정비 필요 □ 위원회 관련 규정 개정 필요 □ 그 밖의 사유	
	3) 이 조례를 폐지할 사유가 있는가? (해당사항 모두 표기)	□ 다른 유사한 조례와의 통합 운영 필요성 □ 조례 시행 불가능 □ 최근 3년간 조례 관련 운영 실적 전무 □ 기타	
	4) 그 밖의 이 조례와 관련된 의견이 있는가?	□ 있다 □ 없다	

32. 서울특별시 양천구

서울특별시 양천구 조례 입법평가 조례
[시행 2024. 1. 1.] [서울특별시양천구조례 제1760호, 2023. 5. 25., 제정]

제1조(목적) 이 조례는 서울특별시 양천구에서 시행 중인 조례에 대하여 시행효과 및 목표달성 등을 분석·

평가함으로써 조례의 실효성을 확보하고 구민의 삶의 질 향상에 이바지함을 목적으로 한다.

제2조(정의) 이 조례에서 "입법평가"란 서울특별시 양천구(이하 "구"라 한다)에서 시행되고 있는 조례의 입법목적 달성 여부 및 조례의 효과 등을 종합적으로 분석 · 평가하는 것을 말한다.

제3조(입법평가 실시 및 대상) ① 서울특별시 양천구의회 의장(이하 "의장"이라 한다)은 시행 중인 조례에 관하여 3년마다 입법평가를 시행하여야 한다. 단, 필요한 경우 입법영향평가를 추가로 실시할 수 있다.
② 입법평가의 대상은 서울특별시 양천구에서 시행되고 있는 조례로 한다. 다만, 다음 각 호의 어느 하나에 해당하는 경우에는 그 대상에서 제외할 수 있다.
1. 상위법령에서 위임한 조례
2. 시행된 날로부터 3년이 지나지 않은 조례이거나 입법평가를 실시한 후 4년이 지나지 않은 조례
3. 기구정원 · 기관설치 · 조직운영 등 기관의 운영에 관한 조례
4. 사무분장 · 문서관리 등 단순 기술적인 조례

제4조(입법평가의 기준) ① 입법영향평가는 다음 각 호의 사항을 기준으로 실시한다.
1. 입법 목적의 적합성 · 실효성
2. 기본계획 또는 추진계획 등의 수립 여부
3. 상위법령 제정 및 개정 사항 반영 여부
4. 상위법령 위반 및 다른 조례와의 충돌 여부
5. 예산 편성 및 집행의 적정성 및 집행 여부
6. 위원회 · 협의회 등 구성 및 운영 실태
7. 그 밖에 평가 대상 조례의 규정에 따른 이행 여부
② 제1항에 따른 세부적인 평가기준은 별표의 입법영향평가 기준에 따른다.

제5조(입법평가위원회의 구성 및 운영) ① 의장은 입법평가를 효율적으로 실시하기 위하여 서울특별시 양천구의회 입법평가위원회(이하 "위원회"라 한다)를 둔다.
② 위원회의 회의는 재적위원 과반수의 출석으로 개의하고 출석위원 과반수의 찬성으로 의결한다. 다만, 천재지변이나 감염병, 그 밖의 부득이한 사유가 있는 경우에는 서면으로 심의할 수 있다.
③ 위원회는 위원장과 부위원장 각 1명을 포함한 10명 이내의 위원으로 구성하고, 서울특별시 양천구의회(이하 "의회"라 한다) 입법평가 담당직원은 간사로서 위원회 사무를 처리한다.
④ 위원회의 위원장과 부위원장은 위원 중에서 호선한다.
⑤ 위원은 다음 각 호의 어느 하나에 해당하는 사람 중에서 성별을 고려하여 의장이 위촉한다.
1. 의회가 추천하는 양천구의회 구의원

2. 변호사 및 「고등교육법」에 따른 대학에서 법학 또는 행정학 분야의 부교수 이상으로 재직 중인 사람
3. 5급이상의 공무원
4. 그 밖에 입법평가에 관한 학식과 경험이 풍부한 사람

⑥ 위원의 임기는 2년으로 하되, 한 차례만 연임할 수 있다. 다만, 위원의 사임 등으로 새로 위촉된 위원의 임기는 전임위원 임기의 남은 기간으로 한다.

⑦ 제5항제1호의 위원은 의원직을 상실하는 경우 위원의 임기가 종료된 것으로 본다.

⑧ 위원회에 참석하거나 의견을 제출한 위원 또는 위원회의 요청으로 회의에 참여한 전문가 등에게는 예산의 범위에서 수당 및 여비 등을 지급할 수 있다.

제6조(위원회의 기능) 위원회는 다음 각 호의 사항을 심의한다.
1. 입법평가 결과 및 개선안에 관한 사항
2. 입법평가 제도 운영에 관한 사항
3. 그 밖에 입법평가를 위하여 위원장이 회의에 부치는 사항

제7조(용역의 실시) 의장은 효율적인 입법평가를 위하여 필요한 경우 예산의 범위에서 입법평가 관련 전문기관이나 단체 등에 입법평가 용역을 실시할 수 있다.

제8조(자료요구 및 의견청취) ① 위원회는 안건의 심의를 위하여 평가대상이 되는 조례의 소관 상임위원회와 집행부서의 의견을 듣거나 자료요구를 할 수 있다.

② 위원회는 제1항에 따라 자료 또는 의견 제출을 요청하는 경우 의장을 경유하여야 하며, 상임위원회와 집행부서는 특별한 사정이 없는 한 요청에 응하여야 한다.

제9조(입법평가 결과의 공표 및 활용) ① 의장은 입법평가 완료 후 30일 이내에 입법평가 종합결과보고서를 의회 홈페이지에 공표할 수 있다.

② 의장은 입법평가 결과를 의회 상임위원회와 소관 집행부서에 통보하여야 한다.

③ 제2항에 따라 평가결과를 통보받은 의회 상임위원회는 그 결과를 반영하도록 노력하여야 하며, 소관 집행부서 및 관계 기관에 적절한 조치의 이행을 촉구할 수 있다.

제10조(시행규칙) 이 조례의 시행에 필요한 사항은 규칙으로 정한다.

[별표] 입법평가 기준표(제4조 관련)

평가항목	세부항목	척도	의견 및 자료
1. 입법의 근거 및 적법성	1) 위임조례(단체위임 · 기관위임) 인가, 자치사무에 관한 조례인가?	□ 위임조례 □ 자치사무에 관한 조례	
	※ 위임조례의 경우 1-1) 조례에서 규정하고 있는 위임 근거가 올바른가?	□ 그렇다 □ 그렇지않다 □ 해당사항 없음	
	1-2) 조례가 위임범위에서 적절 하게 제 · 개정되었는가?	□ 그렇다 □ 그렇지않다 □ 해당사항 없음	
	2) 조례 제 · 개정 이후 동일 또는 유사한 법령이나 제도가 만들어졌거나 근거 법령이 개정 또는 폐지되었는가?	□ 그렇다 □ 그렇지않다 □ 해당사항 없음	
	3) 조례에서 주민의 권리제한, 의무부과, 벌칙 부과, 규제사항에 대한 법률위임이 있는가?	□ 그렇다 □ 그렇지않다 □ 해당사항 없음	
	4) 헌법에 위배되거나 기본권을 침해하는 조항이 있는가?	□ 그렇다 □ 그렇지않다 □ 해당사항 없음	
	5) 상위법령에 위배되는 조항이 있는가?	□ 그렇다 □ 그렇지않다 □ 해당사항 없음	
2. 조례의 실효성	1) 조례의 시행과정에서 다른 조례와의 충돌이나 모순이 발생하고 있는가?	□ 그렇다 □ 그렇지않다 □ 해당사항 없음	
	2) 이 조례와 유사 또는 동일한 다른 조례가 제정 및 시행 되고 있어 통합할 필요가 있는가?	□ 그렇다 □ 그렇지않다 □ 해당사항 없음	
	3) 조례에 따른 계획이 수립 · 시행 되고 있는가?	□ 그렇다 □ 그렇지않다 □ 해당사항 없음	
	4) 조례에서 집행기관 등에 책무를 부여하고 있는가?	□ 그렇다 □ 그렇지않다 □ 해당사항 없음	
	5) 조례에서 부여한 책무와 관련 사업을 집행기관이 잘 이행하고 있는가?	□ 그렇다 □ 그렇지않다 □ 해당사항 없음	

평가항목	세부항목	척도	의견 및 자료
3. 조례 내용의 적정성	1) 조례에 재정지원 관련 규정이 있는가?	□ 그렇다 □ 그렇지않다 □ 해당사항 없음	
	2) 조례에 따른 지원대상이나 규모가 적정한가?	□ 그렇다 □ 그렇지않다 □ 해당사항 없음	
	3) 조례 시행에 필요한 예산 확보와 집행이 잘 이루어지고 있는가?	□ 그렇다 □ 그렇지않다 □ 해당사항 없음	
	4) 지원대상이 집행이 가능한 정도로 구체화 되어 있는가?	□ 그렇다 □ 그렇지않다 □ 해당사항 없음	
	5) 조례에 따른 민간위탁사무가 위탁대상으로 적정한가?	□ 그렇다 □ 그렇지않다 □ 해당사항 없음	
	6) 행정기관의 재량권의 범위는 적정한가?	□ 그렇다 □ 그렇지않다 □ 해당사항 없음	
4. 조례의 공평성	1) 조례에서 장애인, 성별 등의 특정계층이나 특정지역을 차별하는 조항이 있는가?	□ 그렇다 □ 그렇지않다 □ 해당사항 없음	
	1-2) 조례에서 정한 차별이 합리적인가?	□ 그렇다 □ 그렇지않다 □ 해당사항 없음	
5. 주민 수용성	1) 조례 제·개정 시 입법예고는 하였는가?	□ 그렇다 □ 그렇지않다 □ 해당사항 없음	
	2) 조례 제·개정 시 공청회, 세미나 등 이해관계인 및 주민에 대한 의견 수렴 과정이 있었는가?	□ 그렇다 □ 그렇지않다 □ 해당사항 없음	
	3) 조례와 관련한 민원(청원, 진정, 소송 등)이 제기되거나 개정 또는 폐지 요구가 있었는가?	□ 그렇다 □ 그렇지않다 □ 해당사항 없음	

평가항목	세부항목	척도	의견 및 자료
	4) 조례의 체계나 사용되어진 용어가 주민이 알기 쉽게 되어 있는가?	□ 그렇다 □ 그렇지않다 □ 해당사항 없음	
6. 조례의 필요성	1) 종합적으로 판단했을 때 양천구에서 해당 조례가 필요한가?	□ 그렇다 □ 그렇지않다 □ 해당사항 없음	
7. 위원회 운영의 적정성	1) 조례로 위원회를 구성하도록 되어 있는가?	□ 그렇다 □ 그렇지않다 □ 해당사항 없음	
	2) 위원회가 법정위원회인가 조례로 설치하도록 한 위원회 인가?	□ 법정위원회 □ 조례로 정한 위원회 □ 해당사항 없음	
	3) 위원회 위원의 성별 구성이 적정한가?	□ 그렇다 □ 그렇지않다 □ 해당사항 없음	
	4) 위원회가 법령이나 조례에서 정한 회의개최 운영 실적이 있고 관련 회의록을 보존하고 있는가?	□ 그렇다 □ 그렇지않다 □ 해당사항 없음	
	5) 위원회를 계속 설치·운영 할 필요성이 있는가?	□ 그렇다 □ 그렇지않다 □ 해당사항 없음	
	6) 해당 위원회와 유사한 다른 위원회와의 기능적 통합이 필요한가?	□ 그렇다 □ 그렇지않다 □ 해당사항 없음	
8. 종합의견	1) 이 조례를 현행대로 유지할 필요가 있는가?	□ 그렇다 □ 그렇지않다	
	2) 이 조례를 개정할 이유가 있는가? (해당사항 모두 표기)	□ 위임근거에 불부합 □ 위임근거 불명확 □ 법령의 위임 없는 규제 정비 필요 □ 다른 조례와의 상충 및 모순 □ 조례 시행의 문제점 발생 □ 조례의 공평성 문제	

평가항목	세부항목	척도	의견 및 자료
		□알기 쉬운 법령정비 기준에 따른 정비 필요 □ 위원회 관련 규정 개정 필요 □ 그 밖의 사유	
	3) 이 조례를 폐지할 사유가 있는가? (해당사항 모두 표기)	□ 다른 유사한 조례와의 통합 운영 필요성 □ 조례 시행 불가능 □ 최근 3년간 조례 관련 운영 실적 전무 □ 기타	
	4) 그 밖의 이 조례와 관련된 의견이 있는가?	□ 있다 □ 없다	

33. 울산광역시 동구

울산광역시 동구 조례 입법평가 조례
[시행 2019. 10. 31.] [울산광역시동구조례 제958호, 2019. 10. 31., 일부개정]

제1조(목적) 이 조례는 울산광역시 동구 조례의 입법 목적과 목표가 실현되고 있는지를 분석·평가함으로써 조례의 실효성을 확보하여 주민의 삶의 질 향상을 목적으로 한다.

제2조(정의) 이 조례에서 사용하는 용어의 뜻은 다음과 같다.
1. “입법평가”란 시행되고 있는 조례에 대하여 입법목적의 실현성, 실효성 등을 사후에 분석·평가하고 그 개선에 필요한 적극적 조치를 취하는 일련의 과정을 말한다.
2. “담당부서”란 평가대상 조례를 관리하고 그에 따른 업무를 수행하는 부서를 말한다.
3. “총괄부서”란 입법업무를 총괄하는 부서를 말한다.

제3조(구청장의 책무) 울산광역시 동구청장(이하 “구청장”이라 한다)은 조례를 실효성 있게 운영하기 위하여 입법평가를 시행함으로써 시행중인 조례의 입법목적이 실현되도록 노력하여야 한다.

제4조(추진계획 수립 및 시행) ① 구청장은 입법평가를 실시하기 위하여 3년마다 입법평가 추진계획(이하 "추진계획"이라 한다)을 수립하고 시행하여야 한다.

② 추진계획에는 다음 각 호의 사항이 포함되어야 한다.

1. 입법평가 목표 및 방향 설정에 관한 사항
2. 입법평가 실시 시기 및 방법에 관한 사항
3. 입법평가 대상 조례의 선정에 관한 사항
4. 그 밖에 입법평가 추진을 위하여 필요한 사항

제5조(입법평가 대상) 입법평가 대상은 울산광역시 동구(이하 "구"라 한다)의 조례로 한다. 다만, 다음 각 호의 어느 하나에 해당하는 경우에는 제외한다.

1. 기구설치 · 조직운영 · 업무분장 · 문서관리 등 단순 기술적인 내용의 조례
2. 상위법령에서 위임한 조례
3. 제정 또는 개정에 따른 시행일로부터 2년이 지나지 않은 조례

제6조(입법평가 시기 및 기준) ① 입법평가는 3년마다 실시한다.

② 입법평가는 다음 각 호의 사항을 기준으로 한다.

1. 입법 목적의 실현성 및 실효성 여부
2. 조례의 시행에 필요한 기본계획 또는 추진계획 등의 수립 여부
3. 조례의 시행에 따른 예산편성 및 예산집행의 적정성
4. 상위법령 제정 및 개정 사항의 반영 여부 등
5. 조례와 관련한 각종 위원회 등 설치 및 운영 실태
6. 그 밖에 평가 대상 조례의 규정에 따른 이행 여부

제7조(입법평가 자료 작성 및 제출) ① 제5조에 따라 입법평가 대상이 되는 조례의 담당부서의 장은 해당 조례에 대한 입법평가 자료를 작성하여 총괄부서의 장에게 제출하여야 한다.

② 제1항에 따라 입법평가 자료를 제출받은 총괄부서의 장은 담당부서의 장으로부터 받은 자료를 바탕으로 총괄자료를 작성하여 제8조에 따른 울산광역시 동구 입법평가위원회(이하 "위원회"라 한다)에 제출하여야 한다.

제8조(입법평가위원회) 구청장은 다음 각 호의 사항을 심의하기 위하여 위원회를 둔다.

1. 제4조에 관한 추진계획의 수립 및 시행의 적정성
2. 제6조제2항에 관한 사항
3. 입법평가 결과 개선안 마련에 관한 사항

4. 입법평가 제도개선에 관한 사항
5. 그 밖에 입법평가를 위하여 위원장이 회의에 부치는 사항

제9조(위원회 구성) ① 위원회는 위원장과 부위원장 각 1명을 포함한 15명 이내의 위원으로 구성한다.
② 위원은 다음 각 호에 해당하는 사람 중에서 구청장이 임명하되, 위촉직 위원의 수는 전체 위원의 2분의 1 이상이어야 한다.
1. 구 소속 5급 이상 공무원
2. 울산광역시 동구의회(이하 "구의회"라 한다)에서 추천한 사람
3. 법률 등 입법평가에 관한 학식과 경험이 풍부한 사람
4. 그 밖에 구청장이 필요하다고 인정하는 사람

제10조(위원회 운영) ① 위원회의 위원장은 부구청장이 되고, 부위원장은 호선한다.
② 위원의 임기는 입법평가 종합결과보고서 작성이 완료되면 만료한다.
③ 위원회의 회의는 재적위원 과반수의 출석으로 개의하고, 출석위원 과반수의 찬성으로 의결한다.
④ 위원회의 사무를 처리할 간사 1명을 두며, 간사는 법무업무 담당주무관이 된다.
⑤ 위원장이 부득이한 사유로 직무를 수행할 수 없을 경우 부위원장이 위원장의 직무를 대행한다.
⑥ 위원회에 참석한 위원과 관계전문가 등에게 예산의 범위에서 「울산광역시 동구 각종 위원회 설치 및 운영 조례」로 정하는 바에 따라 수당과 여비를 지급할 수 있다.
⑦ 이 조례에서 정한 것 외에 위원회의 운영에 필요한 사항은 위원회의 의결을 거쳐 위원장이 정한다.

제11조(입법평가 결과 반영) 구청장은 위원회의 입법평가 심의결과 개선사항이 있는 경우 이를 입법에 적극 반영하도록 노력하여야 한다.

제12조(종합결과보고서 제출) 구청장은 입법평가 완료 후 해당연도 6월말까지 입법평가 종합결과보고서를 작성하여 구의회에 제출하여야 한다.

제13조(시행규칙) 이 조례의 시행에 필요한 사항은 규칙으로 정한다.

34. 인천광역시 중구

인천광역시 중구 조례 입법평가 조례
[시행 2023. 1. 6.] [인천광역시중구조례 제1570호, 2023. 1. 6., 제정]

제1조(목적) 이 조례는 인천광역시 중구 조례에 대한 입법평가에 관한 사항을 규정하여 조례의 목적달성과 시행효과 등을 평가함으로써 조례의 실효성을 확보하고 구민의 삶의 질을 향상시키는데 이바지함을 목적으로 한다.

제2조(정의) 이 조례에서 "입법평가"란 인천광역시 중구(이하 "구"라 한다)에서 시행되고 있는 조례에 대하여 입법목적의 적합성·실효성 등을 분석·평가하고 개선하는 것을 말한다.

제3조(구청장의 책무) 인천광역시 중구청장(이하 "구청장"이라 한다)은 조례를 실효성 있게 운영하고, 입법목적이 실현되도록 노력하여야 한다.

제4조(평가대상) 입법평가의 대상은 구의 조례로 한다. 다만, 다음 각 호의 어느 하나에 해당하는 경우에는 제외한다.
1. 기관설치·조직운영·업무분장·문서관리 등 단순하고 기술적인 내용의 조례
2. 시행 또는 입법평가를 받은 지 3년이 지나지 않은 조례
3. 상위법령의 위임에 따른 조례
4. 인천광역시 중구의회(이하 "구의회"라 한다) 소관 조례

제5조(평가시기 및 기준) ① 입법평가는 3년마다 실시하되, 다음 각 호의 사항을 기준으로 실시한다.
1. 입법 목적의 실현성 여부
2. 조례에서 정한 기본계획 또는 추진계획 수립 여부
3. 예산편성 및 집행의 적정성
4. 상위법령 제정 및 개정 사항 반영 여부
5. 위원회·협의회 등 구성 및 운영 실태
6. 그 밖에 평가 대상 조례의 규정에 따른 이행 여부

② 제1항에서 규정한 사항 외에 입법 평가의 평가시기 및 평가기준에 관한 세부적인 사항은 구청장이 따로 정한다.

제6조(위원회의 설치 및 기능) 입법평가에 관한 다음 각 호의 사항을 심의하기 위하여 인천광역시 중구 입법평가위원회(이하 "위원회"라 한다)를 둔다.

1. 입법평가에 관한 사항
2. 입법평가 결과 개선안 마련에 관한 사항
3. 입법평가 제도개선에 관한 사항
4. 그 밖에 입법평가를 위하여 위원장이 회의에 부치는 사항

제7조(위원회의 구성) ① 위원회는 위원장과 부위원장 각 1명을 포함하여 10명 이내의 위원으로 구성한다.

② 위원회의 위원장은 부구청장이 되고, 부위원장은 위촉직 위원 중에서 호선한다.

③ 위원은 당연직 위원과 위촉직 위원으로 구분하며, 당연직 위원은 기획예산실장으로 하고 위촉직 위원은 다음 각 호의 사람 중에서 구청장이 위촉하되, 특정 성별이 위촉직 위원 수의 10분의 6을 초과하지 않도록 한다.

1. 구의회에서 추천하는 의원
2. 변호사, 교수 등의 법률 또는 입법전문가
3. 그 밖에 입법평가에 관한 학식과 경험이 풍부한 사람

④ 위원의 임기는 3년으로 하며, 한 차례에 한정하여 연임할 수 있다. 다만, 당연직 위원의 경우에는 해당 직위에 재직하는 기간으로 한다.

제8조(운영) ① 위원회의 회의는 재적위원 과반수의 출석으로 개의(開議)하고, 출석위원 과반수의 찬성으로 의결한다.

② 위원회의 사무를 처리하기 위하여 간사 1명을 두며, 간사는 법무 관련 업무를 담당하는 팀장이 된다.

③ 그 밖에 위원회를 운영하는데 필요한 사항은 위원회의 의결을 거쳐 위원장이 정한다.

제9조(수당) 회의에 출석한 위원에게 「인천광역시 중구 소속 위원회의 설치·운영에 관한 조례」에 따라 수당, 여비 등을 지급할 수 있다.

제10조(위원의 해촉) ① 구청장은 다음 각 호의 어느 하나에 해당하는 경우에는 위원을 해촉할 수 있다.

1. 위원 본인이 사퇴를 희망하는 경우
2. 위원이 위원회의 회의에 3회 이상 참석하지 않은 경우
3. 위원으로서의 활동이 어렵거나 품위를 손상시켰다고 인정하는 경우

② 구청장은 제1항제2호 및 제3호에 따라 위원을 해촉하기 전에는 미리 해당 위원의 의견을 들어야 한다.

③ 구청장이 제1항에 따라 위원을 해촉한 경우에는 그 결과를 해당 위원에게 통보하여야 한다.

제11조(용역실시) 효율적인 입법평가를 위하여 필요한 경우 예산의 범위에서 입법평가 전문 기관 또는 단체 등에 용역을 실시할 수 있다.

제12조(조사 및 의견청취 등) 위원회는 안건의 심의를 위하여 필요하다고 인정하면 관계 공무원 등에게 설명 또는 자료 등의 제출을 요구할 수 있고, 필요한 경우에는 관계 전문가에게 자문 등을 구할 수 있다.

제13조(결과의 공표 및 반영) ① 구청장은 입법평가 결과를 구 홈페이지에 공표할 수 있다.
② 구청장은 제8조에 따른 위원회의 심의 결과 입법평가에 따른 개선사항이 있는 경우에는 이를 반영하도록 노력하여야 한다.

제14조(종합결과보고서 제출) 구청장은 입법평가 완료 후 30일 이내에 구의회에 종합결과보고서를 제출하여야 한다.

제15조(시행규칙) 이 조례의 시행에 필요한 사항은 규칙으로 정한다.

35. 전라남도 여수시

여수시 조례에 대한 입법평가 조례
[시행 2017. 12. 29.] [전라남도여수시조례 제1307호, 2017. 12. 29., 제정]

제1조(목적) 이 조례는 여수시 조례의 입법목적과 목표가 실현되고 있는지를 분석·평가하고 개선토록 하기 위하여 입법 평가에 관한 사항을 규정함으로써 조례의 실효성을 높여 시민의 삶의 질이 향상되도록 함을 목적으로 한다.

제2조(정의) 이 조례에서 사용하고 있는 용어의 뜻은 다음과 같다.
1. “입법평가”란 시행되고 있는 조례에 대하여 여수시 입법평가위원회(이하 “위원회”라 한다)가 입법 목적의 실현성, 실효성 등을 평가하는 것을 말한다.
2. “주관부서”란 평가 대상 조례를 관리하고 그에 따른 업무를 수행하는 부서를 말한다.
3. “총괄부서”란 입법업무를 총괄하는 부서를 말한다.

제3조(책무) 여수시(이하 “시”라 한다)는 조례를 실효성 있게 운영하기 위하여 입법평가를 시행함으로써 시행중인 조례의 입법목적이 실현되도록 노력하여야 한다.

제4조(추진계획 수립·시행) ① 여수시장(이하 "시장"이라 한다)은 입법평가를 실시하기 위하여 3년마다 입법평가 추진계획(이하 "추진계획"이라 한다)을 수립·시행하여야 한다.

② 추진계획에는 다음 각 호의 사항이 포함되어야 한다.

1. 입법평가 대상 조례의 선정에 관한 사항
2. 입법평가의 목표와 방향 설정에 관한 사항
3. 입법평가 실시 시기 및 방법에 관한 사항
4. 대상 조례와 관련한 각 위원회의 구성 및 운영에 관한 사항
5. 그 밖에 입법평가 추진을 위하여 필요한 사항

제5조(입법평가위원회) 시장은 다음 각 호의 사항을 심의하기 위하여 위원회를 둔다.

1. 제4조에 관한 추진계획의 수립 및 시행계획의 적정여부에 관한 사항
2. 제8조제1항에 관한 사항
3. 입법평가 결과 개선안 마련에 관한 사항
4. 입법평가 제도개선에 관한 사항
5. 그 밖에 입법평가를 위하여 위원장이 회의에 부치는 사항

제6조(구성·운영) ① 위원회는 위원장과 부위원장 각 1명을 포함하여 15명 이내의 위원으로 구성한다.

② 위원회의 위원장은 부시장이 되고, 부위원장은 위촉직 위원 중에서 호선하며, 위원은 다음 각 호의 사람 중에서 성별을 고려하여 시장이 임명하거나 위촉하되, 위촉위원의 수는 전체 위원의 2분의 1 이상이어야 한다.

1. 시 소속 5급 이상 공무원
2. 여수시의회에서 추천하는 사람
3. 그 밖에 입법평가에 관한 학식과 경험이 풍부한 사람

③ 위원의 임기는 위원으로 임명 또는 위촉된 날부터 위원회에서 입법평가에 대한 심의를 마치는 날까지로 한다.

④ 위원회의 회의는 재적위원 과반수의 출석으로 개의하고, 출석위원 과반수의 찬성으로 의결한다.

⑤ 위원회에 위원회의 사무를 처리할 간사 1명을 두며, 간사는 법률지원팀장이 된다.

⑥ 위원회에 참석한 위촉위원 및 관계 전문가 등에게 예산의 범위에서 수당과 여비를 지급할 수 있다.

⑦ 이 조례에 정한 것 외에 위원회의 운영에 필요한 사항은 위원회의 의결을 거쳐 위원장이 정한다.

제7조(평가대상) 입법평가의 대상은 시의 조례로 한다. 다만 다음 각 호의 어느 하나에 해당하는 경우에는 제외한다.

1. 기구·기관설치·조직운영에 관한 조례
2. 사무분장·문서관리 등 단순 기술적인 조례

3. 최초 제정일 또는 개정일로부터 3년이 지나지 않은 조례

제8조(평가기준) ① 입법평가는 제4조의 추진계획에 따라서 실시하되, 다음 각 호의 사항을 기준으로 한다.
1. 입법 목적의 실현성 및 실효성 여부
2. 조례의 시행에 필요한 기본계획 또는 추진계획 등의 수립 여부
3. 예산편성 및 예산집행의 적정성
4. 상위법령 제정 및 개정 내용의 반영 여부
5. 대상 조례와 관련한 각 위원회·협의회 등 구성 및 운영 실태
6. 그 밖에 평가 대상 조례에 따른 이행 여부
② 제1항에 따른 평가시기 및 기준에 따른 세부적인 사항은 시장이 따로 정한다.

제9조(입법평가 기본자료 제출 등) ① 제7조에 따라 평가대상이 되는 조례의 주관부서의 장은 해당 조례에 대한 입법평가 기본자료를 작성하여 총괄부서의 장에게 제출하여야 한다.
② 제1항에 따라 입법평가 기본자료를 제출받은 총괄부서의 장은 주관부서의 장으로부터 받은 입법평가 기본자료를 바탕으로 총괄자료를 작성하여 제5조에 따른 위원회에 제출하여야 한다.
제10조(조사 및 의견청취 등) 위원회는 안건의 심의를 위하여 필요하다고 인정하면 관계 공무원 등에게 설명 또는 자료 등의 제출을 요구할 수 있고, 필요한 경우에는 관계 전문가에게 자문 등을 구할 수 있다.

제11조(평가결과 반영) 시장은 제5조에 따른 위원회의 심의 결과 입법평가에 따른 개선사항이 있는 경우에는 이를 적극 반영하도록 노력하여야 한다.

제12조(종합결과보고서 제출) 시장은 입법평가 완료 후 30일 이내에 입법평가 종합결과보고서를 여수시의회에 제출하여야 한다.

36. 전라남도 영암군

영암군 입법평가 조례
[시행 2023. 5. 3.] [전라남도영암군조례 제2649호, 2022. 11. 3., 제정]

제1조(목적) 이 조례는 영암군 조례에 대한 입법평가에 필요한 사항을 규정하여 입법의 실효성을 높이는 것을 목적으로 한다.

제2조(정의) 이 조례에서 "입법평가"란 시행되고 있는 조례에 대하여 입법 목적의 실현성 · 실효성 등을 평가하고, 그 개선에 필요한 적극적 조치를 취하는 일련의 과정을 말한다.

제3조(의장 등의 책무) ① 영암군의회 의장(이하 "의장"이라 한다)은 정기적으로 입법평가를 실시하여 조례의 입법 목적을 실현하도록 노력하여야 한다.

② 영암군수(이하"군수"라 한다)는 조례의 집행기관으로서 조례를 실효성 있게 운영하여야 한다.

제4조(입법평가 대상) 입법평가의 대상은 영암군 조례로 한다. 다만, 다음 각 호의 어느 하나에 해당하는 경우에는 제외한다.

1. 「지방교육자치에 관한 법률」 제2조에 따른 교육 · 학예에 관한 조례
2. 기관설치 · 조직운영 · 업무분장 · 문서관리 등 단순하고 기술적인 내용의 조례
3. 시행일부터 3년이 지나지 않은 조례
4. 입법평가 실시 후 4년이 지나지 않은 조례

제5조(입법평가 기준 및 시기) ① 입법평가는 다음 각 호의 사항을 기준으로 실시한다.

1. 입법 목적의 실현성
2. 기본계획 및 시행계획 수립 여부
3. 예산 편성 및 집행의 적정성
4. 상위법령 제정 및 개정 사항 반영 등 법적 정합성
5. 인권 · 성평등 침해 또는 차별 여부
6. 위원회 등 자문기관 구성 및 운영 실태
7. 그 밖에 조례 규정의 실행에 관한 사항

② 입법평가 기준에 따른 입법평가 분석지표는 의장이 정한다.

③ 입법평가는 3년마다 실시한다.

제6조(입법평가 실시계획) ① 의장은 다음 각 호의 사항이 포함된 입법평가 실시계획을 3년마다 수립하고 시행하여야 한다.

1. 입법평가 실시 추진 계획
2. 제8조에 따른 영암군의회 입법평가위원회 구성 및 운영
3. 그 밖에 입법평가 실시에 필요한 사항

② 의장은 군수와 협의하여 실시계획을 수립하여야 한다.

제7조(기본 자료 제출) ① 영암군 자치법규 관리 업무를 담당하는 부서의 장(이하 "관리부서의 장"이라 한

다)은 조례에 따른 업무를 수행하는 부서(이하 “시행부서”라 한다)의 장과 협의하여 제4조에 따른 입법평가 대상 조례를 선정한다.

② 제1항에 따라 입법평가 대상이 되는 조례의 시행부서의 장은 해당 조례에 대한 기본 자료를 작성하여 관리부서의 장에게 제출한다.

③ 관리부서의 장은 제2항에 따른 입법평가 기본 자료를 취합 · 정리하여 영암군의회에 제출한다.

제8조(위원회 설치 등) ① 의장은 입법평가에 관한 다음 각 호의 사항을 자문하기 위하여 영암군의회 입법평가위원회(이하 “위원회”라 한다)를 설치한다.

1. 시행부서의 입법평가 기본 자료 검토
2. 입법평가
3. 개선 권고안 마련
4. 입법평가 결과서 작성
5. 그 밖에 의장이 필요하다고 인정하는 사항

② 위원회는 위원장과 부위원장 각 1명을 포함한 10명 이내의 위원으로 성별을 고려하여 구성한다.

③ 위원장은 영암군의회 의회운영위원회 위원장이 되고, 부위원장은 위원들이 위원 중에서 선출한다.

④ 위원회의 위원은 다음 각 호의 사람 중에서 의장이 임명하거나 위촉한다.

1. 영암군의회 의원
2. 관리부서의 장
3. 변호사, 교수, 법제관 등 법률 또는 입법 전문가
4. 행정 전문가
5. 그 밖에 입법평가에 관한 학식과 경험이 풍부한 사람

⑤ 위원의 임기는 입법평가 결과가 공표되면 만료한다.

⑥ 위원회에 위원회의 사무를 처리하기 위하여 간사를 두며, 간사는 영암군의회 자치행정전문위원이 된다.

제9조(위원회 운영) ① 위원회의 회의(화상회의를 포함한다)는 재적위원 과반수의 출석으로 개의(開議)하고, 출석위원 과반수의 찬성으로 의결한다. 다만, 천재지변이나 감염병, 그 밖의 부득이한 사유가 있는 경우에는 서면으로 심의할 수 있다.

② 위원회에 참석하거나 의견을 제출하여 위원회 직무 수행을 지원한 전문가 등에게 예산의 범위에서 수당과 여비를 지급할 수 있다.

제10조(의견 청취 및 자료 요청) ① 위원회는 필요한 경우에는 시행부서의 의견을 듣거나 시행부서에 자료를 요청할 수 있다.

② 제1항에 따라 자료를 요청받은 시행부서는 위원회에 자료를 제출하여야 한다.

제11조(용역) 의장은 효율적인 입법평가를 위하여 필요한 경우 입법평가 전문 기관이나 단체 등에 입법평가 용역을 의뢰할 수 있다.

제12조(입법평가 결과 공표) ① 의장은 입법평가 결과를 영암군의회 누리집에 공표할 수 있다.
② 의장은 입법평가 결과를 영암군의회 소관 상임위원회에 통지한다.

제13조(입법평가 반영) 영암군의회 상임위원회는 입법평가 결과를 검토하여 소관 조례의 실효성을 높이기 위한 이행 권고나 조례 개정 등 필요한 조치를 할 수 있다

37. 전라남도 장흥군

장흥군 조례에 대한 입법평가 조례
[시행 2019. 7. 5.] [전라남도장흥군조례 제2424호, 2019. 7. 5., 제정]

제1조(목적) 이 조례는 장흥군 조례의 입법 목적과 목표가 실현되고 있는지를 분석·평가하고 개선토록 하기 위하여 사후 입법평가에 관한 사항을 정하여 정책 실현 도구로써 조례의 실효성을 높여 군민의 삶의 질이 향상되도록 함을 목적으로 한다.

제2조(정의) 이 조례에서 사용하고 있는 용어의 뜻은 다음과 같다.
1. "입법평가"란 시행되고 있는 조례에 대하여 장흥군 입법평가위원회가 입법 목적의 실현성, 실효성 등을 평가하는 것을 말한다.
2. "수관부서"란 평가대상 조례를 관리하고 그에 따른 업무를 수행하는 부서를 말한다.
3. "총괄부서"란 입법업무를 총괄하는 부서를 말한다.

제3조(책무) 장흥군수(이하 "군수"라 한다)는 장흥군(이하 "군"이라 한다) 조례를 실효성 있게 운영하기 위하여 입법평가를 시행함으로써 시행중인 조례의 입법목적이 실현되도록 노력하여야 한다.

제4조(추진계획 수립·시행) ① 군수는 입법평가를 실시하기 위하여 3년마다 입법평가 추진계획(이하 "추진계획"이라 한다)을 수립·시행 하여야 한다.
② 추진계획에는 다음 각 호의 사항이 포함되어야 한다.
1. 입법평가 대상 군 조례의 선정에 관한 사항
2. 입법평가의 목표와 방향 설정에 관한 사항

3. 입법평가 실시 시기 및 방법에 관한 사항
4. 제1호와 관련한 각 위원회의 구성 및 운영에 관한 사항
5. 그 밖에 입법평가 추진을 위하여 필요한 사항

제5조(입법평가위원회 설치 등) 군수는 다음 각 호의 사항을 심의하기 위하여 장흥군 입법평가위원회(이하 "위원회"라 한다)를 둔다.
1. 제4조에 따른 추진계획 수립 및 시행계획의 적정 여부에 관한 사항
2. 제8조제1항에 관한 사항
3. 입법평가 결과 개선안 마련에 관한 사항
4. 입법평가 제도개선에 관한 사항
5. 그 밖에 입법평가를 위하여 위원장이 회의에 부치는 사항

제6조(위원회의 구성 · 운영) ① 위원회는 위원장과 부위원장 각 1명을 포함하여 13명 이내의 위원으로 구성한다.
② 위원회의 위원장은 부군수가 되고, 부위원장은 위원 중에서 호선 한다. 위원은 군수가 다음 각 호의 사람 중에서 임명하거나 위촉하되, 위촉직 위원은 전체위원의 2분의 1이상으로 한다.
1. 군 소속 5급이상 공무원
2. 장흥군 의회 의원
3. 입법에 관한 학식과 경험이 풍부한 사람
4. 그 밖에 입법평가와 관련 군수가 필요하다고 인정하는 사람
③ 위촉위원은 위촉된 날부터 위원회에서 입법평가에 대한 심의를 마치는 날까지로 한다.
④ 위원회의 회의는 재적위원 과반수의 출석으로 개의하고, 출석위원 과반수의 찬성으로 의결한다.
⑤ 위원회에 위원회의 사무를 처리할 간사 1명을 두며, 간사는 법무 업무팀장이 된다.
⑥ 이 조례에 정한 것 외에 위원회의 운영에 필요한 사항은 위원회의 의결을 거쳐 위원장이 정한다.

제7조(평가대상) 입법평가의 대상은 군의 조례로 한다. 다만, 다음 각 호의 어느 하나에 해당하는 경우에는 제외한다.
1. 기구설치 · 조직운영 · 업무분장 · 문서관리 등 단순 기술적인 내용의 조례
2. 상위법령에서 위임한 조례
3. 최초 제정일 또는 개정일로부터 3년이 지나지 않은 조례

제8조(평가시기 및 기준) 입법평가는 3년마다 실시하되, 다음 각 호의 사항을 기준으로 한다.
1. 입법 목적의 실현성 및 실효성 여부

2. 조례의 시행에 필요한 기본계획 또는 추진계획 등의 수립 여부
3. 예산편성 및 예산집행의 적정성
4. 상위법령 제정 및 개정 내용의 반영 여부
5. 평가대상 군 조례와 관련한 각 위원회·협의회 등 구성 및 운영 실태
6. 그 밖에 평가대상 군 조례의 규정에 따른 이행 여부

38. 전라남도 진도군

진도군 조례에 대한 입법평가 조례
[시행 2022. 12. 28.] [전라남도진도군조례 제2599호, 2022. 12. 28., 일부개정]

제1조(목적) 이 조례는 진도군 조례의 입법 목적과 목표가 실현되고 있는지를 분석·평가하고 개선토록 하기 위하여 사후 입법평가에 관한 사항을 규정함으로써 조례의 실효성을 높여 군민의 삶의 질이 향상되도록 함을 목적으로 한다.

제2조(정의) 이 조례에서 사용하고 있는 용어의 뜻은 다음과 같다.
1. “입법평가”란 시행되고 있는 조례에 대하여 진도군 입법평가위원회(이하 “위원회”라 한다)가 입법 목적의 실현성, 실효성 등을 평가하는 것을 말한다.
2. “주관부서”란 평가대상 조례를 관리하고 그에 따른 업무를 수행하는 부서를 말한다.
3. “총괄부서”란 입법업무를 총괄하는 부서를 말한다.

제3조(책무) 진도군수(이하 “군수”라 한다)는 조례를 실효성 있게 운영하기 위하여 입법평가를 시행함으로써 시행중인 조례의 입법목적이 실현되도록 노력하여야 한다.

제4조(추진계획 수립·시행) ① 군수는 입법평가를 실시하기 위하여 3년마다 입법평가 추진계획(이하 “추진계획”이라 한다)을 수립·시행하여야 한다.
② 추진계획에는 다음 각 호의 사항이 포함되어야 한다.
1. 입법평가 대상 조례의 선정에 관한 사항
2. 입법평가의 목표와 방향 설정에 관한 사항
3. 입법평가 실시 시기 및 방법에 관한 사항
4. 대상 조례와 관련한 각 위원회의 구성 및 운영에 관한 사항
5. 그 밖에 입법평가 추진을 위하여 필요한 사항

제5조(입법평가위원회) 군수는 다음 각 호의 사항을 심의하기 위하여 위원회를 둔다.
1. 제4조에 관한 추진계획의 수립 및 시행계획의 적정 여부에 관한 사항
2. 입법평가에 관한 사항
3. 입법평가 결과 개선안 마련에 관한 사항
4. 입법평가 제도개선에 관한 사항
5. 그 밖에 입법평가를 위하여 위원장이 회의에 부치는 사항

제6조(구성·운영) ① 위원회는 위원장과 부위원장 각 1명을 포함하여 13명 이내의 위원으로 구성한다.
② 위원회의 위원장은 부군수가 되고, 부위원장은 위원 중에서 호선한다. 위원은 군수가 다음 각 호의 사람 중에서 임명하거나 위촉하되, 위촉직 위원 중 특정 성별이 위촉직 위원 수의 10분의 6을 초과하지 아니하도록 하여야 한다.
1. 군 소속 5급 이상 공무원
2. 진도군의회 의원
3. 그 밖에 입법에 관한 학식과 경험이 풍부한 사람

③ 위원의 임기는 위원으로 임명 또는 위촉된 날부터 위원회에서 입법평가에 대한 심의를 마치는 날까지로 한다.
④ 위원회의 회의는 재적위원 과반수의 출석으로 개의하고, 출석위원 과반수의 찬성으로 의결한다.
⑤ 위원회에 위원회의 사무를 처리할 간사 1명을 두며, 간사는 법무의회팀장이 된다. <개정 2022. 12. 28.>
⑥ 위원회에 참석한 위촉 위원 및 제10조에 따른 관계 전문가 등에게 예산의 범위에서 수당과 여비를 지급할 수 있다.
⑦ 이 조례에 정한 것 외에 위원회의 운영에 필요한 사항은 위원회의 의결을 거쳐 위원장이 정한다.

제7조(평가대상) 입법평가의 대상은 군의 조례로 한다. 다만, 다음 각 호의 어느 하나에 해당하는 경우에는 제외한다.
1. 기구설치·조직운영·업무분장·문서관리 등 단순 기술적인 내용의 조례
2. 상위법령에서 위임한 조례
3. 최초 제정일 또는 개정일로부터 3년이 지나지 않은 조례

제8조(평가시기 및 기준) ① 입법평가는 3년마다 실시하되, 다음 각 호의 사항을 기준으로 한다.
1. 입법 목적의 실현성 및 실효성 여부
2. 조례의 시행에 필요한 기본계획 또는 추진계획 등의 수립 여부
3. 예산편성 및 예산집행의 적정성
4. 상위법령 제정 및 개정 내용의 반영 여부
5. 대상 조례와 관련한 각 위원회·협의회 등 구성 및 운영 실태

6. 그 밖에 평가 대상 조례의 규정에 따른 이행 여부

제9조(입법평가 기본자료 등의 제출) ① 제7조에 따라 평가대상이 되는 조례의 주관부서의 장은 해당 조례에 대한 입법평가 기본자료를 작성하여 총괄부서의 장에게 제출하여야 한다.
② 제1항에 따라 입법평가 기본자료를 제출받은 총괄부서의 장은 주관부서의 장으로부터 받은 입법평가 기본자료를 바탕으로 총괄자료를 작성하여 제5조에 따른 위원회에 제출하여야 한다.

제10조(조사 및 의견청취 등) 위원회는 안건의 심의를 위하여 필요하다고 인정하면 관계 공무원 등에게 설명 또는 자료 등의 제출을 요구할 수 있고, 필요한 경우에는 관계 전문가에게 자문 등을 구할 수 있다.

제11조(평가결과 반영) 군수는 제5조에 따른 위원회의 심의 결과 입법평가에 따른 개선사항이 있는 경우에는 이를 적극 반영하도록 노력하여야 한다.

제12조(종합결과보고서 제출) 군수는 입법평가 완료 후 30일 이내에 입법평가 종합결과보고서를 진도군의회에 제출하여야 한다.

39. 전라남도 해남군

해남군 조례 입법평가 조례
[시행 2020. 12. 15.] [전라남도해남군조례 제2980호, 2020. 12. 15., 제정]

제1조(목적) 이 조례는 해남군 조례의 입법 목적과 목표가 실현되고 있는 지를 분석 · 평가하고 필요시 개선하도록 하기 위하여 사후 입법평가에 관한 사항을 규정함으로써 조례의 실효성을 확보함을 목적으로 한다.

제2조(정의) 이 조례에서 사용하고 있는 용어의 뜻은 다음과 같다.
1. “입법평가”란 시행되고 있는 조례에 대하여 입법 목적의 실현성, 실효성 등을 평가하는 것을 말한다.
2. “주관부서”란 평가 대상 조례를 관리하고 그에 따른 업무를 수행하는 부서를 말한다.
3. “총괄부서”란 입법업무를 총괄하는 부서를 말한다.

제3조(책무) 해남군수(이하 “군수”라 한다)는 조례를 실효성 있게 운영하고, 입법평가를 실시하여 조례의 입법목적이 실현되도록 노력하여야 한다.

제4조(추진계획 수립 · 시행) ① 군수는 입법평가를 실시하기 위하여 2년 마다 입법평가 추진계획(이하"추진계획"이라한다)을 수립 · 시행하여야 한다.

② 추진계획에는 다음 각 호의 사항이 포함되어야 한다.

1. 입법평가의 목표와 방향에 관한 사항
2. 입법평가 실시에 관한 사항
3. 그 밖에 입법평가 추진을 위하여 필요한 사항

제5조(평가대상) 입법평가의 대상은 해남군의 조례로 한다. 다만, 다음 각 호의 어느 하나에 해당하는 경우에는 제외한다.

1. 상위법령에서 위임한 조례
2. 기구, 기관설치, 조직운영에 관한 조례
3. 업무분장 · 문서관리 등 단순 기술적인 조례
4. 해남군의회(이하 "군의회"라 한다) 소관 조례
5. 시행일로부터 2년이 지나지 않은 조례

제6조(평가기준) ① 입법평가는 제4조의 추진계획에 따라 실시하되, 다음 각 호의 사항을 기준으로 실시한다.

1. 입법 목적의 실현성 및 실효성 여부
2. 기본계획 또는 추진계획 등의 수립 여부
3. 예산편성 및 예산집행의 적정성 여부
4. 상위법령 제정 및 개정 내용의 반영 등 법적 적합성 여부
5. 위원회 · 협의회 등 구성 및 운영 실태
6. 그 밖에 평가 대상 조례의 규정에 따른 이행 여부

② 제1항에 따른 평가시기 및 기준에 따른 세부적인 사항은 군수가 따로 정한다.

제7조(입법평가 실시 등) ① 제5조에 따라 평가대상이 되는 조례의 주관부서의 장은 해당 조례에 대해 입법평가를 실시하고 관련 자료를 총괄부서의 장에게 제출하여야 한다.

② 제1항에 따라 관련 자료를 제출받은 총괄부서의 장은 입법평가 자료를 종합적으로 검토한 후 개선이 필요한 경우에는 개선방향 등을 주관부서의 장에게 통보하여야 한다.

③ 제2항의 통보를 받은 주관부서의 장은 특별한 사유가 없는 한 소관 조례에 대한 개선계획을 수립하여 추진하고 그 결과를 총괄부서의 장에게 통보하여야 한다.

제8조(종합결과보고서 제출) 군수는 입법평가 완료 후 30일 이내에 입법평가 종합결과보고서를 군의회에 제출하여야 한다.

40. 전라남도 순천시

순천시 조례 입법평가에 관한 조례
[시행 2023. 5. 31.] [전라남도순천시조례 제2553호, 2023. 5. 31., 제정]

제1조(목적) 이 조례는 순천시 조례에 대한 입법평가에 관한 사항을 규정하여 조례의 시행효과 및 목표달성 등을 평가함으로써 입법의 실효성을 높이는 것을 목적으로 한다.

제2조(정의) 이 조례에서 사용하는 용어의 뜻은 다음과 같다.
1. "입법평가"란 순천시에서 시행되고 있는 조례에 대하여 입법 목적의 실현여부, 시행효과 등을 분석·평가하는 것을 말한다.
2. "주관부서"란 평가 대상 조례를 관리하고 그에 따른 업무를 수행하는 부서를 말한다.
3. "총괄부서"란 입법업무를 총괄하는 부서를 말한다.

제3조(순천시의 책무) 순천시(이하 "시"라 한다)는 조례를 실효성 있게 운영하고 입법평가를 통해 조례의 입법목적이 실현되도록 노력하여야 한다.

제4조(입법평가 추진계획의 수립 · 시행) 순천시장(이하 "시장"이라 한다)은 입법평가를 실시하기 위하여 다음 각 호의 사항이 포함된 입법평가 추진계획을 3년마다 수립 · 시행하여야 한다.
1. 입법평가의 목표 및 방향
2. 입법평가 대상 조례
3. 입법평가 실시 시기 및 방법
4. 그 밖에 입법평가 추진을 위하여 필요한 사항

제5조(입법평가 대상) 입법평가의 대상은 시의 조례로 한다. 다만, 다음 각 호의 어느 하나에 해당하는 경우에는 제외한다.
1. 기관설치 · 조직운영 등 기관 운영에 관한 조례
2. 사무분장 · 문서관리 등 단순 기술적인 조례
3. 상위법령에서 위임한 조례
4. 시행일로부터 2년이 지나지 않은 조례
5. 그 밖에 제7조에 따른 순천시 입법평가위원회에서 따로 정한 조례

제6조(입법평가 시기 및 기준) ① 입법평가는 3년마다 실시하되, 다음 각 호의 사항을 기준으로 실시한다.
1. 입법 목적의 실현성
2. 추진계획의 수립·시행 여부
3. 예산편성 및 집행의 적정성
4. 상위법령 제정 및 개정 사항 반영 여부
5. 위원회·협의회 등 구성 및 운영 실태
6. 그 밖에 평가 대상 조례에서 규정된 의무 사항 이행 여부
② 제1항에 따른 세부적인 사항은 시장이 정한다.

제7조(입법평가위원회 설치 및 기능) 시장은 다음 각 호의 사항을 심의·자문하기 위하여 시장 소속으로 순천시 입법평가위원회(이하 "평가위원회"라 한다)를 둔다.
1. 입법평가 추진계획 수립에 관한 사항
2. 입법평가에 관한 사항
3. 입법평가 제도개선에 관한 사항
4. 입법평가 결과 개선안 마련에 관한 사항
5. 그 밖에 입법평가를 위하여 위원장이 회의에 부치는 사항

제8조(평가위원회 구성·운영 등) ① 평가위원회는 위원장과 부위원장 각 1명을 포함하여 13명 이내의 위원으로 구성한다.
② 평가위원회의 위원장은 부시장이 되고, 부위원장은 위촉직 위원 중에서 호선한다.
③ 위원은 다음 각 호의 사람 중에서 시장이 임명하거나 위촉하며, 위촉직 위원의 경우 특정 성별이 10분의 6을 초과하지 아니하도록 하여야 한다.
1. 순천시의회에서 추천하는 시의원 2명
2. 총괄부서의 장을 포함한 시 소속 5급 이상 공무원
3. 변호사, 교수 등 법률 또는 입법 전문가
4. 시민단체(「비영리민간단체 지원법」 제2조에 따른 비영리단체를 말한다)에서 추천한 사람
5. 그 밖에 입법평가에 관한 학식과 경험이 풍부한 사람
③ 위원의 임기는 위원으로 임명 또는 위촉된 날부터 평가위원회에서 입법평가에 대한 심의를 마치는 날까지로 한다.
④ 평가위원회의 회의는 재적위원 과반수의 출석으로 개의하고, 출석위원 과반수의 찬성으로 의결한다.
⑤ 평가위원회에 사무를 처리할 간사 1명을 두며, 간사는 총괄부서의 담당팀장으로 한다.

제9조(실비보상) 시 소속 공무원이 아닌 위원이 회의에 출석할 때는 「순천시 각종 위원회 구성 및 운영 조례」 제15조에 따른다.

제10조(자료제출 등) ① 평가대상이 되는 조례의 주관부서의 장은 해당 조례에 대한 입법평가 자료를 작성하여 총괄부서의 장에게 제출하여야 한다.
② 총괄부서의 장은 주관부서의 장으로부터 받은 입법평가 자료를 정리하여 평가위원회에 제출하여야 한다.

제11조(의견청취 등) 평가위원회는 입법평가를 위하여 주관부서 및 총괄부서의 의견을 듣거나 자료의 제출을 요구할 수 있고, 필요한 경우에는 관계 전문가에게 자문할 수 있다.

제12조(용역실시 등) 시장은 효율적인 입법평가를 위하여 필요한 경우 예산의 범위에서 입법평가 전문기관이나 단체 등에 용역을 실시할 수 있다.

제13조(평가결과의 반영) 시장은 평가위원회의 심의 결과 입법평가에 따른 개선사항이 있는 경우에는 이를 적극 반영하도록 노력하여야 한다.

제14조(종합결과보고) 시장은 입법평가 완료 후 30일 이내에 순천시의회에 종합평가 결과보고서를 제출하여야 한다.

제15조(시행규칙) 이 조례의 시행에 필요한 사항은 규칙으로 정한다.

41. 전라북도 익산시

익산시 조례 입법평가 조례
[시행 2022. 10. 14.] [전라북도익산시조례 제2303호, 2022. 10. 14., 일부개정]

제1조(목적) 이 조례는 익산시 조례에 대한 입법평가에 관한 사항을 규정하여 조례의 시행효과 및 목표달성 등을 평가함으로써 조례의 실효성을 확보하고 시민의 삶의 질을 높이는데 이바지함을 목적으로 한다.

제2조(정의) 이 조례에서 사용하고 있는 용어의 뜻은 다음과 같다.
1. “입법평가”란 시행되고 있는 조례에 대하여 입법 목적의 실현성, 실효성 등을 평가하는 것을 말한다.
2. “주관부서”란 평가 대상 조례를 관리하고 그에 따른 업무를 수행하는 부서를 말한다.

3. “총괄부서”란 입법업무를 총괄하는 부서를 말한다.

제3조(책무) 익산시(이하 “시”라 한다)는 조례를 실효성 있게 운영하고 입법평가로 조례의 입법목적이 실현되도록 노력하여야 한다.

제4조(추진계획 수립 · 시행) ① 익산시장(이하 “시장”이라 한다)은 입법평가를 실시하기 위하여 4년마다 입법평가 추진계획(이하 “추진계획”이라 한다)을 수립 · 시행하여야 한다.

② 추진계획에는 다음 각 호의 사항이 포함되어야 한다.

1. 입법평가의 목표와 방향
2. 입법평가 실시에 관한 사항
3. 제8조에 따른 익산시입법평가위원회에 관한 사항
4. 그 밖에 입법평가 추진을 위하여 필요한 사항

제5조(평가대상) 입법평가의 대상은 시의 조례로 한다. 다만, 다음 각 호의 어느 하나에 해당하는 경우에는 제외한다.

1. 기관설치 · 조직운영 · 업무분장 · 문서관리 등 단순 기술적인 조례
2. 상위법령에서 위임한 조례
3. 최초제정일 또는 전부개정일로부터 4년이 지나지 않은 조례

제6조(평가시기 등) ① 입법평가는 4년마다 실시하되, 다음 각 호의 사항을 기준으로 실시한다.

1. 입법 목적의 실현성
2. 기본계획 또는 추진계획 등의 수립 여부
3. 예산편성 및 집행의 적정성
4. 상위법령 제정 및 개정 사항 반영 여부
5. 위원회 · 협의회 등 구성 및 운영 실태
6. 그 밖에 평가 대상 조례의 규정에 따른 이행 여부

② 제1항에 따른 평가시기 및 기준에 따른 세부적인 사항은 시장이 따로 정한다.

제7조(입법평가 기본자료 제출 등) ① 제5조에 따라 평가대상이 되는 조례의 주관부서의 장은 해당 조례에 대한 입법평가 기본자료를 작성하여 총괄부서의 장에게 제출하여야 한다.

② 제1항에 따라 입법평가 기본자료를 제출받은 총괄부서의 장은 주관부서의 장으로부터 받은 입법평가 기본자료를 정리하여 제8조에 따른 익산시입법평가위원회에 제출하여야 한다.

제8조(입법평가위원회) 시장은 다음 각 호의 사항을 심의하기 위하여 익산시입법평가위원회(이하 "위원회"라 한다)를 둔다.
1. 제4조에 따른 추진계획에 관한 사항
2. 입법평가에 관한 사항
3. 입법평가 결과 개선안 마련에 관한 사항
4. 입법평가 제도개선에 관한 사항
5. 그 밖에 입법평가를 위하여 위원장이 회의에 부치는 사항

제9조(구성·운영) ① 위원회는 위원장과 부위원장 각 1명을 포함하여 9명 이내의 위원으로 구성한다.
② 위원회의 위원장은 부시장이 되고, 부위원장은 위촉직 위원 중에서 호선하며, 위원은 다음 각 호의 사람 중에서 성별을 고려하여 시장이 임명하거나 위촉하되, 위촉위원의 수는 전체 위원의 2분의 1 이상이어야 한다. <개정 2019.06.28, 2022.10.14>
1. 기획안전국장. 경제관광국장
2. 익산시의회에서 추천하는 의원 2명
3. 시민단체(「비영리 민간단체 지원법」제2조의 규정에 따른 비영리단체)에서 추천한 사람 2명
4. 그 밖에 입법평가에 관한 학식과 경험이 풍부한 사람 2명
③ 위원의 임기는 위원으로 임명 또는 위촉된 날부터 위원회에서 입법평가에 대한 심의를 마치는 날까지로 한다.
④ 위원회의 회의는 재적위원 과반수의 출석으로 개의하고, 출석위원 과반수의 찬성으로 심의한다.
⑤ 위원회에 위원회의 사무를 처리할 간사 1명을 두며, 간사는 입법총괄업무를 담당하는 기획예산과장이 된다.
⑥ 위원회에 참석한 위촉위원 및 관계 전문가 등에게 예산의 범위에서 수당과 여비를 지급할 수 있다.

제10조(조사 및 의견청취 등) 위원회는 안건의 심의를 위하여 필요하다고 인정하면 관계 공무원 등에게 설명 또는 자료 등의 제출을 요구할 수 있다.

제11조(평가결과 반영) 시장은 제8조에 따른 위원회의 심의 결과 입법평가에 따른 개선사항이 있는 경우에는 이를 적극 반영하도록 노력하여야 한다.

제12조(종합결과보고) 시장은 입법평가 완료 후 30일 이내에 익산시의회에 종합결과보고를 하여야 한다.

제13조(시행규칙) 이 조례 시행에 관하여 필요한 사항은 규칙으로 정한다.

42. 전라북도 장수군

장수군 조례 입법평가 조례
[시행 2020. 11. 2.] [전라북도장수군조례 제2461호, 2020. 11. 2., 제정]

제1조(목적) 이 조례는 장수군 조례에 대하여 입법목적과 목표 등이 제대로 실현되고 있는지를 분석 · 평가하여 조례의 실효성을 제고하고 군민의 삶의 질을 높이는데 이바지함을 목적으로 한다.

제2조(정의) 이 조례에서 사용하고 있는 용어의 뜻은 다음과 같다.
1. “입법평가”란 시행되고 있는 조례에 대하여 입법 목적의 실현성, 실효성 등을 평가하는 것을 말한다.
2. “주관부서”란 평가대상 조례를 관리하고 그에 따른 업무를 수행하는 부서를 말한다.

제3조(책무) 장수군수(이하 “군수”라 한다)는 장수군(이하 “군”이라 한다) 조례를 실효성있게 운영하고 입법평가로 조례의 입법목적이 실현되도록 노력하여야 한다.

제4조(추진계획 수립 · 시행) ① 군수는 입법평가를 실시하기 위하여 3년마다 입법평가 추진계획(이하 “추진계획”이라 한다)을 수립 · 시행하여야 한다.
② 추진계획에는 다음 각 호의 사항이 포함되어야 한다.
1. 입법평가 대상 조례
2. 입법평가 목표와 방향
3. 입법평가 실시 시기 · 방법 등
4. 제8조에 따른 장수군입법평가위원회 설치 및 운영
5. 그 밖에 입법평가 추진을 위하여 필요한 사항

제5조(평가대상) 입법평가의 대상은 군의 조례로 한다. 다만 다음 각 호의 어느 하나에 해당하는 경우는 제외한다.
1. 기관설치 · 조직운영 · 업무분장 · 문서관리 등 단순 기술적인 내용의 조례
2. 상위법령에서 위임한 조례
3. 장수군의회 소관 조례
4. 최초 제정일 또는 전부 개정일로부터 2년이 지나지 않은 조례

제6조(평가시기 · 기준) ① 입법평가는 3년마다 실시하되, 다음 각 호의 사항을 기준으로 실시한다.
1. 입법 목적의 실현성 및 실효성 여부

2. 조례의 시행에 필요한 기본계획 또는 추진계획 등의 수립 여부
3. 예산편성 및 집행의 적정성 여부
4. 상위법령 제정·개정사항 반영 등 법적 적합성 여부
5. 상위법령 위반 및 다른 조례와의 충돌 여부
6. 위원회·협의회 등 구성 및 운영 실태
7. 그 밖에 평가대상 조례의 규정에 따른 이행 여부

② 제1항에 따른 평가시기 및 기준에 관한 세부사항은 군수가 따로 정한다.

제7조(평가 기본자료 제출 등) ① 제5조에 따라 입법평가 대상 조례 주관부서의 장은 해당 조례에 대한 입법평가 기본자료를 작성하여 총괄부서의 장에게 제출하여야 한다.

② 제1항에 따라 입법평가 기본자료를 제출받은 총괄부서의 장은 입법평가 기본자료를 정리하여 제8조에 따른 장수군입법평가위원회에 제출하여야 한다.

제8조(위원회 설치·기능) 군수는 다음 각 호의 사항을 심의하기 위하여 장수군입법평가위원회(이하 "위원회"라 한다)를 둔다.

1. 제4조에 따른 추진계획
2. 제6조에 따른 입법평가
3. 입법평가 결과 개선안 마련
4. 입법평가 제도개선
5. 그 밖에 입법평가를 위하여 위원장이 회의에 부치는 사항

제9조(위원회 구성·운영) ① 위원회는 위원장과 부위원장 각 1명을 포함하여 9명 이내의 위원으로 구성한다.

② 위원회의 위원장은 부군수가 되고, 부위원장은 위촉직 위원 중에서 선출하며, 위원은 다음 각 호의 사람 중에서 군수가 임명하거나 위촉하되, 위촉위원의 수는 전체 위원의 2분의 1 이상이어야 한다. 다만 위촉직 위원의 경우에는 특정 성별이 위촉직 위원 수의 10분의 6을 초과하지 아니하도록 하여야 한다.

1. 군 소속 5급 이상 공무원
2. 장수군의회 의원
3. 입법에 관한 학식과 경험이 풍부한 사람
4. 그 밖에 입법평가와 관련 군수가 필요하다고 인정하는 사람

③ 위원의 임기는 위원으로 임명 또는 위촉된 날부터 위원회에서 입법평가에 대한 심의를 마치는 날까지로 한다.

④ 위원회의 회의는 재적위원 과반수의 출석으로 개의(開議)하고, 출석위원 과반수의 찬성으로 의결한다.

⑤ 위원회에 위원회의 사무를 처리할 간사 1명을 두며, 간사는 법무업무담당 팀장으로 한다.
⑥ 위원회에 참석한 위촉위원 및 관계 전문가 등에게 예산의 범위에서 수당과 여비를 지급할 수 있다.

제10조(조사 및 의견청취 등) 위원회는 안건의 심의를 위하여 관계 공무원 등에게 설명 또는 자료 등의 제출을 요구할 수 있고, 필요한 경우에는 관계 전문가에게 자문을 구할 수 있다.

제11조(평가결과 반영) 군수는 위원회의 심의 결과 입법평가에 따른 개선사항이 있는 경우에는 이를 적극 반영하도록 노력하여야 한다.

제12조(종합결과보고) 군수는 입법평가 완료 후 30일 이내에 입법평가 종합결과 보고서를 장수군의회에 제출하여야 한다.

제13조(시행규칙) 이 조례의 시행에 필요한 사항은 규칙으로 정한다.

장수군 조례 입법평가 조례 시행규칙
[시행 2021. 6. 1.] [전라북도장수군규칙 제1180호, 2021. 6. 1., 제정]

제1조(목적) 이 규칙은 「장수군 조례 입법평가 조례」의 시행에 필요한 사항을 정하여 체계적인 입법평가를 통해 조례의 실효성을 높이는 것을 목적으로 한다.

제2조(정의) 이 규칙에서 "총괄부서"란 법제 업무를 총괄하는 부서를 말한다.

제3조(입법평가서 작성) 「장수군 조례 입법평가 조례」(이하 "조례"라 한다) 제7조제1항에 따라 입법평가를 할 때는 별지 제1호서식 및 별지 제2호서식에 따라 입법평가 기본자료를 작성하여야 한다.

제4조(결과통보서 작성) ① 위원회의 심의 결과는 별지 제3호서식에 따라 총괄부서에서 주관부서에 통보한다.
② 제1항에 따라 개선 권고를 받은 주관부서의 장은 입법평가 결과 내용을 반영한 개선 계획을 세우고 그 결과를 20일 이내에 총괄부서의 장에게 통보하여야 한다.

제5조(종합결과보고서) 조례 제12조에 따라 의회에 결과보고서를 제출할 때에는 별지 제4호서식에 따른다.

<별지 제2호 서식> 입 법 평 가 기 준 표

기 준	세 부 항 목	여부	문 제 점	개 선 안
입법 목적의 실현성	· 조례 제정·개정의 취지와 입법 목적대로 시행되고 있는가?			
계획 수립	· 기본계획 및 시행계획이 수립되어 있는가?			
예산 편성 및 집행	· 예산은 적정하게 편성되고 집행되었는가?			
법적 적합성	· 상위 법령 내용을 제대로 반영하고 있는가?			
	· 각 규정 간에 모순되는 점은 없는가?			
위원회 구성	· 위원회 구성은 적절한가?			
	· 위원회는 적정하게 운영되고 있는가?			
그 밖의 이행사항	· 그 밖에 조례의 규정에서 정한 사항을 이행하였는가?			

43. 충청남도 당진시

당진시의회 입법영향평가 조례
[시행 2023. 1. 1.] [충청남도당진시조례 제1065호, 2022. 12. 15., 일부개정]

제1조(목적) 이 조례는 당진시 조례의 실효성 및 품질 제고를 위하여 입법목적 달성 여부 등을 종합적으로 분석·평가하고, 개선방안을 도출하는 입법영향평가에 관한 사항을 규정함을 목적으로 한다.

제2조(정의) "입법영향평가"란 당진시에서 시행되고 있는 조례의 입법목적 달성 여부, 법률적·행정적·예산적·사회적·경제적 효과 등을 종합적으로 분석·평가하는 것을 말한다.

제3조(입법영향평가 실시 및 대상) ① 당진시의회 의장(이하 "의장"이라 한다)은 당진시가 운용 중인 조례에 대한 입법영향평가를 실시하여야 한다.

② 입법영향평가는 2년마다 정기적으로 실시하는 것을 원칙으로 하되, 필요한 경우 입법영향평가를 추가로 실시할 수 있다.

③ 입법영향평가의 대상은 당진시의 조례로 한다. 다만, 다음 각 호에 해당하는 경우에는 대상에서 제외할 수 있다.

1. 제정 후 시행된 지 2년이 지나지 않은 조례
2. 입법영향평가를 실시한 지 2년이 지나지 않은 조례
3. 상위 법령에서 위임한 조례
4. 기관설치·인사운영·업무분담·문서관리 등 단순하고 기술적인 내용의 조례
5. 당진시의회(이하 "의회"라 한다) 소관 조례

④ 의장은 효율적인 입법영향평가를 위하여 필요한 경우 예산의 범위에서 입법영향평가 전문기관이나 단체 등에 입법영향평가 용역을 실시할 수 있다.

제4조(입법영향평가의 방법) 입법영향평가는 별표1의 서식에 따라 시행한다.<개정 2022.12.15.>

제5조(입법영향평가위원회) ① 의장은 입법영향평가를 효율적으로 실시하기 위하여 당진시의회 입법영향평가위원회(이하 "위원회"라 한다)를 둘 수 있다.

② 위원회는 위원장과 부위원장 각 1명을 포함한 10명 이내의 위원으로 구성한다.

③ 위원장은 의장이 되고, 부위원장은 위원 중에서 호선한다.

④ 위원은 다음 각 호의 어느 하나에 해당하는 사람 중에서 성별을 고려하여 의장이 위촉한다.

1. 의회가 추천하는 시의원
2. 당진시 소속 5급 이상 공무원
3. 변호사, 교수, 법률 또는 입법전문가
4. 그 밖에 입법영향평가에 관한 학식과 경험이 풍부한 사람

⑤ 위원의 임기는 위원으로 임명 또는 위촉된 날부터 위원회에서 입법영향평가에 대한 심의를 마치는 날까지로 한다.

제6조(위원회의 기능) 위원회는 다음 각 호의 사항을 심의한다.

1. 입법영향평가 결과에 관한 사항
2. 입법영향평가 제도 운영 및 개선에 관한 사항
3. 그 밖에 입법영향평가를 위하여 위원장이 회의에 부치는 사항

제7조(위원회의 운영) ① 위원회의 회의는 위원장이 필요하다고 인정하는 경우에 위원장이 소집한다.

② 위원회의 회의는 재적 위원 과반수의 출석으로 개의하고, 출석위원 과반수의 찬성으로 의결한다.

③ 위원회에 위원회의 사무를 처리하기 위하여 간사 1명을 두며, 간사는 입법영향평가 관련 업무 담당 팀장이 된다.

④ 이 조례에서 정한 사항 외에 위원회의 운영에 필요한 사항은 위원회의 의결을 거쳐 위원장이 정한다.

⑤ 위원회에 참석한 위원 또는 자문에 응한 관계 전문가 등에게 예산의 범위에서 수당과 여비를 지급할 수 있다.

제8조(자료 제출) ① 의장은 입법영향평가 위하여 필요한 경우, 당진시장(이하 "시장"이라 한다)에게 자료 또는 의견의 제출을 요청할 수 있다.

② 제1항에 따라 자료 또는 의견 제출을 요청받은 경우, 시장은 특별한 사정이 없으면 이에 응하여야 한다.

제9조(결과의 공개 및 활용) ① 의장은 입법영향평가 결과를 의회 홈페이지에 공개할 수 있다.

② 해당 상임위원회는 입법영향평가 결과를 의정활동에 적극적으로 반영하도록 노력하여야 하며, 시장 및 관계 기관에 적절한 조치의 이행을 촉구할 수 있다.

[별표 1] 입법영향평가 기준표(제4조 관련)

입법영향 평가항목	세부항목	입법영향 분석지표	의견 및 자료
1. 입법의 근거 및 법적합성	1) 위임조례인가 자치사무에 관한 조례인가?	□ 위임조례 □ 자치사무에 관한 조례	
	2) 위임 조례의 경우 조래에서 규정한 위임근거가 올바른가?	□ 그렇다 □ 그렇지않다 □ 해당사항 없음	
	3) 조례가 위임범위에서 적절하게 제·개정되었는가?	□ 그렇다 □ 그렇지않다 □ 해당사항 없음	
	4) 조례 제·개정 이후 동일 또는 유사한 법령이나 제도가 만들어졌거나 근거법령이 개정 또는 폐지되었는가?	□ 그렇다 □ 그렇지않다 □ 해당사항 없음	
	5) 조례에서 주민의 권리제한, 의무부과, 벌칙 부과, 규제사항에 대한 법률위임이 있는가?	□ 그렇다 □ 그렇지않다 □ 해당사항 없음	
	6) 상위법령에 위배 되거나 기본권을 침해하는 조항이 있는가?	□ 그렇다 □ 그렇지않다 □ 해당사항 없음	
	7) 조례의 시행과정에서 다른 조례와의 충돌이나 모순이 발생하고 있는가?	□ 그렇다 □ 그렇지않다 □ 해당사항 없음	

입법영향 평가항목	세부항목	입법영향 분석지표	의견 및 자료
2. 조례의 실효성	1) 이 조례와 유사 또는 동일한 다른 조례가 제정 및 시행되고 있어 통합할 필요가 있는가?	□ 그렇다 □ 그렇지않다 □ 해당사항 없음	
	2) 조례에 따른 계획이 수립·시행 되고 있는가?	□ 그렇다 □ 그렇지않다 □ 해당사항 없음	
	3) 조례 시행에 필요한 예산 확보와 집행이 잘 이루어지고 있는가?	□ 그렇다 □ 그렇지않다 □ 해당사항 없음	
	4) 조례에서 부여한 책무와 관련 사업을 집행기관이 잘 이행하고 있는가?	□ 그렇다 □ 그렇지않다 □ 해당사항 없음	
3. 지원의 적정성	1) 조례에 지원 관련 규정이 있는가?	□ 그렇다 □ 그렇지않다 □ 해당사항 없음	
	2) 조례에 따른 지원대상이나 규모, 범위가 적정한가?	□ 그렇다 □ 그렇지않다 □ 해당사항 없음	
	3) 지원대상이 집행이 가능한 정도로 구체화 되어 있는가?	□ 그렇다 □ 그렇지않다 □ 해당사항 없음	
	4) 조례에 따른 위탁사무의 대상으로 적정한가?	□ 그렇다 □ 그렇지않다 □ 해당사항 없음	
	5) 행정기관의 재량권의 범위는 적정한가?	□ 그렇다 □ 그렇지않다 □ 해당사항 없음	
4. 조례의 공평성	1) 조례에서 장애인, 성별 등의 특정계층이나 특정지역을 차별하는 조항이 있는가?	□ 그렇다 □ 그렇지않다 □ 해당사항 없음	
	2) 조례에서 정한 차별이 합리적인가?	□ 그렇다 □ 그렇지않다 □ 해당사항 없음	
5. 주민 수용성	1) 조례 제·개정 시 입법예고는 하였는가?	□ 그렇다 □ 그렇지않다 □ 해당사항 없음	

입법영향 평가항목	세부항목	입법영향 분석지표	의견 및 자료
	2) 조례 제·개정 시 공청회, 세미나 등 이해관계인 및 주민에 대한 의견 수렴 과정이 있었는가?	□ 그렇다 □ 그렇지않다 □ 해당사항 없음	
	3) 조례와 관련한 민원(청원, 진정, 소송 등)이 제기되거나 개정 또는 폐지 요구가 있었는가?	□ 그렇다 □ 그렇지않다 □ 해당사항 없음	
	4) 조례의 체계나 사용되어진 용어가 주민이 알기 쉽게 되어 있는가?	□ 그렇다 □ 그렇지않다 □ 해당사항 없음	
7. 위원회 운영의 적정성	1) 조례로 위원회를 구성하도록 되어 있는가?	□ 그렇다 □ 그렇지않다 □ 해당사항 없음	
	2) 위원회가 법정위원회인가 조례로 설치하도록 한 위원회 인가?	□ 법정위원회 □ 조례로 정한 위원회 □ 해당사항 없음	
	3) 위원회 위원의 성별 구성이 적정한가?	□ 그렇다 □ 그렇지않다 □ 해당사항 없음	
	4) 위원회가 법령이나 조례에서 정한 회의개최 운영 실적이 있고 관련 회의록을 보존하고 있는가?	□ 그렇다 □ 그렇지않다 □ 해당사항 없음	
	5) 위원회를 계속 설치·운영 할 필요성이 있는가?	□ 그렇다 □ 그렇지않다 □ 해당사항 없음	
	6) 해당 위원회와 유사한 다른 위원회와의 기능적 통합이 필요한가?	□ 그렇다 □ 그렇지않다 □ 해당사항 없음	
8. 종합의견	1) 이 조례를 현행대로 유지할 필요가 있는가?	□ 그렇다 □ 그렇지않다	
	2) 이 조례를 개정할 이유가 있는가? (해당사항 모두 표기)	□ 위임근거에 불부합 □ 위임근거 불명확 □ 법령의 위임 없는 규제 정비 필요 □ 다른 조례와의 상충 및 모순 □ 조례 시행의 문제점 발생	

입법영향 평가항목	세부항목	입법영향 분석지표	의견 및 자료
		□ 조례의 공평성 문제 □ 알기 쉬운 법령정비 기준에 따른 정비 필요 □ 위원회 관련 규정 개정 필요 □ 그 밖의 사유	
	3) 이 조례를 폐지할 사유가 있는가? (해당사항 모두 표기)	□ 다른 유사한 조례와의 통합 운영 필요성 □ 조례 시행 불가능 □ 최근 3년간 조례 관련 운영 실적 전무 □ 기타	
	4) 그 밖의 이 조례와 관련된 의견이 있는가?	□ 있다 □ 없다	

44. 충청남도 부여군

부여군 조례 사후 입법평가 조례
[시행 2020. 11. 17.] [충청남도부여군조례 제2662호, 2020. 11. 17., 제정]

제1조(목적) 이 조례는 부여군에서 시행 중인 조례의 입법 목적의 실현성과 시행 효과 등을 분석 · 평가하고, 필요시 개선하도록 하는 사후 입법평가에 관한 사항을 규정함으로써 조례의 실효성을 높여 부여군민의 삶의 질을 향상시키는 데 이바지함을 목적으로 한다.

제2조(정의) 이 조례에서 "사후 입법평가"란 부여군에서 시행하고 있는 조례의 입법목적의 실현성, 실효성 등을 분석 · 평가하고, 개선이 필요한 경우 적극적으로 조치하는 일련의 과정을 말한다.

제3조(군수의 책무) 부여군수(이하 "군수"라 한다)는 조례를 실효성 있게 운영하고, 사후 입법평가를 통한 조례의 질적 향상과 입법목적 실현을 위해 노력하여야 한다.

제4조(평가 대상) 사후 입법평가 대상은 시행일부터 3년 이상 지난 부여군 조례로 하되, 다음 각 호의 어느 하나에 해당하는 경우는 제외한다.

1. 상위법령에서 위임한 조례
2. 기관설치, 조직운영, 업무분장, 문서관리 등 단순하고 기술적인 내용의 조례

제5조(평가시기 및 기준) ① 사후 입법평가는 3년마다 실시한다.
② 사후 입법평가는 다음 각 호의 사항을 기준으로 실시한다.
1. 입법 목적의 실현성
2. 기본계획 및 시행계획 등의 수립 여부
3. 예산 편성 및 집행의 적정성
4. 상위법령 제정 및 개정 사항 반영 여부
5. 위원회·협의회 등 구성 및 운영 실태
6. 그 밖에 평가대상 조례의 규정에 따른 이행 여부

제6조(입법평가서의 작성) 제4조에 따라 평가 대상이 되는 조례의 소관부서의 장은 해당 조례를 검토하여 사후 입법평가서를 작성하여 입법 주관부서의 장에게 제출하여야 한다.

제7조(위원회 설치) 군수는 사후 입법평가를 효율적으로 추진하기 위하여 부여군 사후 입법평가위원회(이하 "위원회"라 한다)를 둔다.

제8조(기능) 위원회는 다음 각 호의 사항을 심의·의결한다.
1. 사후 입법평가 결과의 반영 및 개선안 마련에 관한 사항
2. 사후 입법평가 결과통보서 작성 및 통보에 관한 사항
3. 그 밖에 군수가 위원회의 심의·조정이 필요하다고 인정하는 사항

제9조(구성 및 운영) ① 위원회는 위원장 1명과 부위원장 1명을 포함하여 10명 이내의 위원으로 구성한다.
② 위원장과 부위원장은 위원 중에서 선출한다.
③ 위원은 다음 각 호의 사람 중에서 군수가 임명 또는 위촉한다.
1. 법무규제업무 담당부서의 장
2. 부여군의회에서 추천하는 사람
3. 법률 전문가
4. 입법에 관한 학식과 경험이 풍부한 사람
5. 그 밖에 입법평가와 관련하여 군수가 필요하다고 인정하는 사람
④ 위원의 임기는 사후 입법평가 결과보고서 작성이 완료되는 날까지로 하되, 한 차례에 한정하여 연임할 수 있다.

⑤ 위원회에 위원회의 사무를 처리할 간사 1명을 두되, 간사는 법무규제업무 담당팀장이 된다.

제10조(조사 및 의견청취 등) 위원장은 제8조 각 호의 사항을 심의하는 데 필요한 경우에는 관계 공무원 등에게 설명 또는 자료 등의 제출을 요구할 수 있다.

제11조(수당 등) 공무원이 아닌 위원이 위원회에 출석한 경우에는 예산의 범위에서 수당, 여비 등을 지급할 수 있다.

제12조(평가결과 반영) 군수는 위원회의 심의·의결에 따른 사후 입법평가 결과통보서에 개선 권고사항이 있는 경우에는 이를 반영하여야 한다. 다만, 개선 권고사항을 반영하기 어려운 경우에는 그 사유를 위원장에게 서면으로 통지하고, 위원회와 반영 여부를 협의하여 결정하여야 한다.

제13조(결과보고서 제출) 군수는 사후 입법평가 결과통보서와 소관부서의 개선권고안 반영 계획 등을 포함한 사후 입법평가 결과보고서를 평가 완료 30일 이내에 부여군의회에 제출하여야 한다.

[별지 제1호서식] 사후 입법평가 기준표

※관리 번호	사후 입법평가 서(조례 소관부서 작성용)
조례명	
관계법령	(위임 법령, 관련 조례명 등 기재)
평가기간	20 . . . 부터 20 . . . 까지(일 간)
평가 의견 (‘사후 입법평가기준표’를 토대로 한 평가의견 서술)	
첨부자료	1. 조례, 관계법령 발췌본 2. 사후 입법평가기준표 3. 예산 편성 및 집행 내역 4. 그 밖의 참고자료(계획서, 보고전, 위원회 구성 및 운영 현황 등 증빙자료)

자 성 자	부서명	직 급	성 명	전화번호

[별지 제2호서식] 사후 입법평가 기준표

기 준	세 부 항 목	여부	문제점	개선안
입법 목적의 실현성	· 조례 제정·개정의 취지와 입법 목적대로 시행되고 있는가?			
공익의 효율성	· 공익에 반하지 않은가?			
	· 의무부과 또는 권리제한 근거 및 정도는 적정한가?			
계획 수립	· 기본계획 및 시행계획이 수립되어 있는가?			
예산 편성 및 집행	· 예산은 적정하게 편성 및 집행되고 있는가?			
법적 적합성	· 상위 법령 내용을 제대로 반영하고 있는가?			
	· 각 규정 간에 모순되는 점은 없는가?			
인권·성평등 준 수	· 인권·성평등 침해 또는 차별은 없는가?			
위원회 구성 및 운영 실 태	· 위원회의 구성과 운영 내용은 적절한가?			
	· 위원회 위원의 성비는 적정한가?			

45. 충청남도 아산시

아산시 조례 입법평가 조례
[시행 2019. 5. 7.] [충청남도아산시조례 제1860호, 2019. 5. 7., 일부개정]

제1조(목적) 이 조례는 아산시 조례에 대한 입법평가에 관한 사항을 규정하여 조례의 시행효과 및 목표달성 등을 평가함으로써 조례의 실효성을 확보하고 시민의 삶의 질을 높이는데 이바지함을 목적으로 한다.

제2조(정의) 이 조례에서 사용하고 있는 용어의 뜻은 다음과 같다.
1. "입법평가"란 시행되고 있는 조례에 대하여 입법 목적의 실현성, 실효성 등을 평가하는 것을 말한다.

2. "주관부서"란 평가 대상 조례를 관리하고 그에 따른 업무를 수행하는 부서를 말한다.
3. "총괄부서"란 입법업무를 총괄하는 부서를 말한다.

제3조(책무) 아산시(이하 "시"라 한다)는 조례를 실효성 있게 운영하고 입법평가로 조례의 입법목적이 실현되도록 노력하여야 한다.

제4조(추진계획 수립 · 시행) ① 아산시장(이하 "시장"이라 한다)은 입법평가를 실시하기 위하여 3년마다 입법평가 추진계획(이하 "추진계획"이라 한다)을 수립 · 시행하여야 한다.
② 추진계획에는 다음 각 호의 사항이 포함되어야 한다.
1. 입법평가의 목표와 방향
2. 입법평가 실시에 관한 사항
3. 제8조에 따른 아산시입법평가위원회에 관한 사항
4. 그 밖에 입법평가 추진을 위하여 필요한 사항

제5조(평가대상) 입법평가의 대상은 시의 조례로 한다. 다만, 다음 각 호의 어느 하나에 해당하는 경우에는 제외한다.
1. 기관설치 · 조직운영 · 업무분장 · 문서관리 등 단순 기술적인 조례
2. 상위법령에서 위임한 조례
3. 최초제정일 또는 전부개정일로부터 4년이 지나지 않은 조례

제6조(평가시기 등) ① 입법평가는 3년마다 실시하되, 다음 각 호의 사항을 기준으로 실시한다.
1. 입법 목적의 실현성
2. 기본계획 또는 추진계획 등의 수립 여부
3. 예산편성 및 집행의 적정성
4. 상위법령 제정 및 개정 사항 반영 여부
5. 위원회 · 협의회 등 구성 및 운영 실태
6. 그 밖에 평가 대상 조례의 규정에 따른 이행 여부
② 제1항에 따른 평가시기 및 기준에 따른 세부적인 사항은 시장이 따로 정한다.

제7조(입법평가 기본자료 제출 등) ① 제5조에 따라 평가대상이 되는 조례의 주관부서의 장은 해당 조례에 대한 입법평가 기본자료를 작성하여 총괄부서의 장에게 제출하여야 한다.
② 제1항에 따라 입법평가 기본자료를 제출받은 총괄부서의 장은 주관부서의 장으로부터 받은 입법평가 기본자료를 정리하여 제8조에 따른 아산시입법평가위원회에 제출하여야 한다.

제8조(입법평가위원회) 시장은 다음 각 호의 사항을 심의하기 위하여 아산시입법평가위원회(이하 "위원회"라 한다)를 둔다.

1. 제4조에 따른 추진계획에 관한 사항
2. 입법평가에 관한 사항
3. 입법평가 결과 개선안 마련에 관한 사항
4. 입법평가 제도개선에 관한 사항
5. 그 밖에 입법평가를 위하여 위원장이 회의에 부치는 사항

제9조(구성 · 운영) ① 위원회는 위원장과 부위원장 각 1명을 포함하여 9명 이내의 위원으로 구성한다.

② 위원회의 위원장은 부시장이 되고, 부위원장은 위촉직 위원 중에서 호선하며, 위원은 다음 각 호의 사람 중에서 성별을 고려하여 시장이 임명하거나 위촉하되, 위촉위원의 수는 전체 위원의 2분의 1 이상이어야 한다.

1. 시소속 5급이상 공무원
2. 아산시의회에서 추천하는 사람
3. 시민단체(「비영리 민간단체 지원법」제2조의 규정에 따른 비영리단체)에서 추천한 사람
4. 그 밖에 입법평가에 관한 학식과 경험이 풍부한 사람

③ 위원의 임기는 위원으로 임명 또는 위촉된 날부터 위원회에서 입법평가에 대한 심의를 마치는 날까지로 한다.

④ 위원회의 회의는 재적위원 과반수의 출석으로 개의하고, 출석위원 과반수의 찬성으로 심의한다.

⑤ 위원회에 위원회의 사무를 처리할 간사 1명을 두며, 간사는 입법총괄업무를 담당하는 기획예산과장이 된다.

⑥ 위원회에 참석한 위촉위원 및 관계 전문가 등에게 예산의 범위에서 수당과 여비를 지급할 수 있다.

제10조(조사 및 의견청취 등) 위원회는 안건의 심의를 위하여 필요 하다고 인정하면 관계 공무원 등에게 설명 또는 자료 등의 제출을 요구할 수 있다.

제11조(평가결과 반영) 시장은 제8조에 따른 위원회의 심의 결과 입법평가에 따른 개선사항이 있는 경우에는 이를 적극 반영하도록 노력하여야 한다.

제12조(종합결과보고) 시장은 입법평가 완료 후 30일 이내에 아산시의회에 종합결과보고를 하여야 한다.

제13조(시행규칙) 이 조례 시행에 관하여 필요한 사항은 규칙으로 정한다.

46. 충청남도 천안시

천안시 조례 사후 입법평가 조례
[시행 2020. 9. 11.] [충청남도천안시조례 제2041호, 2020. 9. 11., 제정]

제1조(목적) 이 조례는 천안시에서 시행 중인 조례에 대한 사후 입법평가에 관한 사항을 규정하여 조례의 목적실현과 시행효과 등을 평가함으로써 조례의 실효성을 확보하고 시민의 삶의 질을 향상시키는데 이바지함을 목적으로 한다.

제2조(정의) 이 조례에서 사용되고 있는 용어의 뜻은 다음과 같다.
1. "사후 입법평가"란 천안시에서 시행되고 있는 조례에 대하여 입법목적의 실현성 · 실효성 등을 분석 · 평가하고 개선을 위한 조치를 취하는 일련의 과정을 말한다.
2. "소관부서"란 평가 대상 조례를 관리하고 그에 따른 업무를 수행하는 부서를 말한다.
3. "총괄부서"란 입법업무를 총괄하는 부서를 말한다.

제3조(시장의 책무) 천안시장(이하 "시장"이라 한다)은 조례를 실효성 있게 운영하고, 사후 입법평가를 실시하여 조례의 입법목적이 실현되도록 노력하여야 한다.

제4조(입법평가의 대상) 사후 입법평가의 대상은 시의 조례 중 제정 또는 전부개정되어 시행된 지 3년이 지난 조례로 한다. 다만, 다음 각 호의 어느 하나에 해당하는 경우에는 제외한다.
1. 기관설치 · 조직운영 · 업무분장 · 문서관리 등 단순하고 기술적인 내용의 조례
2. 상위법령에서 위임된 조례

제5조(평가시기 및 기준) ① 사후 입법평가는 3년마다 실시한다.
② 사후 입법평가는 다음 각 호의 사항을 기준으로 실시한다.
1. 입법 목적의 실현성
2. 기본계획 또는 추진계획 등의 수립 여부
3. 예산편성 및 집행의 적정성
4. 상위법령 제정 및 개정 사항 반영 여부
5. 위원회 · 협의회 등 구성 및 운영 실태
6. 그 밖에 평가 대상 조례의 규정에 따른 이행 여부
③ 평가시기 및 평가기준에 관한 세부적인 사항은 시장이 따로 정한다.

제6조(평가실시 및 기본자료 제출) ① 제4조에 따라 평가대상이 되는 조례의 소관부서의 장은 해당 조례에 대해 사후 입법평가를 실시한 후, 관련 자료를 총괄부서의 장에게 제출하여야 한다.

② 제1항에 따른 자료를 제출받은 총괄부서의 장은 소관부서의 사후 입법평가결과를 종합적으로 검토한 후 개선방향 등을 소관부서의 장에게 통보하여야 한다.

③ 제2항의 통보를 받은 소관부서의 장은 특별한 사유가 없는 한 해당 조례에 대한 개선계획을 수립하여 추진하고 그 결과를 총괄부서의 장에게 통보하여야 한다.

제7조(종합결과보고서 제출 등) 시장은 사후 입법평가 완료 후 30일 이내에 종합결과보고서를 천안시의회(이하 “시의회”라 한다)에 제출하여야 한다.

제8조(입법평가위원회 구성) ① 시장은 사후 입법평가를 효율적으로 추진하기 위하여 특별히 필요하다고 인정되는 경우 입법평가위원회(이하 “위원회”라 한다)를 구성하여 운영할 수 있다.

② 위원회는 위원장과 부위원장 각 1명을 포함하여 15명 이내의 위원으로 구성한다.

③ 위원회의 위원장은 기획경제국장이 되고, 부위원장은 위원 중에서 호선한다.

④ 위원은 다음 각 호에 사람 중에서 시장이 임명하거나 위촉하되, 위촉위원의 수는 전체 위원의 2분의 1 이상이어야 한다.

1. 시 소속 5급이상 공무원
2. 시의회에서 추천하는 사람
3. 그 밖에 입법평가에 관한 학식과 경험이 풍부한 사람

⑤ 위원의 임기는 임명 또는 위촉된 날부터 위원회에서 입법평가에 대한 심의를 마치는 날까지로 한다.

제9조(위원회의 운영) ① 위원회의 회의는 위원장이 필요하다고 인정하는 경우에 위원장이 소집한다.

② 위원회의 회의는 재적위원 과반수의 출석으로 개의하고, 출석위원 과반수의 찬성으로 의결한다.

③ 위원회에 위원회 사무를 처리할 간사 1명을 두며, 간사는 입법 관련 업무를 담당하는 팀장이 된다.

④ 이 조례에서 규정한 것 외에 위원회의 운영에 필요한 사항은 위원회의 의결을 거쳐 위원장이 정한다.

제10조(조사 및 의견청취) 위원회는 안건의 심의를 위하여 필요하다고 인정하면 관계 공무원 등에게 설명 또는 자료의 제출 등을 요구할 수 있다.

제11조(심의결과 반영) 시장은 위원회의 심의 결과 사후 입법평가에 대한 개선사항이 있는 경우 이를 적극 반영하도록 노력하여야 한다.

제12조(시행규칙) 이 조례의 시행에 필요한 사항은 규칙으로 정한다.

47. 충청북도 제천시

제천시 조례 입법평가 조례
[시행 2022. 4. 1.][충청북도제천시조례 제1862호, 2022. 4. 1., 일부개정]

제1조(목적) 이 조례는 제천시 조례에 대한 입법평가에 관한 사항을 규정하여 조례의 시행효과 및 목표달성 등을 평가함으로써 조례의 실효성을 확보하고 시민의 삶의 질을 높이는데 이바지함을 목적으로 한다.

제2조(정의) 이 조례에서 사용하고 있는 용어의 뜻은 다음과 같다.
1. "입법평가"란 시행되고 있는 조례에 대하여 입법 목적의 실현성, 실효성 등을 평가하는 것을 말한다.
2. "주관부서"란 평가 대상 조례를 관리하고 그에 따른 업무를 수행하는 부서를 말한다.
3. "총괄부서"란 입법업무를 총괄하는 부서를 말한다.

제3조(책무) 제천시(이하 "시"라 한다)는 조례를 실효성 있게 운영하고 입법평가로 조례의 입법목적이 실현되도록 노력하여야 한다.

제4조(추진계획의 수립·시행) ① 제천시장(이하 "시장"이라 한다)은 입법평가를 실시하기 위하여 3년마다 입법평가 추진계획(이하 "추진계획"이라 한다)을 수립·시행하여야 한다.
② 추진계획에는 다음 각 호의 사항이 포함되어야 한다.
1. 입법평가의 목표와 방향
2. 입법평가 실시에 관한 사항
3. 제8조에 따른 제천시입빕평가위원회에 관한 사항
4. 그 밖에 입법평가 추진을 위하여 필요한 사항

제5조(평가대상) 입법평가의 대상은 시의 조례로 한다. 다만, 다음 각 호의 어느 하나에 해당하는 경우에는 제외한다.
1. 기관설치·조직운영·업무분장·문서관리 등 단순 기술적인 조례
2. 상위법령에서 위임한 조례
3. 시행일부터 2년이 지나지 않은 조례<2022.04.01.>

제6조(평가시기 등) ① 시장은 다음 각 호의 사항을 기준으로 3년마다 입법평가를 실시한다.
1. 입법 목적의 실현성
2. 기본계획 또는 추진계획 등의 수립 여부

3. 예산편성 및 집행의 적정성
4. 상위법령 제정 및 개정 사항 반영 여부
5. 위원회·협의회 등 구성 및 운영 실태
6. 그 밖에 평가 대상 조례에 따른 이행 여부
② 제1항에서 규정한 사항 외에 입법평가의 평가시기 및 기준 등에 관한 세부 사항은 시장이 정한다.

제7조(입법평가 기본자료 제출 등) ① 제5조에 따라 평가대상이 되는 조례의 주관부서의 장은 해당 조례에 대한 입법평가 기본자료를 작성하여 총괄부서의 장에게 제출하여야 한다.
② 제1항에 따라 입법평가 기본자료를 제출받은 총괄부서의 장은 주관부서의 장으로부터 받은 입법평가 기본자료를 정리하여 제8조에 따른 제천시입법평가위원회(이하"위원회"라 한다)에 제출하여야 한다.

제8조(입법평가위원회) 입법평가에 관한 다음 각 호의 사항을 심의하기 위하여 시장 소속으로 위원회를 둔다.
1. 추진계획에 관한 사항
2. 입법평가에 관한 사항
3. 입법평가 결과 개선안 마련에 관한 사항
4. 입법평가 제도개선에 관한 사항
5. 그 밖에 입법평가를 위하여 위원장이 회의에 부치는 사항

제9조(구성·운영) ① 위원회는 위원장과 부위원장 각 1명을 포함하여 15명 이내의 위원으로 구성한다.
② 위원회의 위원장은 부시장이 되고, 부위원장은 위촉직 위원 중에서 호선하며, 위원은 다음 각 호의 사람 중에서 시장이 임명하거나 위촉하되, 위촉위원의 수는 전체 위원의 2분의 1 이상이어야 하며, 특정 성별이 10분의 6을 초과하지 않도록 한다. 다만, 특정 성별의 전문인력 부족 등 부득이한 사유가 있다고 인정되는 경우에는 그렇지 않다. <개정 2022.04.01.>
1. 시 소속 5급 이상 공무원
2. 제천시의회에서 추천하는 사람
3. 그 밖에 입법평가에 관한 학식과 경험이 풍부한 사람
③ 위원의 임기는 위원으로 임명 또는 위촉된 날부터 입법평가에 대한 심의를 마치는 날까지로 한다. <개정 2022.04.01.>
④ 위원회의 회의는 재적위원 과반수의 출석으로 개의하고, 출석위원 과반수의 찬성으로 의결한다.
⑤ 위원회에 위원회의 사무를 처리할 간사 1명을 두며, 간사는 입법평가 업무를 총괄 담당하는 공무원 중에서 시장이 지명한다. <개정 2022.04.01.>
⑥ 이 조례에 정한 것 외에 위원회의 운영에 필요한 사항은 위원회의 의결을 거쳐 위원장이 정한다.

제10조(조사 및 의견청취 등) 위원회는 안건의 심의를 위하여 필요하다고 인정하면 관계 공무원 등에게 설명 또는 자료 등의 제출을 요구할 수 있다.

제11조(평가결과 반영) 시장은 입법평가 결과 입법 관련 개선사항이 있는 경우에는 이를 입법에 적극 반영하여야 한다.

제12조(종합결과보고서 제출) 시장은 입법평가 완료 후 30일 이내에 입법평가 종합결과보고서를 제천시의회에 제출하여야 한다.

48. 충청북도 증평군

증평군 조례 사후 입법평가 조례
[시행 2022. 4. 15.] [충청북도증평군조례 제1031호, 2022. 4. 15., 제정]

제1조(목적) 이 조례는 증평군 조례에 대한 입법 목적의 실현성과 시행효과 등을 분석 · 평가하는 사후 입법평가에 관한 사항을 규정함으로써 조례의 실효성을 확보하고 주민의 삶의 질을 향상시키는데 이바지함을 목적으로 한다.

제2조(정의) 이 조례에서 사용하는 용어의 뜻은 다음 각 호와 같다.
1. "사후 입법평가"란 시행되고 있는 조례에 대하여 입법 목적의 실현성, 실효성 등을 평가하고 그 개선에 필요한 적극적 조치를 취하는 일련의 과정을 말한다.
2. "총괄부서"란 자치법규 관련 업무를 총괄하는 부서를 말한다.
3. "담당부서"란 평가 대상 조례를 관리하고 그에 따른 업무를 수행하는 부서를 말한다.

제3조(조례 사후 입법평가) 증평군수(이하 "군수"라 한다)는 조례의 질적 향상과 입법목적 실현을 위해 4년마다 조례 사후 입법평가를 실시 할 수 있다.

제4조(평가대상) 사후 입법평가의 대상은 증평군(이하 "군"라 한다) 조례로 한다. 다만, 다음 각 호의 어느 하나에 해당하는 경우에는 제외한다.
1. 상위법령에서 위임한 조례

2. 기관설치 · 조직운영 · 업무분장 · 문서관리 등 단순하고 기술적인 내용의 조례
3. 시행일로부터 3년이 지나지 않은 조례

제5조(평가기준) 사후 입법평가는 다음 각 호의 사항을 기준으로 실시한다.
1. 입법 목적의 타당성, 실현가능성
2. 기본계획 및 시행계획 등의 수립 여부
3. 예산 편성 및 집행의 적정성
4. 상위법령 제정 및 개정 사항 반영여부
5. 위원회 · 협의회 등 구성 및 운영 실태
6. 그 밖에 평가 대상 조례의 규정에 따른 이행 여부

제6조(입법평가 기본자료 제출 등) ① 제4조에 따라 평가대상이 되는 조례의 담당부서의 장은 해당 조례에 대한 입법평가 기본자료를 작성하여 총괄부서의 장에게 제출하여야 한다.
② 제1항에 따라 입법평가 기본자료를 제출받은 총괄부서의 장은 담당부서의 장으로부터 받은 입법평가 기본자료를 정리하여 제7조에 따른 증평군 조례 사후 입법평가위원회(이하 "위원회"라 한다)에 제출하여야 한다.

제7조(위원회 설치 및 기능) 군수는 다음 각 호의 사항을 심의하기 위하여 위원회를 둘 수 있다.
1. 입법평가에 관한 사항
2. 입법평가 결과 개선안 마련에 관한 사항
3. 입법평가 제도개선에 관한 사항
4. 그 밖에 입법평가를 위하여 위원장이 회의에 부치는 사항

제8조(위원회 구성 및 운영) ① 위원회는 위원장과 부위원장 각 1명을 포함한 10명 이내의 위원으로 구성한다.
② 위원회의 위원장과 부위원장은 위원 중에서 호선하며, 위원은 다음 각 호의 사람 중에서 성별을 고려하여 군수가 임명하거나 위촉한다.
1. 증평군의회에서 추천하는 사람
2. 군 소속 5급 이상 공무원
3. 그 밖에 입법에 관한 학식과 경험이 풍부한 사람
③ 위원의 임기는 위원으로 임명 또는 위촉된 날부터 제12조에 따른 사후 입법평가 종합결과보고서 제출이 완료된 날까지로 한다.
④ 위원회의 회의는 재직위원 과반수의 출석으로 개의하고, 출석위원 과반수의 찬성으로 의결한다.

⑤ 위원회의 사무를 처리할 간사 1명을 두며, 간사는 총괄부서의 자치법규 업무담당 공무원 중에서 군수가 지명하는 사람이 된다.

제9조(용역실시) 효율적인 입법평가를 위하여 필요한 경우 예산의 범위에서 입법평가 전문 기관이나 단체 등에 용역을 실시할 수 있다.

제10조(조사 및 의견청취 등) 위원장은 제7조 각 호의 사항을 심의하기 위하여 필요한 경우에는 관계 공무원 등에게 설명 또는 자료 등의 제출을 요구할 수 있다.

제11조(평가결과 반영) 군수는 위원회의 입법평가 심의 결과 개선사항이 있는 경우에는 이를 적극 반영하여야 한다. 다만, 평가 결과를 반영하기 어려운 경우에는 그 사유를 서면으로 위원장에게 통지하고 반영 여부를 협의하여 결정하여야 한다.

제12조(종합결과보고서 제출) 군수는 입법평가 완료 후 30일 이내에 사후 입법평가 종합결과보고서를 증평군의회에 제출하여야 한다.

CHAPTER

05

교육청의 입법평가 조례

교육청 중에서는 대전광역시, 부산광역시, 전라남도, 인천광역시 등 4개 교육청에서 입법평가조례를 제정하여 교육자치법규에 대한 입법평가를 수행하고 있다. 지방자치단체의 조례이건 교육청의 조례이건 조례안이 잘 만들어졌는지 그리고 만들어진 조례를 시행한 결과 시행착오와 부작용은 없는지를 사전에 혹은 사후에 모니터링하고 개선할 점이 있다면 조례를 개정하거나 폐지를 할 것인지를 결정하는 것이 좋다. 그리고 이러한 자치법규의 입법과정에서는 개정 또는 폐지에 대한 객관적인 자료를 확보할 필요가 있는데, 입법평가를 통하여 확보되는 자료는 입법과정에서 유용하게 참고가 될 수 있을 것이다.

1. 대전광역시 교육청

대전광역시교육청 교육자치법규 입법평가 조례
[시행 2018. 4. 20.] [대전광역시조례 제5112호, 2018. 4. 20., 제정]

제1조(목적) 이 조례는 대전광역시교육청 교육자치법규를 분석·평가하여 입법목적에 부합한 교육자치법규가 운영될 수 있도록 입법평가에 필요한 사항을 규정함을 목적으로 한다.

제2조(정의) 이 조례에서 사용하는 용어의 뜻은 다음과 같다.
1. “교육자치법규”란 대전광역시 교육·학예에 관한 조례와 교육규칙을 말한다.
2. “입법평가”란 시행되고 있는 교육자치법규에 대해 필요성, 유효성, 실효성, 체계성, 적법성 등의 평가를 통하여 종합적이고 객관적인 교육자치법규의 입법효과를 판단하는 것을 말한다.

제3조(교육감의 책무) 대전광역시교육감(이하 "교육감"이라 한다)은 교육자치법규가 입법목적에 부합되게 운영될 수 있도록 행정적·재정적 지원 방안을 마련하여야 한다.

제4조(총괄부서의 지정) 교육감은 교육자치법규 입법평가의 종합적이고 체계적인 관리를 위하여 총괄부서를 지정하여야 한다.

제5조(평가대상) 입법평가의 대상은 교육자치법규로 한다. 다만, 다음 각 호의 어느 하나에 해당하는 경우에는 입법평가의 대상에서 제외할 수 있다.

1. 기관설치·조직운영·업무분장·문서관리 등 단순하고 기술적인 교육자치법규인 경우
2. 제정되고 시행된 지 2년이 경과하지 아니한 교육자치법규인 경우
3. 교육규칙(조례의 위임에 따른 교육규칙은 제외한다)인 경우

제6조(평가기준) 총괄부서의 장은 교육자치법규에 대한 다음 각 호의 사항을 참고하여 입법평가기준을 마련하여야 한다.

1. 교육자치법규 존속에 관한 사항
2. 입법목적 실현 가능성에 관한 사항
3. 예산 및 비용 지출에 관한 사항
4. 교육자치법규 집행에 관한 사항
5. 상위법령 및 다른 교육자치법규와의 체계에 관한 사항
6. 그 밖에 입법목적에 부합한 입법평가 실시에 필요한 사항

제7조(입법평가의 실시) ① 주관부서의 장은 2년마다 입법평가기준에 따른 입법평가를 실시하여야 한다.

② 제1항에 따른 입법평가를 실시한 경우 주관부서의 장은 총괄부서의 장에게 입법평가결과를 제출하여야 한다.

③ 제8조에 따른 정책연구용역을 실시하는 연도에는 제1항에 따른 입법평가를 실시하지 아니할 수 있다.

제8조(정책연구용역의 실시) ① 총괄부서의 장은 교육자치법규에 대한 정책연구용역을 실시할 수 있다. 이 경우 「대전광역시교육청 정책연구용역 관리 조례」 제9조, 제11조 및 제14조는 적용하지 아니한다.

② 제1항에 따른 정책연구용역을 실시하는 경우 총괄부서의 장은 주관부서의 장에게 입법평가를 위한 기초자료의 제출을 요청하여야 한다.

제9조(입법평가결과의 반영) ① 총괄부서의 장은 제7조 및 제8조에 따른 입법평가결과 교육자치법규에 대

한 개정(폐지를 포함한다. 이하 같다)이 필요한 경우에는 주관부서의 장에게 교육자치법규의 개정을 권고하여야 한다.
② 제1항에 따른 권고를 받은 주관부서의 장은 그 사항을 반영하여야 한다. 다만, 권고 사항을 반영할 수 없는 사유가 있는 경우에는 총괄부서의 장과 협의를 하여야 한다.

제10조(입법교육의 실시) 교육감은 대전광역시교육청 본청, 직속기관, 교육지원청에 근무하는 공무원에 대하여 입법교육을 실시하여야 한다. 이 경우 전문기관에 입법교육의 실시를 위탁할 수 있다.

2. 부산광역시 교육청

부산광역시교육청 조례 입법평가 조례
[시행 2020. 7. 9.] [부산광역시조례 제6071호, 2020. 1. 8., 제정]

제1조(목적) 이 조례는 부산광역시교육청 조례에 대한 입법평가에 관한 사항을 규정하여 조례의 시행효과 및 목표달성 등을 평가함으로써 조례의 실효성을 확보함을 목적으로 한다.

제2조(정의) 이 조례에서 사용하는 용어의 뜻은 다음과 같다.
1. "입법평가"란 시행되고 있는 조례에 대하여 입법 목적의 실현성, 실효성 등을 평가하는 것을 말한다.
2. "주관부서"란 평가 대상 조례를 관리하고 그에 따른 업무를 수행하는 부서를 말한다.
3. "총괄부서"란 입법업무를 총괄하는 부서를 말한다.

제3조(교육감의 책무) 부산광역시교육감(이하 "교육감"이라 한다)은 조례를 실효성 있게 운영하고 입법평가로 조례의 입법 목적이 실현되도록 노력하여야 한다.

제4조(추진계획 수립·시행) ① 교육감은 입법평가를 실시하기 위하여 3년마다 입법평가 추진계획을 수립·시행하여야 한다.
② 제1항에 따른 추진계획에는 다음 각 호의 사항이 포함되어야 한다.
1. 입법평가의 목표와 방향
2. 입법평가 실시에 관한 사항
3. 제8조에 따른 부산광역시교육청 입법평가위원회에 관한 사항
4. 그 밖에 입법평가 추진을 위하여 필요한 사항

제5조(평가대상) 입법평가의 대상은 부산광역시교육청 소관 조례로 한다. 다만, 다음 각 호의 어느 하나에

해당하는 경우에는 제외한다.

1. 기관설치·조직운영·사무분장·문서관리 등 조직·인사 또는 단순 기술적인 조례
2. 상위법령에서 위임한 조례
3. 시행일부터 2년이 지나지 않은 조례
4. 입법평가 후 6년이 지나지 않은 조례

제6조(평가 시기 및 기준) ① 입법평가는 3년마다 실시하되, 다음 각 호의 사항을 기준으로 실시한다.

1. 입법 목적의 실현성
2. 기본계획 또는 추진계획 등의 수립 여부
3. 예산편성 및 집행의 적정성
4. 상위법령 제정 및 개정 사항 반영 여부
5. 위원회·협의회 등 자문기관 구성 및 운영 실태
6. 그 밖에 평가대상 조례의 규정에 따른 이행 여부

② 제1항에 따른 평가 시기 및 기준에 따른 세부적인 사항은 교육감이 따로 정한다.

제7조(입법평가 기본 자료 제출 등) ① 제5조에 따라 평가대상이 되는 조례의 주관부서의 장은 해당 조례에 대한 입법평가 기본 자료를 작성하여 총괄부서의 장에게 제출하여야 한다.

② 제1항에 따라 입법평가 기본 자료를 제출받은 총괄부서의 장은 주관부서의 장으로부터 받은 입법평가 기본 자료를 정리하여 제8조에 따른 부산광역시교육청 입법평가위원회에 제출하여야 한다.

제8조(입법평가위원회의 설치) 교육감은 다음 각 호의 사항을 심의하기 위하여 부산광역시교육청 입법평가위원회(이하 "위원회"라 한다)를 둔다.

1. 제4조에 따른 추진계획에 관한 사항
2. 입법평가에 관한 사항
3. 입법평가 결과 개선안 마련에 관한 사항
4. 입법평가 제도개선에 관한 사항
5. 그 밖에 입법평가를 위하여 위원장이 회의에 부치는 사항

제9조(위원회의 구성 등) ① 위원회는 위원장 1명과 부위원장 1명을 포함하여 15명 이내의 위원으로 구성한다.

② 위원회의 위원장은 기획국장이 되고, 부위원장은 위촉직 위원 중에서 호선하며, 위원은 다음 각 호의 사람 중에서 성별을 고려하여 교육감이 임명하거나 위촉하되, 위촉위원의 수는 전체 위원의 2분의 1 이상이어야 한다.

1. 부산광역시의회에서 추천하는 사람
2. 부산광역시교육청 소속 4급 이상 공무원
3. 「고등교육법」에 따른 대학에서 법학 또는 행정학 분야의 부교수 이상으로 재직 중인 사람
4. 그 밖에 입법평가에 관한 학식과 경험이 풍부한 사람

③ 위원의 임기는 위원으로 임명 또는 위촉된 날부터 위원회에서 입법평가에 대한 심의를 마치는 날까지로 한다.

④ 위원회에 위원회의 사무를 처리할 간사 1명을 두며, 간사는 총괄부서업무 담당사무관이 된다.

제10조(위원장의 직무) ① 위원회의 위원장(이하 "위원장"이라 한다)은 위원회를 대표하고, 위원회의 업무를 총괄한다.

② 위원장이 부득이한 사유로 직무를 수행할 수 없을 때에는 부위원장이 그 직무를 대행하며, 위원장과 부위원장이 모두 부득이한 사유로 그 직무를 수행할 수 없을 때에는 위원장이 미리 지명한 위원이 그 직무를 대행한다.

제11조(위원회의 회의) ① 위원장은 위원회의 회의를 소집하고, 그 의장이 된다.

② 위원회의 회의는 재적위원 과반수의 출석으로 개의하고, 출석위원 과반수의 찬성으로 의결한다.

제12조(수당 등) 위원회에 출석한 위촉위원 및 관계 전문가 등에게는 예산의 범위에서 수당과 여비를 지급할 수 있다.

제13조(운영세칙) 이 조례에 규정한 것 외에 위원회의 운영에 필요한 사항은 위원회의 의결을 거쳐 위원장이 정한다.

제14조(조사 및 의견청취 등) 위원회는 안건의 심의를 위하여 필요하다고 인정하면 관계 공무원 등에게 설명 또는 자료 등의 제출을 요구할 수 있고, 관계 전문가에게 자문을 할 수 있다.

제15조(평가결과 반영) 교육감은 위원회의 심의 결과 입법평가에 따른 개선사항이 있는 경우에는 이를 적극 반영하도록 노력하여야 한다.

제16조(종합결과보고서 제출) 교육감은 입법평가 완료 후 30일 이내에 주관부서의 개선권고안 반영계획 등을 포함한 입법평가 종합결과보고서를 부산광역시의회에 제출하여야 한다.

3. 전라남도 교육청

전라남도교육청 조례 사후 입법평가 조례
[시행 2021. 7. 9.] [전라남도조례 제5291호, 2021. 4. 8., 제정]

제1조(목적) 이 조례는 사후 입법평가에 관한 사항을 규정하여 입법의 실효성을 높이는 것을 목적으로 한다.

제2조(정의) 이 조례에서 사용하는 용어의 뜻은 다음과 같다.
1. "사후 입법평가"란 시행되고 있는 조례에 대하여 입법 목적의 실현성·실효성 등을 평가하고, 그 개선에 필요한 적극적 조치를 취하는 일련의 과정을 말한다.
2. "주관부서"란 조례 규정에 따른 업무를 수행하고 관리하는 부서를 말한다.
3. "총괄부서"란 사후 입법평가를 담당하는 부서를 말한다.

제3조(교육감의 책무) 전라남도교육감(이하 "교육감"이라 한다)은 조례의 집행기관으로서 조례를 실효성 있게 운영하고, 사후 입법평가로 조례의 입법 목적을 실현하도록 노력하여야 한다.

제4조(사후 입법평가 대상) 사후 입법평가의 대상은 전라남도교육청 조례로 한다. 다만, 다음 각 호의 어느 하나에 해당하는 경우에는 제외한다.
1. 기관설치·기관운영·업무분장·문서관리 등 단순하고 기술적인 조례
2. 상위법령에서 위임한 조례
3. 시행일부터 2년이 지나지 않은 조례

제5조(사후 입법평가 기준 및 시기) ① 사후 입법평가는 다음 각 호의 사항을 기준으로 실시한다.
1. 입법 목적의 실현성
2. 기본계획 및 시행계획 수립 여부
3. 예산 편성 및 집행의 적정성
4. 상위법령 제정·개정 사항 반영 등 법적 정합성
5. 인권·성평등 침해 또는 차별 여부
6. 위원회 등 자문기관 구성 및 운영 실태
7. 그 밖에 조례 규정의 실행에 관한 사항

② 사후 입법평가 기준에 따른 사후 입법평가 분석지표는 교육감이 정한다.
③ 사후 입법평가는 2년마다 실시한다.

제6조(사후 입법평가 실시) ① 교육감은 2년마다 사후 입법평가 대상에 대한 사후 입법평가 실시계획을 수립한다.

② 제1항에 따라 사후 입법평가 대상이 되는 조례 주관부서의 장은 해당 조례에 대한 사후 입법평가서를 작성하여 총괄부서의 장에게 제출한다.

③ 총괄부서의 장은 제2항에 따른 사후 입법평가서를 취합하고 정리하여 전라남도교육청 사후 입법평가위원회에 제출한다.

제7조(위원회 설치 등) ① 교육감은 사후 입법평가에 관한 다음 각 호의 사항을 자문하기 위하여 전라남도교육청 사후 입법평가위원회(이하 “위원회”라 한다)를 설치한다.

1. 주관부서의 사후 입법평가서 검토
2. 개선 권고안 마련
3. 사후 입법평가 결과통보서 및 종합결과보고서 작성
4. 그 밖에 사후 입법평가에 필요한 사항

② 위원회는 위원장과 부위원장 각 1명을 포함한 15명 이내의 위원으로 구성하며, 위원은 다음 각 호의 사람 중에서 교육감이 임명하거나 위촉한다. 이 경우 위촉 위원의 수는 위원 수의 과반수가 되어야 한다.

1. 전라남도교육청 소속 4급 이상 공무원
2. 전라남도의회에서 추천하는 사람
3. 변호사, 교수, 법제관 등 법률 또는 입법 전문가
4. 사회단체에서 추천하는 사람
5. 그 밖의 교육 및 행정 전문가

③ 위원회의 위원장은 총괄부서의 국장이 되고, 부위원장은 위원들이 위촉 위원 중에서 선출한다.

④ 위원의 임기는 사후 입법평가 종합결과보고서 작성이 완료되면 만료한다.

⑤ 위원회에 위원회의 사무를 처리하기 위하여 간사를 두며, 간사는 총괄부서의 법제업무 담당 사무관이 된다.

제8조(위원회 운영) ① 위원회의 회의(화상회의를 포함한다)는 재적위원 과반수의 출석으로 개의(開議)하고, 출석위원 과반수의 찬성으로 의결한다. 다만, 다음 각 호의 어느 하나에 해당하는 경우에는 서면으로 심의할 수 있다.

1. 안건의 내용이 경미한 경우
2. 천재지변이나 감염병, 그 밖의 부득이한 사유가 있는 경우

② 위원회에 참석하거나 의견을 제출하여 위원회의 직무 수행을 지원한 전문가 등에게는 예산의 범위에서 수당과 여비를 지급할 수 있다.

③ 그 밖에 위원회의 운영에 필요한 사항은 위원회의 의결을 거쳐 위원장이 정한다.

제9조(사후 입법평가 종합결과보고서) ① 총괄부서의 장은 위원회의 심의를 거쳐 사후 입법평가 결과통보서를 작성하여 주관부서에 통보한다.
② 주관부서의 장은 사후 입법평가 결과통보서에 개선 권고 사항이 있는 경우에는 이를 반영하거나 다른 의견을 제시한 사후 입법평가 반영 계획보고서를 작성하여 총괄부서의 장에게 제출한다.
③ 총괄부서의 장은 사후 입법평가 결과통보서에 주관부서의 사후 입법평가 반영 계획보고서를 취합하고 위원회의 심의를 거쳐 사후 입법평가 종합결과보고서를 작성한다.
④ 교육감은 사후 입법평가 종합결과보고서를 전라남도의회 소관 상임위원회에 제출한다.

제10조(사후 입법평가 반영) 전라남도의회 상임위원회는 사후 입법평가 종합결과보고서를 검토하여 조례의 실효성 제고를 위한 이행 권고나 조례 개정 등 필요한 조치를 할 수 있다.

4. 인천광역시 교육청

인천광역시교육청 조례 사후 입법평가에 관한 조례
[시행 2022. 5. 9.] [인천광역시조례 제6702호, 2021. 11. 8., 제정]

제1조(목적) 이 조례는 인천광역시교육청 조례에 대한 사후 입법평가에 관한 기본적인 사항을 규정함으로써 조례의 실효성을 높이는 것을 목적으로 한다.

제2조(정의) 이 조례에서 사용하는 용어의 뜻은 다음과 같다.
1. "사후 입법평가"란 시행되고 있는 조례가 입법 목적과 목표대로 실현되고 있는지를 분석·평가하고, 그 개선에 필요한 적극적 조치를 취하는 일련의 과정을 말한다.
2. "주관부서"란 조례 규정에 따른 업무를 수행하고 관리하는 부서를 말한다.
3. "총괄부서"란 사후 입법평가를 담당하는 부서를 말한다.

제3조(교육감의 책무) 인천광역시교육감(이하 "교육감"이라 한다)은 조례의 집행 기관으로서 조례를 실효성 있게 운영하고, 사후 입법평가로 조례의 입법 목적을 실현하도록 노력하여야 한다.

제4조(사후 입법평가 대상) ① 사후 입법평가의 대상은 인천광역시교육청 소관 조례 중 제정 또는 전부개정되어 시행된 지 2년이 지난 조례로 한다. 다만, 다음 각 호의 어느 하나에 해당하는 경우에는 제외한다.
1. 기관설치·기관운영·업무분장·문서관리 등 단순하고 기술적인 조례

2. 상위법령에서 위임한 조례
3. 사후 입법평가를 실시한 지 3년이 지나지 않은 조례(입법평가 시 보완사항이 없었거나 입법평가 결과를 개선·반영한 조례로 한정한다)

제5조(사후 입법평가 시기 및 기준) ① 사후 입법평가는 2년마다 실시하되, 다음 각 호의 사항을 기준으로 평가한다.
1. 입법 목적의 실현성
2. 기본계획 및 시행계획 수립 여부
3. 예산 편성 및 집행의 적정성
4. 상위법령 제정·개정 사항 반영 등 법적 정합성
5. 인권·성평등 침해 또는 차별 여부
6. 위원회 등 자문기관 구성 및 운영 실태
7. 그 밖에 조례 규정의 실행에 관한 사항
② 사후 입법평가 기준에 따른 사후 입법평가 분석지표는 교육감이 정한다.

제6조(사후 입법평가 실시) ① 교육감은 2년마다 사후 입법평가 대상에 대한 사후 입법평가 실시계획을 수립한다.
② 제1항에 따라 사후 입법평가 대상이 되는 조례의 주관부서의 장은 해당 조례에 대한 사후 입법평가서를 작성하여 총괄부서의 장에게 제출한다.
③ 총괄부서의 장은 제2항에 따른 사후 입법평가서를 정리하여 인천광역시교육청 조례 사후 입법평가 위원회에 제출한다.

제7조(사후 입법평가 위원회의 설치) 교육감은 사후 입법평가에 관한 다음 각 호의 사항을 심의·조정하기 위하여 인천광역시교육청 조례 사후 입법평가 위원회(이하 “위원회”라 한다)를 둔다.
1. 주관부서의 사후 입법평가서
2. 사후 입법평가 결과에 따른 개선 권고안
3. 사후 입법평가 결과통보서 및 종합결과보고서
4. 그 밖에 교육감이 위원회의 심의·조정이 필요하다고 인정하는 사항

제8조(위원회의 구성) ① 위원회는 위원장 1명과 부위원장 1명을 포함한 15명 이내의 위원으로 구성한다.
② 위원회의 위원장(이하 “위원장”이라 한다)은 총괄부서의 국장이 되고, 부위원장은 제3항제2호에 따라 위촉된 위원 중에서 선출한다.
③ 위원회의 위원(이하 “위원”이라 한다)은 다음 각 호의 사람이 된다. 이 경우 위촉된 위원의 수는 전체

위원의 과반수가 되어야 한다.

1. 인천광역시교육청 소속 4급 이상 공무원
2. 다음 각 목의 사람 중에서 교육감이 위촉하는 사람(이하 “위촉위원”이라 한다)
가. 인천광역시의회에서 추천하는 사람
나. 변호사, 교수, 법제관 등 법률 또는 입법 전문가
다. 사회단체에서 추천하는 사람
라. 그 밖의 교육 및 행정 전문가

제9조(위원의 임기) 위원의 임기는 위원으로 임명 또는 위촉된 날부터 위원회에서 사후 입법평가에 대한 심의를 마치는 날까지로 한다.

제10조(위원장의 직무) ① 위원장은 위원회를 대표하고, 위원회의 업무를 총괄한다.
② 위원장이 부득이한 사유로 직무를 수행할 수 없을 때에는 부위원장이 그 직무를 대행한다.
③ 위원장과 부위원장이 모두 부득이한 사유로 그 직무를 수행할 수 없을 때에는 위원장이 미리 지명한 위원이 그 직무를 대행한다.

제11조(회의) 위원회의 회의(화상회의를 포함한다)는 재적위원 과반수의 출석으로 개의(開議)하고, 출석위원 과반수의 찬성으로 의결한다. 다만, 다음 각 호의 어느 하나에 해당하는 경우에는 서면으로 심의할 수 있다.

1. 안건의 내용이 경미한 경우
2. 천재지변이나 감염병, 그 밖의 부득이한 사유가 있는 경우

제12조(수당 등) 위원회에 출석한 위촉위원에게는 예산의 범위에서 수당과 여비를 지급할 수 있다.

제13조(의견 청취 등) 위원회는 업무 수행을 위하여 필요한 경우 관계 공무원 등에게 그 의견을 듣거나 관련 자료 등의 제출을 요구할 수 있다.

제14조(간사) 위원회에 위원회의 사무를 처리하기 위하여 간사를 두며, 간사는 총괄부서의 법제업무 담당 사무관이 된다.

제15조(운영세칙) 이 조례에서 규정한 사항 외에 위원회의 운영에 필요한 사항은 위원회의 의결을 거쳐 위원장이 정한다.

제16조(사후 입법평가 종합결과보고서 제출 등) ① 총괄부서의 장은 사후 입법평가 결과통보서를 작성하여 위원회의 심의를 거쳐 주관부서에 통보한다.

② 주관부서의 장은 사후 입법평가 결과통보서에 개선 권고 사항이 있는 경우에는 이를 반영하거나 다른 의견을 제시한 사후 입법평가 반영 계획보고서를 작성하여 총괄부서의 장에게 제출한다.

③ 총괄부서의 장은 사후 입법평가 결과통보서에 주관부서의 사후 입법평가 반영 계획보고서를 취합하고, 사후 입법평가 종합결과보고서를 작성하여 위원회의 심의를 거쳐야 한다.

④ 교육감은 사후 입법평가 종합결과보고서를 인천광역시의회에 제출한다.

제17조(사후 입법평가 결과 반영) 인천광역시의회는 사후 입법평가 종합결과보고서를 검토하여 조례의 실효성을 높이기 위한 이행 권고나 조례 개정 등 필요한 조치를 할 수 있다.

제18조(시행규칙) 이 조례의 시행에 필요한 사항은 교육규칙으로 정한다.

CHAPTER

06 앞으로의 과제

지방분권이 강조됨과 동시에 2021년 1월 12일에 「지방자치법」이 전면 개정(2022년 1월 13일 시행, 지방의회의 역량 강화 및 인사권 독립, 주민이 지방자치단체 규칙에 대한 제정·개정·폐지 의견 제출권, 주민감사청구제도 개선 등)되면서 지방의회의 권한과 기능이 크게 강화되었기 때문에, 자치법규에 대한 입법평가의 필요성과 중요성이 그 어느 때 보다도 강조되고 있다.

> 지방자치를 넘어 지방분권시대로의 도약이 논의되고 실제 지방으로의 권한 이양이 본격적으로 시작되는 상황에서 입법평가에 대한 대응은 기존 지방의회의 입법역량으로 해결할 수 없는 업무공백이 발생하게 될 것이다. 무엇보다 기초지방자치단체는 입법역량 지원이 광역자치단체보다 더욱 부족한 상황에서 수행하는 입법평가가 객관적이고 전문적인 분석을 토대로 한 적절한 평가가 이루어질 것을 기대하기는 힘들다고 할 것이다.
>
> – 박노수, 지방의회 자치입법 역량강화를 위한 법적 검토, 서울특별시 의회 입법평가제도에 대한 분석을 중심으로, 지방자치법연구, 제18권 제

시장이나 국가도 완전한 것이 아니기 때문에 '시장실패'나 '국가실패'가 언급되는 것처럼, '입법실패'를 예방하고 보완하고자 하는 것이 입법평가의 취지라고 할 수 있다. 이러한 입법실패는 법률과 시행령·시행규칙 등에서만 발생하는 것이 아니라 조례와 규칙 등의 자치법규에서도 발생할 가능성이 있으며, 이러한 입법실패를 줄이기 위해서는 사전적이거나 사후적인 입법평가를 통한 검토가 필요하다는 것이다.

> '시장실패'가 시장의 '보이지 않는 손'의 내재적 오류가능성을 말하고 '국가실패'가 사적 이익과 관료집단에 포획된 국가의 정책결정과정에 내재한 오류가능성을 지적하듯이, '입법실패'는 사회전체의 이해관

계를 반영하도록 정밀하게 고안된 입법과정에도 불구하고 그 속에 내재한 오류가능성에 대한 개념이다.

– 정호영, 국회법론, 법문사, 2012

조례와 규칙 등을 포함하는 지방자치단체의 자치법규에 대한 입법평가는 제도도입의 초기단계를 넘어 현재는 확산단계라고 할 수 있으며, 입법평가제도의 도입이 광역과 기초 지방자치단체에 전반적으로 확산해 가는 경향에 있다. 현재 총 17개 광역 지방자치단체 중에 12개 광역 지방자치단체에서 입법평가제도를 도입하였고, 기초 지방자치단체의 경우에도 이미 48개 지방정부에서 입법평가제도를 도입하여 시행하고 있다.

경기도는 사전 입법평가와 사후 입법평가를 시행하고 있으며, 나머지 광역 지방자치단체에서는 사후 입법평가만을 시행하고 있다. 입법평가조례를 제정한 광역 지방자치단체에서는 입법평가 심사기준 혹은 입법평가 분석지표를 만들어 입법평가에 적용하고 있는데, 매우 상세하게 만든 시도도 있고 간단하게 만든 시도도 있다. 입법평가조례를 제정한 기초 지방자치단체에서는 입법평가 심사기준표 혹은 입법평가 분석지표를 만든 시군구도 있고 만들지 않은 시군구도 있다. 입법평가를 받아야 하는 대상 조례는 시행일로부터 2~4년이 지난 조례 그리고 입법평가를 받은지 2~4년이 지난 조례를 대상으로 하는데, 해당 지방자치단체의 사정에 맞도록 조례에 규정되어 있다. 입법평가를 수행하기 위하여 입법관련 전문가들을 포함한 입법평가위원회를 구성할 수 있도록 각 조례에 규정하고 있는데, 입법평가위원회는 대부분 의회에 소속되어 있지만 지방자치단체장의 소속으로 규정되어 있는 곳도 있다.

향후에는 대다수의 광역 및 기초 지방자치단체에서 입법평가제도를 도입하게 될 것으로 본다. 그리고 입법평가제도를 도입해서 운용한 결과로 자치법규의 품질과 실효성이 개선되었다는 경험과 확신이 중요하다고 본다. 이를 통해 입법평가 제도가 필요하고 중요하다는 점이 입증되는 것이기 때문이다. 이러한 입법평가제도의 성공과 확산에 있어서 중요한 요소는 실행하기 어렵거나 복잡하지 않고, 자치입법의 개선에 도움이 되는 입법평가 심사기준표이다. 현재 입법평가제도를 도입하여 운영하고 있는 입법평가 실무공무원들의 의견이 그렇다.

조사 결과 응답대상 전문가들은 전반적으로 현재 조례 입법평가시 활용하고 있는 심사 기준표가 만족스럽지 못하다고 응답하였다. 이는 조례의 유형이나 종류에 따라 조례 입법평가를 통해서 확인이 필요한 사항이 다르고 이를 만족하기 위해서는 좀 더 세분화되고 정치한 심사기준표가 필요하다는 생각에 기인한다. 또한 한 번에 입법평가의 대상으로 하는 조례의 수가 20건 이상이 되면 심사기준표상의 내용을 체크하는데 있어서도 형식적으로 그칠 우려가 있다고 전문가들은 응답하였다.

– 차현숙, 조례입법평가 지원 연구 Ⅲ – 조례 입법평가 기준표 정비를 중심으로, 한국법제연구원, 2017, 97쪽.

자치법규 입법평가의 실무에 있어서 가장 중요한 요소라고 할 수 있는, 입법평가 심사기준표는 만들어진 이후에도 입법평가의 실무경험을 바탕으로 지속적으로 보완되어야 한다.

조례의 제정에 있어서 ‘좋은 조례’를 만들기 위해서는 조례 입법평가의 평가기준의 개선이 필요하다. 또한 조례 입법평가가 그 의미를 가지고 ‘좋은 법률’을 얻기 위한 입법자의 의도가 실현되기 위해서는 객관적이고 공정한 입법평가 기준이 있어야만 한다. 조례 입법평가의 신뢰도 및 평가결과의 수용에 대한 합의가 없다면 어떠한 법규수준에서 조례 입법평가를 규정하고 이를 강제한다고 하여도 수범기관이 그에 대한 수용을 사실상 거부하는 경우 조례 입법평가는 그 실효성이 없을 것이기 때문이다.

– 김대의, 조례 입법평가에 관한 연구, 건국대학교 박사학위 청구논문, 2019, 246쪽.

자치법규에 대한 입법평가제도가 발전하기 위해서는 입법평가 담당조직에 대한 예산·인력 지원, 지방의회의원과 관련 공무원에 대한 교육기회 제공, 입법평가지표와 표준조례안에 대한 지속적인 수정이 필요하다.[1] 나아가 확산되고 있는 자치법규에 대한 입법평가제도를 정착시키기 위해서는 표준조례안의 제공 이외에도 자치법규에 대한 입법평가제도 도입을 위한 입법평가 조례의 제정, 지방자치 입법평가를 지원하기 위한 기관의 설치, 입법평가위원회의 적절한 구성, 입안전문가의 양성, 입법공청회 제도의 활용 등의 다양한 방안[2]이 제시되어 있다.

지방의회의 입법역량을 강화할 수 있는 교육과 인력의 지원, 조례 입법평가의 도입 등을 통해 자치입법의 질을 제고하는 방안도 함께 고려되어야 할 것이다.

– 임현, 지방자치단체의 기관에 관한 법제의 변화, 한국지방자치법학회 학술대회 자료집, 2020, 159쪽.

---

1) 차현숙/최혜선, 지방의회 조례 입법평가 도입을 위한 표준조례안 연구, 한국법제연구원, 2013, 111쪽.
2) 박주선, 문화예술조례의 실효적 입법평가에 관한 연구 – 수원시 조례를 중심으로, 건국대학교 박사학위 청구논문, 2019, 224쪽 이하.

특히 2021년 1월에 전면개정된 「지방자치법」이 공포되었고, 2022년 1월부터 시행되고 있는데, 전면개정된 「지방자치법」의 주요 내용 중의 하나는 지방의회 권한의 확대이다. 지방의회 역량강화를 위해 숙원과제이었던 정책지원 전문인력을 둘 수 있고 지방자치단체장에게 있던 지방의회 구성원들에 대한 인사권이 지방의회에 주어졌다. 그리고 주민들의 조례 제정·개폐청구권의 행사요건 및 절차 등을 규정한 「주민조례발안에 관한 법률」은 2021년 10월에 제정되어 2022년 1월부터 시행되고 있다. 지방의회의 조직이 확대되고 권한이 강화되면서 조례 등 자치입법이 양적으로나 질적으로나 개선될 것으로 보이고, 따라서 전면개정된 「지방자치법」에 취지에 걸맞게 각 지방자치단체는 입법평가제도의 개선 또는 도입을 위하여 더욱 박차를 가할 것으로 생각된다.

입법평가제도 개선과 보완의 열쇠는 입법평가제도를 해보니 필요하고 유익하다는 평가를 받을 수 있도록 평가기준의 개선과 평가대상을 확대하는 것이라고 할 수 있다. 따라서 앞으로 입법평가제도를 도입한 지방자치단체에서는 세부적인 평가기준을 보완하고 평가대상을 점차 확대하는 일에 힘을 기울이고 입법평가를 잘 수행할 수 있는 전문인력을 확보하는 일이다. 그리고, 입법평가제도를 아직 도입하지 않은 자치단체에서는 모범적인 평가지표를 가지고 있는 자치단체를 본으로 삼아 입법평가조례를 만들어서 입법평가제도를 도입하여야 할 것이다.

> 조례 입법영향평가의 제도적 개선이 필요할 것인데, 현재 각 지방자치단체별로 각기 다른 형식으로 조례 입법영향평가를 실시하고 있는 곳이 많은데, 이는 비효율적일 수 있다는 것으로, 즉 입법평가를 위한 주체와 방법, 대상 및 평가기준을 기본적으로는 통일시키고, 각 지방자치단체별로 특색 있는 정책이나 사업별로 별도의 방법, 대상 및 평가기준을 적용하는 방안도 고려해볼 필요가 있다는 것이다. 결국 평가방법 등을 통일적으로 실시할 필요가 있고, 보다 효율적 입법이 될 수 있도록 조례 입법영향평가기준도 현실화시킬 필요가 있다. 결국 조례입법의 합리성과 적실성, 효율성의 담보는 주민참여의 활성화와 지방입법자는 물론 그 참여자들에 대한 전문역량강화는 지방자치의 내실화와 자치분권의 성공적 정착, 그리고 지방의 역량강화를 불러올 것이다.
>
> -송귀종, 조례입법의 질적 제고에 관한 소고 : 조례 입법영향평가제도의 도입과 관련하여, 한국지방행정학보 제18권 제3호, 2021, 197-198쪽.

광역 지방자치단체는 조직이나 예산 등의 규모가 있기 때문에 자치법규에 대한 입법평가를 운영하기에 큰 어려움은 없다고 할 수 있지만 기초 지방자치단체의 경우에는 입법평가를 실시하기 위한 여건이 어려울 수 있다. 그러나 지역사회의 지원과 외부 전문가 등을 활용하는 방안 등을 활용하여 입법평가를 실시할 수 있을 것이다.

> 기초자치단체의 경우에는 재정규모나 인적 구성의 협소함 때문에 현실적으로 자치법규를 자체적으로 심사하기 위한 전문조직을 두는 것은 어렵다고 생각된다 따라서 일정 분야에서 계속적으로 업무를 담당해 온 공무원을 분야 자치법규 심사관 으로 임명하여 "00 분야 자치법규 심사관"으로 임명하여 자치법규의 제·개정 소요에 따라 운용하는 방안이나 외부전문가 예를 들어 법학대학의 교수나 법제전문가 pool을 확보하고 자치법규의 심사업무를 위탁하는 방안 등을 통해서 자치법규에 대한 자체심사 기능을 강화시킬 필요가 있다.
>
> - 최환용, 기초지방자치단체의자치입법 실태와 법제 발전방안, 지방자치법연구, 제9권 제4호, 2009, 23쪽,

조례·규칙 등 자치입법이 부실하다고 평가를 받는 시기는 종언을 고했다고 본다. 우선은 지방의회 의원들의 수준이 높아졌고 정책보좌관을 포함하여 지방의회 보좌인력의 전문성이 강화되었다. 그리고 주민들의 지방자치에 대한 기대가 예전과는 비교할 수 없을 정도로 높아졌기 때문에 자치법규의 완성도나 체계성, 그리고 자치법규의 내용이나 형식 등의 수준과 품질도 좋아졌다. 주민들이 직접 조례를 제정하거나 개정하거나 폐지할 것을 청구할 수 있는 조례개폐청구권도 「지방자치법」 제19조에서 규정하고 있기 때문에, 조례에 대한 관심도와 참여도가 이전에 비해 훨씬 높아졌다는 점도 주목할 만하다.

> 조례가 주민에 미치는 영향이 매우 크다는 점에서 보다 신중하고 엄격한 조례입법이 이루어 질 수 있도록 노력하는 것은 매우 중요한 의미를 지닌다고 할 것이다. 향후 개별 조례를 대상으로 하는 조례 입법평가가 보편화되고, 그 평가 결과가 축적되면 평가방법 등도 체계성을 갖추게 될 것이며, 이 경우 조례의 영향을 보다 객관적이고 과학적으로 예측할 수 있는 중요한 방안이자 절차가 될 것이기 때문이다. 조례 입법평가는 입법자 혹은 연구자(평가자) 한두 사람의 노력으로 이루어지는 것이 아니며, 관련 분야의 전문가와 입법자 및 주민들의 참여가 적극적으로 보장되어야 할 것이다. 또한 관련 기관간의 평가결과 등이 공유되고, 평가방법과 기준에 대한 비판적 고찰이 함께 이루어져 보다 중립적이고 객관적인 방법과 기준을 마련하는 노력을 지속적으로 강구하여야 할 것이다
>
> - 강현철, 지방의회 자치입법권 확립을 위한 조례입법평가에 관한 연구, 유럽헌법연구 제36호, 2021, 484쪽,

이와 같이 지치법규에 대한 입법평가제도가 더욱 확산되어 조례와 규칙 등의 자치법규가 지속적으로 개선된다면, 이는 궁극적으로 대한민국 자치분권의 발전을 위해서 커다란 기여를 할 수 있을 것으로 본다.

참고문헌

강현철, 지방의회 자치입법권 확립을 위한 조례입법평가에 관한 연구, 유럽헌법연구 제36호, 2021.

강현철/원소연, 입법평가제도화를 위한 전문가 의견조사, 2012.

고인석, 자치입법평가제도의 체계와 기준에 관한 연구, 입법평가연구, 제15호, 2019.

김대의, 조례 입법평가에 관한 연구, 건국대학교 박사학위 청구논문, 2019.

김대희, 입법평가기준과 평가지침에 관한 연구, 2008.

김무열/강지현, 부산광역시 4차 산업혁명 관련 조례에 비추어본 조례 입법평가제도의 나아갈 방향, 공공정책연구, 제39권 제2호, 2022.

김수연, 조례 입법평가의 현황과 과제, 국가법연구, 제12권 1호, 2016.

김수용, 입법평가 지침에 관한 연구, 한국법제연구원, 2009.

김희곤, 대형마트 영업규제 관련 대법원 판결의 의의와 자치입법의 과제, 토지공법연구, 제73집 제1호, 2016.

박노수, 지방의회 자치입법 역량강화를 위한 법적 검토, 서울특별시 의회 입법평가제도에 대한 분석을 중심으로, 지방자치법연구, 제18권 3호, 2018.

박영도, 입법평가제도에 관한 연구, 법제, 2002. 3.

박영도(공역), 입법평가와 지속가능성 심사, 입법, 법문사, 2017.

배건이, 광주광역시 조례입법평가에 관한 연구, 국가법연구, 제12권 1호, 2016.

배건이, 조례입법평가 지원 연구 Ⅰ - 광주광역시 조례에 대한 입법평가, 한국법제연구원, 2015.

배병호/고인석/김기태/최혜선/홍완식, 자치입법의 체계적합성과 실효성 제고 및 효율성 달성을 위한 개선방안 연구, 한국입법학회, 2015.

백옥선, 조례입법평가 지원 연구 Ⅰ - 부산광역시 조례에 대한 입법평가, 한국법제연구원, 2015.

선정원/조성규/권경선/진성만/문상덕, 자치입법론, 경인문화사, 2020.

송귀종, 조례 입법영향평가제도의 도입과 평가기준의 정립에 관한 소고, 지방자치법연구 제21권 제3호, 2021.

송귀종, 조례입법의 질적 제고에 관한 소고 : 조례 입법영향평가제도의 도입과 관련하여, 한국지방행정학보 제18권 제3호, 2021.

양소영/김형성, 예방법학으로서의 입법영향평가에 관한 소고, 성균관법학, 제25권 4호, 2013.

양태건, 사전적 입법평가 지침 수립에 관한 연구, 2019.

윤계형, 조례입법평가 지원 연구 Ⅰ - 경기도 조례에 대한 입법평가, 한국법제연구원, 2015.

윤계형/박통희/김주찬/홍완식, 입법평가와 규제영향분석의 개념 및 관계정립에 관한 연구, 2012.
윤양수, 제주특별자치도, 정책 · 입법평가, 토지공법연구, 제35권, 2007.
이상현, 입법평가 연구사업 그 12년간의 기록과 현재, 입법평가연구, 제15호, 2019.
임현, 지방자치단체의 기관에 관한 법제의 변화, 한국지방자치법학회 학술대회 자료집, 2020,
전진영, 규제영향분석과 입법과정, 이슈와 논점, 1867호, 국회입법조사처, 2021. 8. 23.
정창화, 독일의 입법평가지침에 관한 연구, 2009.
정호영, 입법평가를 위한 법경제학적 접근방식에 관한 연구, 중앙대학교 박사학위 청구논문, 2003.
정호영, 국회법론, 법문사, 제3판, 2012.
조진우, 자치입법권 보장을 위한 지방자치단체 규제개혁의 과제, 지방자치법연구, 통권 제76호, 2022.
최철호, 국가와 지방자치단체의 협의에 관한 법률 연구, 토지공법연구, 제73집 제1호, 2016.
최환용, 조례에 대한 입법평가제도 도입가능성, 지방자치법연구, 제9권 제2호, 2009.
최환용, 기초지방자치단체의 자치입법 실태와 법제 발전방안, 지방자치법연구, 제9권 제4호, 2009.
차현숙, 조례 입법평가 지원 연구 3 – 조례입법평가 기준표 정비를 중심으로, 2017.
차현숙, 조례 입법평가 지원 연구 2 – 조례입안심사기준 정비방안 연구, 2019.
최유, 조례입법평가 지원 연구 Ⅰ – 서울특별시 조례에 대한 입법평가, 한국법제연구원, 2015.
최유, 자치입법에 대한 입법평가와 개선과제, 입법학연구 제13집 제1호, 2016.
최윤철/홍완식, 입법평가제도의 도입방안에 관한 연구, 법제처 용역보고서, 2005.
홍완식, 과잉 · 졸속입법 사례 분석 및 시사점, KERI Insight, 한국경제연구원, 2022.
홍완식, 오스트리아 입법기술지침에 관한 고찰 –한국의 법제업무지침 등과의 비교–, 유럽헌법연구, 제35권, 2021.
홍완식, 입법학논고, 피앤씨미디어, 2020.
홍완식, 제20대 국회의 과제로서 입법영향분석제도 도입, 공법연구, 제45권 제1호, 2016.
홍완식, 독일의 입법현황과 국가규범통제위원회, 입법평가연구, 제10권 제2호, 한국법제연구원, 2016.
홍완식, 입법학연구, 피앤씨미디어, 2014.
홍완식, 한국 법제에 대한 고찰, 일감법학, 제20호, 2011.
홍완식, 독일의 입법평가, 입법평가연구, 창간호, 한국법제연구원, 2009.
홍완식, 규제개혁과 입법정책, 공법연구, 제36권 제3호, 2008.
홍완식, 의원입법에 대한 합리적인 통제방안, 저스티스, 제106호, 2008.
홍완식, 입법자의 법률개선의무에 관한 연구 –독일 연방헌법재판소와 한국 헌법재판소의 결정례를 중심으로–, 공법연구, 제31권 제2호, 2002.
홍준형, 지방자치법, 개정판, 대명출판사, 2021.
황준성, 교육입법평가에 관한 연구, 교육법학연구, 제23권 1호, 2011.
황해봉, 입법평가와 입법심사의 관계 고찰, 법학논총, 제29집, 숭실대학교, 2013.

Wolfgang Kahl, 이재일(역), 입법평가와 지속가능성 심사, 입법, 법문사, 2017.
국회 입법조사처, 주요국 사전 입법영향분석제도, 2020.
한국법제연구원, 조례 입법평가 지원 연구－전문가 설문조사를 통한 조례입법평가 모범조례(안) 연구, 2015.
행정안전부, 자치법규 업무매뉴얼, 2022.
경기도 조례의 입법영향평가 사례, 경인행정학회, 2019년 춘계학술대회 발표논문집
충남연구원, 충청남도 조례 사후 입법평가, 2020. 10.

저자 약력

홍 완 식

건국대학교 법과대학 법학사·법학석사
독일 쾰른대학교 법과대학 법학박사
현 건국대학교 법학전문대학원 교수
한국 동물법연구회 회장
한국입법학회 입법학연구 편집위원장
국회 입법지원위원
대통령비서실 청원심의회 위원
법무부 보호위원
대검찰청 검찰수사심의위원회 위원
법제처 국민법제관
국회도서관 법률도서관 자문위원
한국연극인복지재단 감사
강원도의회 입법평가위원회 부위원장
울산광역시의회 입법평가위원회 위원장
한국법무보호복지공단 이사
학교법인 정신학원 이사
제주특별자치도 워킹그룹 제1분과위원장
전 서울시의회 정책연구위원회 정책연구위원
전국 시도의회 의장협의회 정책자문위원회 부위원장
한국입법학회 회장
유럽헌법학회 회장
한국헌법학회 부회장
한국공법학회 부회장
한국토지공법학회 부회장
한국비교공법학회 부회장
한국법학회 부회장
국회입법조사처 자문위원
한국식품안전연구원 자문위원
건국대학교 인권센터장
건국대학교 법학연구소장
유럽헌법학회 유럽헌법연구 편집위원장
대한변협 입법평가위원회 부위원장
번호사시험 사법시험 입법고시 행정고시 공무원시험 등 출제 채점위원
대학입시 등 출제위원장
KBS 객원 해설위원
국회의장배 토론대회 심사위원

주요 저서 및 논문

『로스쿨 헌법』(2023)
『반려견 법률상식』(3판, 2022)
『법과 사회』(3판, 2021)
『청탁금지법 핸드북』(개정판, 2018)
『법학개론』(공저, 10판, 2023)
『실명입법론』(3판, 2020)
『입법학논고』(2020)
『입법학연구』(2014)
『사회변화와 입법』(공저, 2008)
『사회보험료 관련 입법에 있어서 헌법원칙의 적용에 관한 연구』(2005)
『독일사회복지론』(공저, 2005)
『헌법』(공저, 2004)

지방의회 인사청문회 조례와 조례안의 입법론적 검토 (2023)
금융분야 위임입법에 대한 입법론적 검토 (2022)
한복진흥법 제정안의 검토와 과제 (2022)
연출저작권 인정 여부에 관한 고찰 (공저, 2022)
오스트리아 입법기술지침에 관한 고찰 (2021)
행정기본법에 대한 입법평론 (2021)
제주특별자치도의 분권 강화에 관한 고찰 (2021)
국회 법제사법위원회의 체계·자구 심사권에 대한 고찰 (2020)
연동형 비례대표제의 입법적 개선에 관한 연구 (2020)
신속처리안건의 심사기간에 관한 연구 (2019)
가짜뉴스 규제법안에 대한 입법평론 (2019)
연동형 비례대표제 법안에 대한 입법평론 (2019)
화학물질 관련법에 대한 입법평론 (2018)
독일의 동물보호법제에 관한 고찰 (2018)
입법에서의 협치 확대를 위한 고찰 (2017)
신정부의 선거법 공약의 내용과 그 실현을 위한 헌법적 과제 (2017)
징벌적 손해배상제도에 관한 입법평론 (2017)
관세법 개정에 대한 입법평론 - 면제점 특허규정을 중심으로 (2017)
청탁금지법 적용대상의 문제점 - 언론사를 중심으로 (2017)
연명의료결정법에 대한 입법평론 (2017)
규제와 입법 - 동아시아 국가와의 비교법적 고찰 (2017)
독일의 입법현황과 국가규범통제위원회 (2016)
제20대 국회의 과제로서의 입법영향분석제도 도입 (2016)
'국회선진화법'에 관한 보론 (2016)
직권상정 완화론에 대한 비판적 검토 (2016)
의사공개원칙에 관한 연구 (2016)
김영란법의 체계성에 관한 연구 (2015)
선거제도 개편에 관한 연구 (2015)
세월호사고에 관한 입법적 성찰 (2014)
안전권 실현을 위한 입법정책 (2013)
성희롱관련법에 대한 입법평론 (2013)
케냐헌법에 관한 연구 (2013)
'국회선진화법'에 관한 고찰 (2012)
처분적 법률에 관한 연구 (2012)
특별부담금에 관한 연구 (2011)
한국법제에 대한 연구 (2011)
헌법재판소에 의한 입법절차 통제 (2011)
미국의 아동대상 성범죄 관련 법률에 대한 입법론적 검토 (2010)
독일의 입법평가 (2009)
헌법재판소의 결정을 통해서 본 입법의 원칙 (2009)
현행 입법과정의 문제점과 개선방안 (2009)
미국연방의회의 입법과정 (2009)
국회 법안발의 규칙의 제정에 관한 검토 (2008)
규제개혁과 입법정책 (2008)
의원입법에 대한 합리적인 통제방안 (2008)
로비제도 관련 법률안에 대한 헌법적 고찰 (2008)
통일한국의 토지관련 헌법정책 (2008)

자치법규 입법평가론

초판 발행　2023년 8월 23일

지은이　홍완식
펴낸이　박노일

총괄기획　최준규
편　집　이상민

펴낸곳　pnc publishing and culture 피앤씨미디어
경기도 고양시 일산동구 강송로 153 310-1501
등록 제396-2012-000203호
전　화　070)7550-3758　팩　스　02)718-8554
홈페이지　www.pncmedia.co.kr　이메일　pnc@pncmedia.co.kr
ISBN　979-11-5730-899-6　93360

정 가　20,000원